Endlich Waldluft

PFÄLZERWALD
& Deutsche Weinstraße

44 WANDERTOUREN ZUM DURCHATMEN

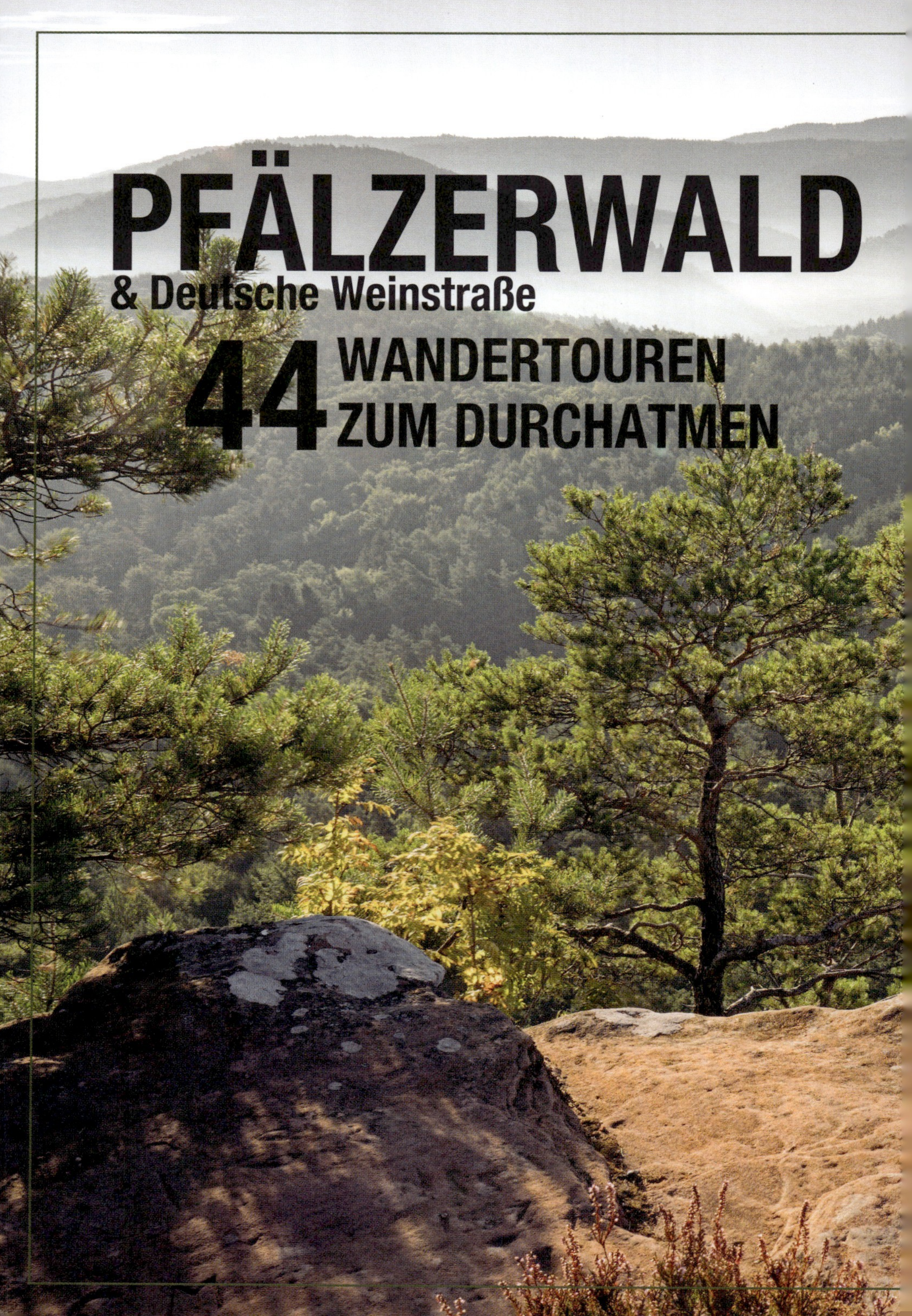
PFÄLZERWALD
& Deutsche Weinstraße
44 WANDERTOUREN ZUM DURCHATMEN

Endlich Waldluft

Inhalt

Grundwissen

Touren 1–44

Unsere Wander-Hacks

Endlich was Neues ausprobieren

Von Vorteil für Mensch & Natur

Impressum

Endlich Feierabend

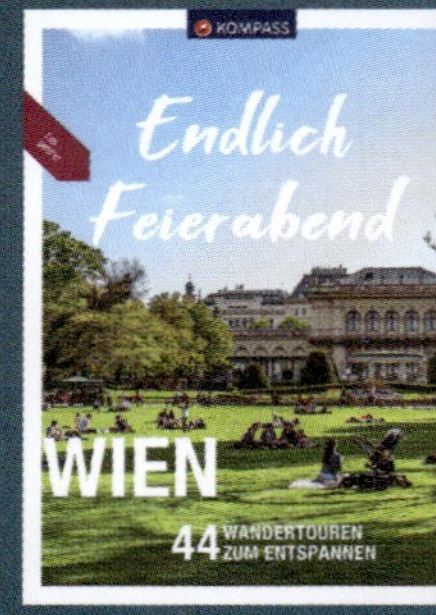

Endlich Erfrischung & Endlich Fahrtwind

Endlich aufs Wasser & Endlich Sonne

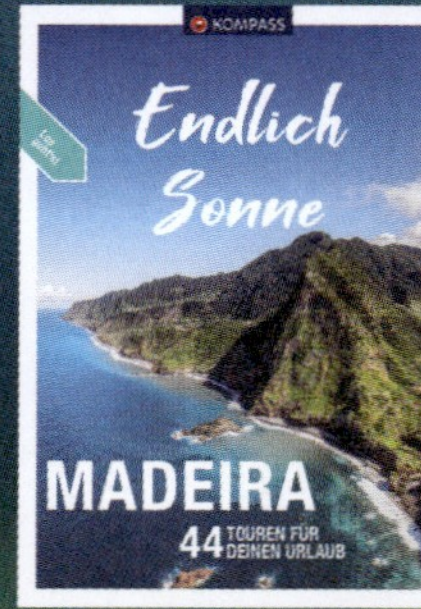

Endlich Wildnis & Endlich hoch hinaus

Entdecke mehr aus unserer neuen Reihe Endlich...

Vom Stand-Up-Paddleführer über Hüttenführer bis hin zu entspannten Feierabendtouren haben wir für jedes Vorhaben das Richtige. Wir motivieren dich, geben dir alle nötigen Informationen mit auf den Weg und zeigen dir, worauf es ankommt, um perfekte Momente zu erleben. Schau doch mal auf unserer Website vorbei: www.kompass.at.

Endlich Hüttenzeit & Endlich Genuss

Tourenübersicht

TOUREN 1–11

TOUREN 12–22

Tourenübersicht

TOUREN 23–33

TOUREN 34–44

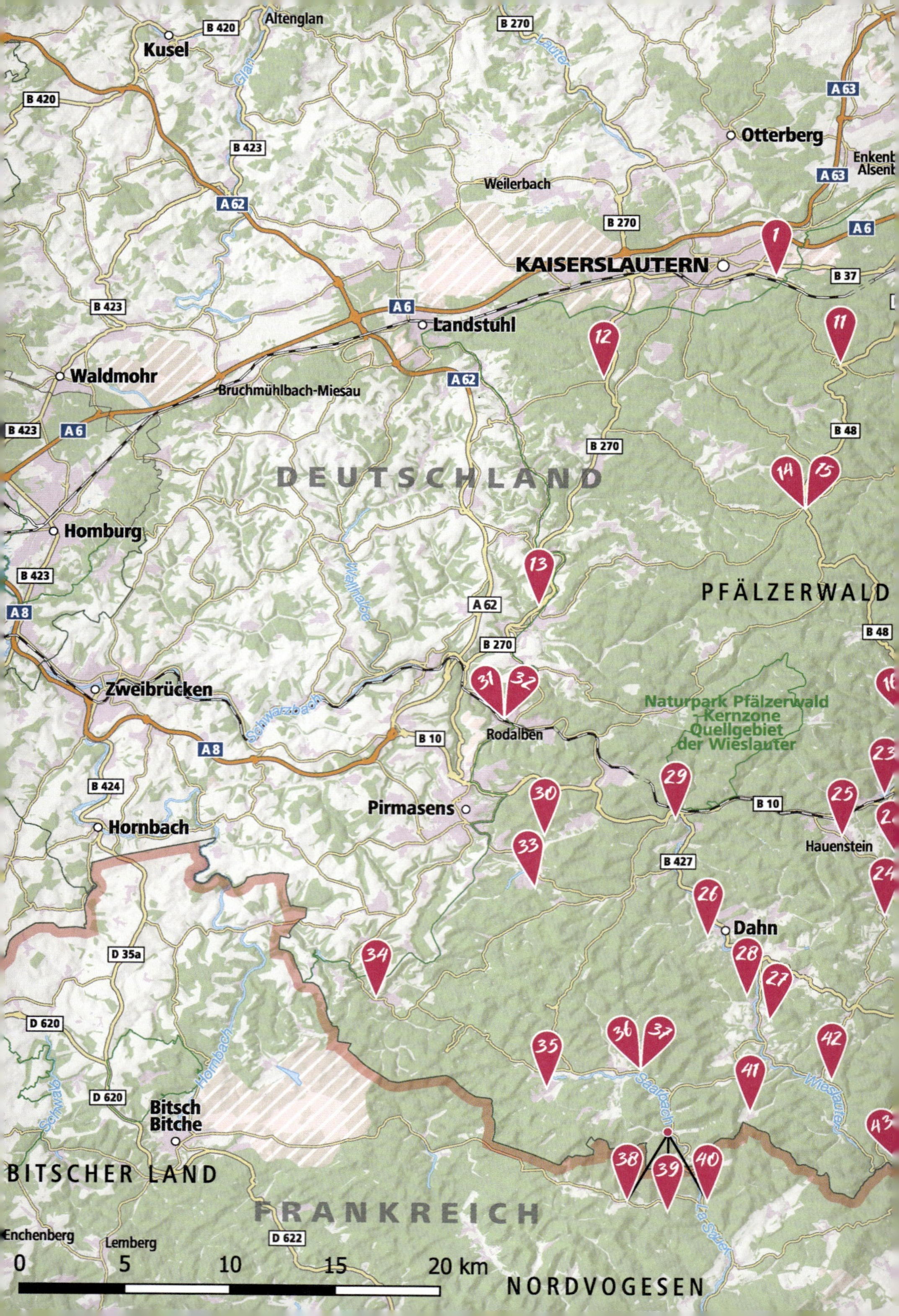
Kusel
Altenglan
Otterberg
Weilerbach
KAISERSLAUTERN
Landstuhl
Waldmohr
Bruchmühlbach-Miesau
DEUTSCHLAND
Homburg
PFÄLZERWALD
Zweibrücken
Naturpark Pfälzerwald - Kernzone Quellgebiet der Wieslauter
Rodalben
Pirmasens
Hauenstein
Hornbach
Dahn
Bitsch
Bitche
BITSCHER LAND
FRANKREICH
Enchenberg
Lemberg
NORDVOGESEN
0
5
10
15
20 km

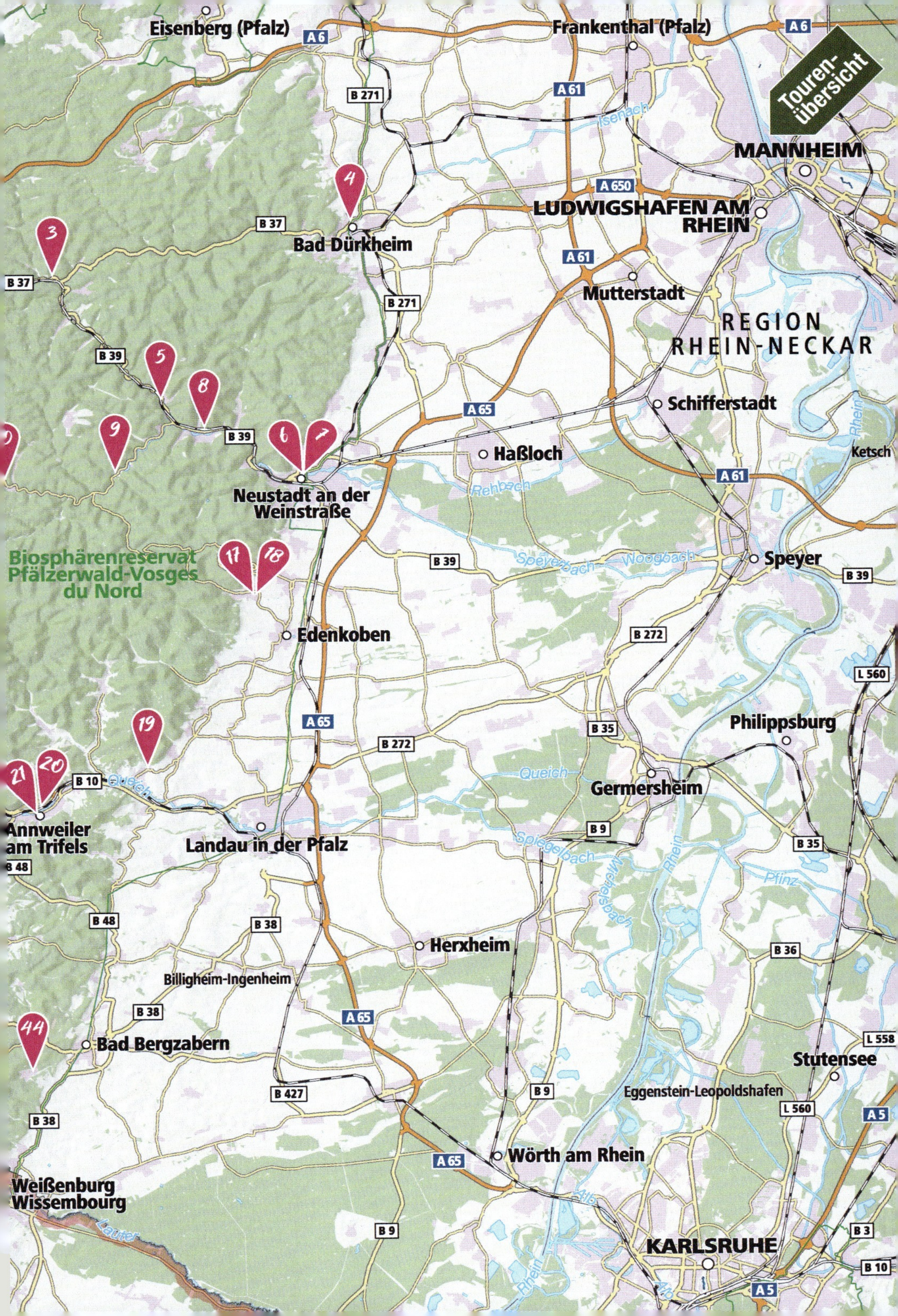

Touren-übersicht
Eisenberg (Pfalz)
Frankenthal (Pfalz)
MANNHEIM
LUDWIGSHAFEN AM RHEIN
Bad Dürkheim
Mutterstadt
REGION RHEIN-NECKAR
Schifferstadt
Haßloch
Neustadt an der Weinstraße
Ketsch
Speyer
Biosphärenreservat Pfälzerwald-Vosges du Nord
Edenkoben
Philippsburg
Germersheim
Annweiler am Trifels
Landau in der Pfalz
Herxheim
Billigheim-Ingenheim
Bad Bergzabern
Stutensee
Eggenstein-Leopoldshafen
Wörth am Rhein
Weißenburg Wissembourg
KARLSRUHE

Endlich …

geht es los!

44 WANDERTOUREN FÜR DICH

Er ist Deutschlands größtes zusammenhängendes Waldgebiet und erstreckt sich als Naturpark Pfälzerwald mit einer Fläche von über 179.000 ha im Süden von Rheinland-Pfalz. Damit bietet er vielfältige und abwechslungsreiche Möglichkeiten für kurze oder lange Waldspaziergänge oder -wanderungen. Sein mildes und trockenes Klima erlaubt schon früh im Jahr Ausflüge in die Natur. Am Rand des Pfälzerwaldes befindet sich die Deutsche Weinstraße. Diese 85 Kilometer lange touristische Straße beheimatet zwischen März Oktober zahlreiche Weinfeste. Der perfekte Ort um den Wandertag ausklingen zu lassen. Also Wanderstiefel geschnürt, „Waldjanker" übergeworfen und los geht's!

Abschalten, dem Lärm der Großstädte entfliehen und einfach nur der Stille und den weichen Klängen des Waldes lauschen: Vogelgezwitscher, das Rauschen des Windes in den Blättern, ein leises Knacken aus den Tiefen des immergrünen Waldes. Dabei steigt langsam der feucht-schwere Duft des moosigen Waldbodens in die Nase. Das ist Erfüllung pur, die wir in abgeschiedenen Naturidyllen wie dem Biosphärenreservat Pfälzerwald ganz besonders intensiv spüren.

Endlich Waldluft Pfälzerwald und Deutsche Weinstraße entführt dich durch abwechslungsreiche Mischwälder, sonnige Wiesentäler, einsame Waldseen, mächtige Sandsteinfelsen, romantische Burgruinen und zahllose malerische Rastplätze – manchmal einsam mitten im Wald, manchmal auch an schönen gemütlichen Einkehrhütten. Ob kurz oder lang, anspruchsvoll oder bequem – Erholung und Entspannung ist auf jeder Tour garantiert.

Endlich alle 7 Sachen zusammen

Pack-tipps

Deine Packliste

MATERIALCHECK

Bei den Waldtouren im Biosphärenreservat Pfälzerwald ist von kurzen bis langen Strecken und einfachen bis anspruchsvollen Wegführungen alles dabei. Je nachdem für welche Runde wir uns entscheiden sollten da gewisse Ausrüstungsgegenstände im Rucksack nicht fehlen.

- ○ Festes Schuhwerk mit griffiger Sohle
- ○ Wetterfeste & atmungsaktive langärmlige Bekleidung
- ○ Getränke (mind. 1,5 Liter!)
- ○ Erste-Hilfe-Set
- ○ Handy (für den Notruf)
- ○ Zeckenschutz & Pilzmesser
- ○ Proviant
- ○ Gut sitzender Wanderrucksack
- ○ Wechsel- & Regenbekleidung
- ○ Sonnenschutz (Brille, Hut, Sonnencreme)
- ○ Teleskop- oder Faltstöcke
- ○ Kompass und Wanderkarte

Endlich gern gesehen

Verhaltenskodex

BEIM WANDERN

Das Wandern hat eine lange und vielschichtige Tradition. Schon unsere Vorfahren sind gewandert, damals jedoch aus anderen Beweggründen – beispielsweise um ein neues Territorium zu erschließen. In der heutigen Zeit erhält das Wandern ganz neue und moderne Perspektiven. Anders als bei anderen Sportarten bewegst du dich beim Wandern nicht in Sporthallen oder auf Sportplätzen, sondern in der freien Natur oder in Kulturlandschaften – und das auch als Gast. Durch nachhaltiges Denken und Respekt können wir dazu beitragen, unsere Natur und Kulturlandschaft zu schützen und sie dennoch zu genießen. Deswegen haben wir hier für dich ein paar Verhaltensregeln, die du beim Wandern beachten solltest.

Und das kannst du machen ...

Dos & Don'ts

01 Wege nicht verlassen: Nicht umsonst befinden sich oft am Wegesrand diese Hinweisschilder, die auch eingehalten werden sollten.

02 Auf den ausgeschilderten Wegen bleiben: Der Pfälzerwald ist ein Eldorado für Wanderer. Ein hervorragend ausgeschildertes Wegenetz führt durch das Waldgebiet. Haltet euch auf den beschilderten Wegen, nicht grundlos bleibt so mancher Weg unbeschildert.

03 Hunde an die Leine: Leinenlose Hunde sind ein Ärgernis, das Antipathie auf Hunde schürt. Oft schrecken stromernde Hunde Wild auf oder jagen es sogar. Also den Leinenzwang ernst nehmen, euer Vierbeiner freut sich auch an der Leine auf den Spaziergang.

04 Keine Pflanzen rupfen: Das gilt für Blumen und auch alle anderen Pflanzen. Oft stehen sie sogar unter Naturschutz und gehören nicht in den heimischen Garten.

05 Wandern auf Wirtschaftswegen: Gegenseitige Rücksicht ist hier die Devise. Der Traktor ist nicht so wendig und flexibel wie der Wanderer. Also einfach kurz stehen bleiben oder einen Schritt beiseitetreten.

06 Wildcampen verboten: Unter freiem Himmel schlafen ist toll, aber bitte nur an ausgewiesenen Zelt- und Campingplätzen.

07 Ausgewiesene Rastplätze nutzen: Eine kleine Leckerei in der Natur genießen oder mit einer ausgedehnten Brotzeit die Kräfte wieder ankurbeln. Wer eine Pause machen möchte, sollte die vorgesehenen Rastplätze nutzen. Denn hier findest du auch Mülleimer.

Grundwissen

Wandern

SICHERHEIT UND BASICS

Wandern ist ein ideales Mittel, um einfach mal auszuspannen und den Alltag hinter sich zu lassen. Nur der eigenen Bewegung folgen, sich auf seine Schritte und den eigenen Rhythmus konzentrieren. Die Natur und ihre Schönheit genießen. Trotzdem gilt es einiges zu beachten, damit durch unvorhergesehene Ereignisse der Spaß nicht auf der Strecke bleibt.

Der richtige Einstieg: Ohne jegliche Erfahrung sich gleich auf die längsten Touren mit den meisten Höhenmetern zu stürzen ist weder vernünftig noch macht es viel Freude. Denn wenn dein Körper die Anstrengung noch nicht gewöhnt ist, können lange und anspruchsvolle Distanzen schnell zur Qual werden. Lieber erstmal klein anfangen und sich dann steigern. Denn auch auf kürzeren und einfacheren Touren kannst du die Waldluft genießen.

Wettercheck: Auch in den Mittelgebirgen ist stabiles Wetter wichtig, um nicht ungewollt wie ein begossener Pudel dazustehen. Informiere dich am besten zwei bis drei Tage vorher. Ein letzter Check am Abend, bei unsicheren Verhältnissen sogar kurz vor der Wanderung, ersparen dir böse Überraschungen. Am besten informierst du dich beim Deutschen Wetterdienst oder über das Bergwetter des Deutschen Alpenvereins. Solltest du dir unsicher sein, lieber die Tour auf einen anderen Tag verschieben.

Notruf bei Unfällen: Im Falle eines Unfalls haben Ruhe bewahren und überlegtes Handeln oberste Priorität. Erst einen Überblick über die Situation verschaffen, dann wird mit der europaweit gültigen Notrufnummer 112 ein Notruf abgesetzt. Funklöcher oder kein Handy erfordern das alpine Notsignal mittels Rufen, Pfiffen oder Licht: Alle zehn Sekunden eine Minute lang ein Signal, dann eine Minute Pause, dann wieder alle zehn Sekunden eine Minute lang ein Signal geben. Zudem sollten Erste-Hilfe-Maßnahmen eingeleitet werden, falls möglich.

Taubenkopf 604 m üNN
Höchste Erhebung des Weinortes
Diedesfeld/Weinstrasse

Grundwissen

Wandern

TOUREN-1×1 & LEXIKON

Die Klassifizierung der Touren ist ein Richtwert. Du kannst dein Können am besten einschätzen und weißt, wie du deine Kräfte einteilen kannst. Richte deine Tourenauswahl danach aus.

LEICHT: Die Wege sind meist gut markiert und meist führen als breite und bequeme Wanderwege durch den Wald und weisen keine Gefahrenstellen auf. Ab und an gesellt sich ein wurzeliger Pfad oder eine kurze felsige Stelle dazu. Die Routen sind für Anfänger und Kinder sowie für fitte, ältere Menschen gut geeignet.

MITTEL: Hier werden die Wege schon anspruchsvoller. Oft führen Pfade mit unwegsamem Untergrund über die Waldhänge. Wir begegnen immer wieder steinigen, wurzeligen, zugewachsenen oder rutschigen Stellen. Dennoch sind die Wege gut markiert, phasenweise etwas ausgesetzt. Die Routen sind meist länger und setzen Wandererfahrung und eine gute Grundkondition voraus.

SCHWER: Mit diesen Touren erwarten uns herausfordernde Wege, meist über schmale und steile Steige. Das Gelände wird alpiner, die Wege und Pfade sind mit Felsen und Steinen durchsetzt. An manchen Stellen helfen dann sogar Seilsicherungen weiter. Du musst längere An- und Abstiege einplanen. Schwindelfreiheit und Trittsicherheit sind hier eine wichtige Voraussetzung

Gehzeiten: Die angeführten Zeitangaben verstehen sich als Richtwerte für die reine Gehzeit ohne Pausen und basieren auf folgenden Erfahrungswerten pro Stunde: Aufstieg 400 Höhenmeter, Abstieg 600 Höhenmeter, 4 km auf flacher Strecke.

Wandersaison: Grundsätzlich lässt es sich in den Mittelgebirgen und dem Flachland ganzjährig wandern. Besonders bei Minustemperaturen und Nässe ist auf die Wegverhältnisse zu achten. Im Vergleich zu anderen deutschen Mittelgebirgen erlaubt das milde und trockene Klima des Biosphärenreservates Pfälzerwald schon früh im Jahr Wanderungen. So kannst du getrost schon Mitte März zu einer ersten leichteren Tour aufbrechen. Von September bis November hat der Pfälzerwald einen ganz besonderen Reiz. Dann färben sich die Laubwälder und tauchen die Landschaft in ein orange-rot-gelbes Farbenmeer. Informiere dich am besten in der Region über die aktuelle Begehbarkeit der Wege und die Öffnungszeiten der Zufahrtsstraßen.

TOUREN 01 – 44
BESCHREIBUNGEN

01

Raupenthal
Gersweiler Kopf
379
Staatsforst
Otterberg
Budel
322
Fröhnerhof
Egersberg
NSG
270
Im Hagelgrund
369
Sulzberg
Deponie
Meisenberg
365
Kaiserstraße
Sportpark
Rote Teufel
Dreibrunnen
Kolbenberg
357
Eselsbach
Hagelgrundquelle
Hint. Rotenberg
320
63
Dreieck Kaiserslautern
15
Eselsfürth
Reichholdsmühle
Daubenbornerhof
E50
16a
308
Hinterwald
Langenberg
353
Barbarossapark
PRE-Uni-Park
Träufling
Hochfels
Matzenberger W
GRÜBENTÄLCHEN
Erlebnisbad monte mare
16b
Kaiserslautern-Ost
Queitersberg
394
Felsplatt
Blücherschanze
Langent
KAISERSLAUTERN
Army Depot
Waldfriedhof
Vielköpf
360
Hochspeye
Erdbeerenhügel
296
37
338
Hinterer Langenberg
Salingsmühle
251
Kasernen
37
Rote Plätze
275
Rummelberg
349
246
Stiftswalder Forsthaus
Lauter
Quack
Spitzenrainbrunnen
Entersweilerhof
364
Heiligenberger Tunnel
Rock Town
Hüttenkopf
Wildpark
325
Saupferchtal
Entersweiler Mühle
Ruine Beilstein
BETZENBERG
366
Spitzrain
330
Axertal
309
Kleiner Steinberg
326
Heiligenberg
394
Stadtwald
Kiefernkopf
Biertal
Lauterspring
Großer Steinberg
Staatsforst
Bockental
Heiligental
323
Buchholzfelsen
Hannickelkreuz
Lindenköpfe
366
Bockenberg
389
Hungerbrunnental
428
Kleiner Humberg
395
Humbergturm
Salzleckertal
264
Saufels
404
Bäckerpfadkop
Stiftswald
Fuchsbrunnen
Hungerbrunnen
Bockenbrunnen
Sesterstein
Jungferstein
Kleiner Krebser
424
Mittl. Specht
Kaiserslautern
351
Deutsche Alleenstraße
Jungfernbrunnen
Dammberg
412
Wienertal
Unnertal
Hint. Specht
Kehrtal
Felsenbrunner Tal
Dammbrunnen
Harter Kopf
452
48
Mittlerer Krebser
Weißbr.
341
Großes Heckental
Großer Krebser
Brotpfadkopf
372
Italienerstein
Staatsforst
Mittelbornbe
388
Am Stall
Stiefelsohler Berg
0
500 m
345
Kleiner Roßrück
Hellerwald
Weidensohler Berg
375
eites Dell
Moosswiesertal

Tour 01

Zur Ruine Beilstein

Um den Rummelsberg auf's Totenköpfchen

DAUER	2h
LÄNGE	9,3 km
HÖHENMETER	205 hm
SCHWIERIGKEIT	LEICHT
MIT ÖPNV ERREICHBAR	ja

Das erwartet dich ...

Die Rundwanderung verläuft auf bequemen Kieswegen und Waldpfaden. Zwischendurch spazieren wir auch mal über asphaltierte Passagen. Mit der Burgruine Beilstein erwartet uns dann ein beeindruckendes Natur- und Kulturdenkmal. Der einstige Kern der Hauptburg ist ein markanter, acht Meter hoher Felsen, der durch einen fünfseitigen Bergfried gekrönt wurde. Mit dem Sandsteinfelsen Totenköpfchen erwartet uns ein weiteres Naturhighlight.

Start & Ziel & Anreise

Wir beginnen die Runde in Kaiserslautern in der Entersweiler Straße. Kaiserslautern erreichen wir bequem von Westen und Osten über die A6. Auf der B37 fahren wir weiter bis zum Volkspark und zur Entersweilerstraße. Parkplatz bei der Kinder Spiel & Spaß-Fabrik, gegenüber dem Gasthaus Licht & Luft. Öffentlich geht's bis zum Bahnhof Kaiserslautern. Von hier aus allerdings eine Dreiviertelstunde zum Ausgangspunkt.

Tourenbeschreibung

Vom Parkplatz gegenüber vom Gasthaus Licht & Luft spazieren wir an der Kinder Spiel & Spaß Fabrik vorbei und unterqueren die Brücke zum Gasthaus Quack. Die Wirtschaft ist eine tolle Einkehrmöglichkeit mit gemütlichem Biergarten. Sogar eine Vogelvoliere gibt es. Nur wenig später geht's links herum über den Gehweg an der Velmannstraße entlang. Sie führt uns zur Schule am Beilstein. Wir folgen dem Sträßchen durch lichten Wald zum Stiftswalder Forsthaus. Rechter Hand bietet sich ein Abstecher über den Holzweg am Stifswald an; ausgestellt sind interessante Naturmöbel.

Kurz danach halten wir uns rechts am Waldrand und einer großen Lichtung entlang. An der Straßenkurve kurz vor der Eisenbahnbrücke halten wir uns scharf links und passieren den Erinnerungsstein an die „Entersweiler Mühle". Ihr Betrieb reicht bis ins 12. Jahrhundert zurück. Danach leitet uns ein asphaltiertes Weglein wieder in den Wald. Wir schwenken nach links und stoßen auf eine Forststraße, der wir nach rechts weiter Richtung Burgruine folgen. An der folgenden Weggabelung schwenken wir nach rechts. Gleich darauf geht's links auf einen schmalen, wurzeligen Pfad. Er bringt uns in sanftem Anstieg zur Ruine Beilstein. Wir drehen eine Runde um das alte Gemäuer, dann geht's unter der Brücke hindurch und hinauf um eine Linkskehre. Dann passieren wir die kleine Holzbrücke, um uns die Ruine einmal aus der Nähe anzusehen.

Nach dem Ruinenbesuch führt uns die Route wieder in den Wald hinab. An der Verzweigung geht's rechts, dann überqueren wir ein asphaltiertes Sträßchen und steigen in den Wald hinauf zum nächsten Naturdenkmal – dem markanten Sandsteinfelsen Totenköpfchen. Die gelb-weiße Markierung führt uns auf eine Anhöhe mit einer Wegspinne. Wir bleiben links und wandern oberhalb des Ruheforstes zu unserer Rechten entlang. Dann machen wir einen kurzen Abstecher hinunter zu einer Waldlounge mit ein paar Sitzbänken. An der nächsten Weggabelung schwenken wir nach links und leicht aufwärts. Sobald wir am Waldrand entlangspazieren senkt sich der Weg wieder, wenig später schimmern die ersten Hausdächer durchs dichte Blätterdach. Der Weg beschreibt eine Linkskehre und bringt uns zu einem Fahrweg, dem wir scharf nach rechts folgen. Bei der Kreuzung Salingstraße/Velmannstraße erreichen wir schließlich wieder den Hinweg. Über die Velmannstraße wandern wir bis zum Gasthof Quack und die Entersweiler Straße bringt uns zurück zum Ausgangspunkt.

Autoren Tipp

Die Ruine der Felsenburg Beilstein war einst eine Reichsministerialenburg. Die Anlage wurde erstmals 1234 urkundlich erwähnt. Hauptmerkmal der Ruine ist der acht Meter aufragende Fels aus Sandstein. Dieser aufragende Fels trug einen fünfseitigen Bergfried. An dem Fels waren im Mittelalter dreigeschossige Wohn- und Wirtschaftsgebäude angebaut. Seit etwa 1990 befindet sich das Natur- und Kulturdenkmal Burg Beilstein im Besitz der Stadt Kaiserslautern.

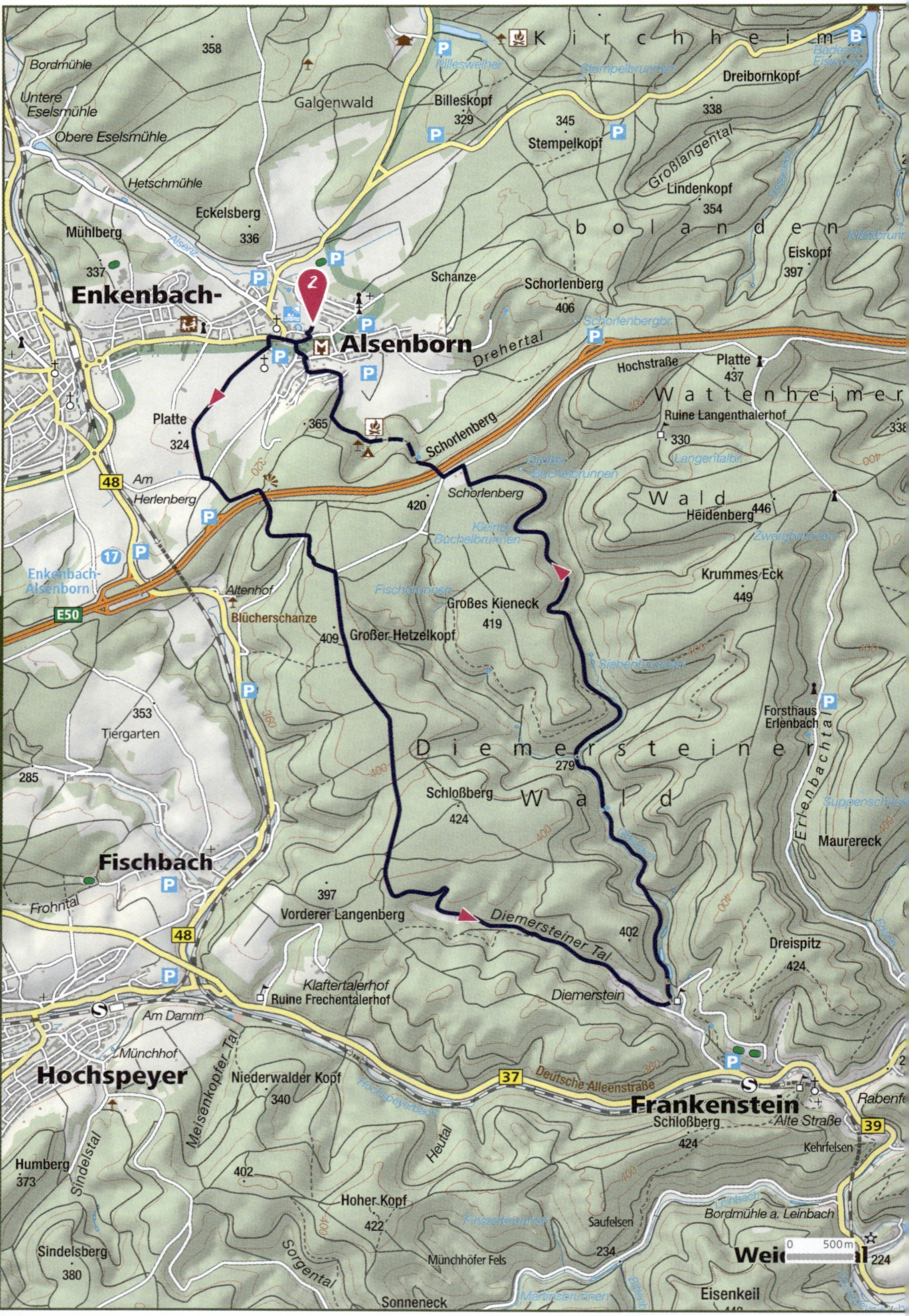

Bordmühle
Untere Eselsmühle
Obere Eselsmühle
358
Galgenwald
Rilleswelher
Kirchheimbolanden
Stempelbrunnen
Badesee Eiswoog
Dreibornkopf
338
Billeskopf
329
345
Stempelkopf
Großlangental
Lindenkopf
354
Hetschmühle
Eckelsberg
336
Mühlberg
337
Alsenz
Eiskopf
397
Schanze
Schorlenberg
406
Enkenbach-Alsenborn
Schorlenbergbr.
Drehertal
Hochstraße
Platte
437
Wattenheimer Wald
Ruine Langenthalerhof
330
Langentalbr.
338
Platte
324
365
Schorlenberg
Großer Büchelbrunnen
Am Herlenberg
48
Schorlenberg
420
Heidenberg
446
Zwergbrunnen
Kleiner Büchelbrunnen
17
Enkenbach-Alsenborn
Altenhof
Blücherschanze
E50
Fischbrunnen
Großes Kieneck
419
Krummes Eck
449
409
Großer Hetzelkopf
Siebenbrunnen
353
Tiergarten
Forsthaus Erlenbach
285
Diemersteiner Wald
279
Schloßberg
424
Erlenbachtal
Suppenschüssel
Maurereck
Fischbach
Frohntal
397
Vorderer Langenberg
Diemersteiner Tal
402
Dreispitz
424
48
Klaftertalerhof
Ruine Frechentalerhof
Diemerstein
Am Damm
Münchhof
Hochspeyer
Meisenkopfer Tal
Niederwalder Kopf
340
37
Deutsche Alleenstraße
Hochspeyerbach
Frankenstein
Schloßberg
424
Alte Straße
Rabenfels
39
Kehrfelsen
Humberg
373
Sindelstal
402
Heutal
Hoher Kopf
422
Finsterbrunnen
Saufelsen
Leinbach
Bordmühle a. Leinbach
Sindelsberg
380
Sorgental
Münchhöfer Fels
234
Weidenthal
224
0 500 m
Martinsbrunnen
Sonneneck
Eisenkeil

Burgentour 02

Burgruine Diemerstein

Vom Alsenz-Ursprung durch das Lebenspfad-Labyrinth

DAUER	4h 45min
LÄNGE	17,3 km
HÖHENMETER	477 hm
SCHWIERIGKEIT	LEICHT
MIT ÖPNV ERREICHBAR	ja

Das erwartet dich ...

Breite Waldpfade und Forstwege wechseln sich ab, zwischendurch spazieren wir auch mal über kürzere Asphaltpassagen. Auf dieser Runde erwarten uns recht unterschiedliche Sehenswürdigkeiten: Gleich am Ausgangspunkt treffen wir auf den Ritterstein am Alszenz-Ursprung. Danach passieren wir das Labyrinth am Lebenspfad; es ist die neunte Station des Lebenspfades Alsenborn. Das Highlight ist am Ender der Tour die romantische Burgruine Diemerstein.

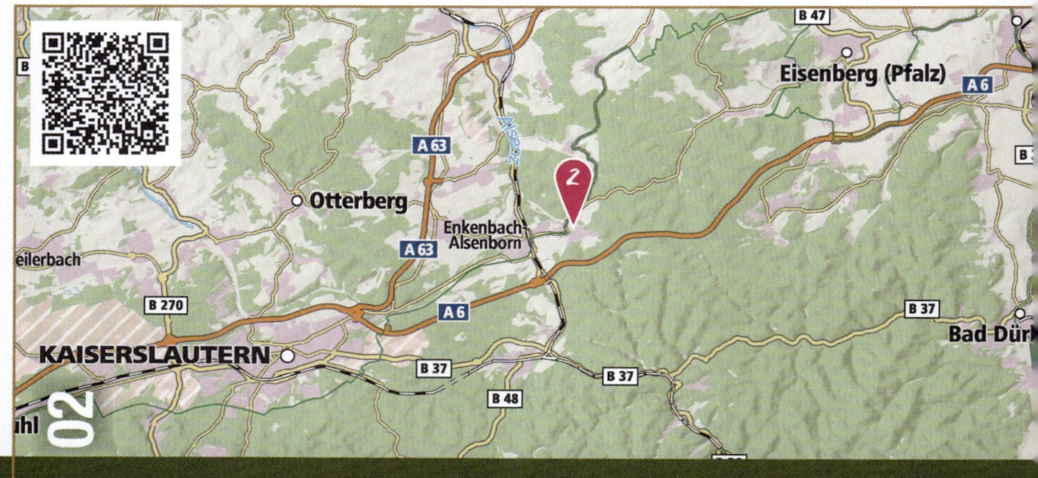

Burgentour 02

Start & Ziel & Anreise

Los geht's in Alsenborn. Mit dem Auto geht's von Kaiserslautern auf der L395 nach Enkenbach-Alsenborn. Parkmöglichkeiten gibt es an der Alsenzhalle in der Badstraße. Öffentlich fahren wir mit dem Bus 136 aus Kaiserslauterns Innenstadt in Richtung Börrstadt. Haltestelle Alsenborn-Mitte. Alternativ können wir den Regiozug nach Enkenbach nehmen. Dann geht's allerdings noch eine Viertelstunde zu Fuß über die Rosenhofstraße zum Ausgangspunkt.

Tourenbeschreibung

Von der Alsenzhalle, in deren unmittelbarer Nähe sich die Quelle der Alsenz befindet, spazieren wir zunächst zur Burgstraße. Ihr folgen wir nach rechts und über die Rosenhofstraße bis kurz vor das Bajasseum. In diesem hübschen kleinen Gebäude mit Turm ist ein recht interessantes Zirkusmuseum untergebracht. Unser Weiterweg führt uns links in die Josefstraße. Wir passieren die Evangelische Kirche und verlassen den Ort recht schnell wieder über ein offenes Wiesengelände, über das wir sanft zum Waldrand und zum interessanten Alsenborner Lebenspfad-Labyrinth ansteigen. Das Labyrinth liegt an einer Wegkreuzung. Der gut 1 km lange Irrgarten hat elf Umgänge und einen Durchmesser von 24 Metern.

Wenig später wandern wir an einem auffälligen Kreuz vorbei, danach lädt eine Riesensitzbank zu einem Schnappschuss ein. Nach einem leichten Anstieg schwenken wir im Wald nach links, dann biegen wir scharf rechts ab und gehen unter der Autobahn hindurch. Die Route steigt weiter an und leitet uns zum Müllerstisch, einer viereckigen Steinplatte mit Sitzbänken. Dann mündet der Asphalt in einen Waldweg, der uns an einer romantischen Lichtung samt Weiher – auch „Himmelswiese" genannt – vorbeiführt und weiter zu einer Lichtung mit einer Bank leitet. Hier steht ein markanter Stein des Forstamtes Hochspeyer, der auf die Pflanzung von Mammutbäumen verweist. Danach folgen wir dem Waldweg weiter abwärts bis nach Diemerstein.

Wir schlendern durch den Ort und halten uns nach dem Bollerbrunnen links. Ein Pfad leitet uns zu ein paar Felsen empor. Auf ihnen thronen die Reste der Burg Diemerstein. Zurück geht's am kleinen Friedhof vorbei und hinab zur Hütte am Glasbach. Unser Pfad leitet uns am linken Bachufer entlang. Dann passieren wir den Ursprung des Glasbaches: den Siebenbrunnen. Nach einem sanften Anstieg stehen wir am Ende des Waldes. Hier schwenken wir beim hohen Sendemast nach links. Nach der zeltartigen Holzhüttenanlage stehen wir am Forsthaus Schorlenberg. Wir wenden uns nach rechts, unterqueren die Autobahn und folgen den Kehren abwärts zum Grillplatz der Geldlochhütte. Dann spazieren wir durch den lichten Wald zu den ersten Häusern von Alsenborn. Über den Blüchersteig und die Diemersteiner Straße wandern wir das letzte Stück zurück zur Burgstraße und zum Ausgangspunkt bei der Alsenzhalle.

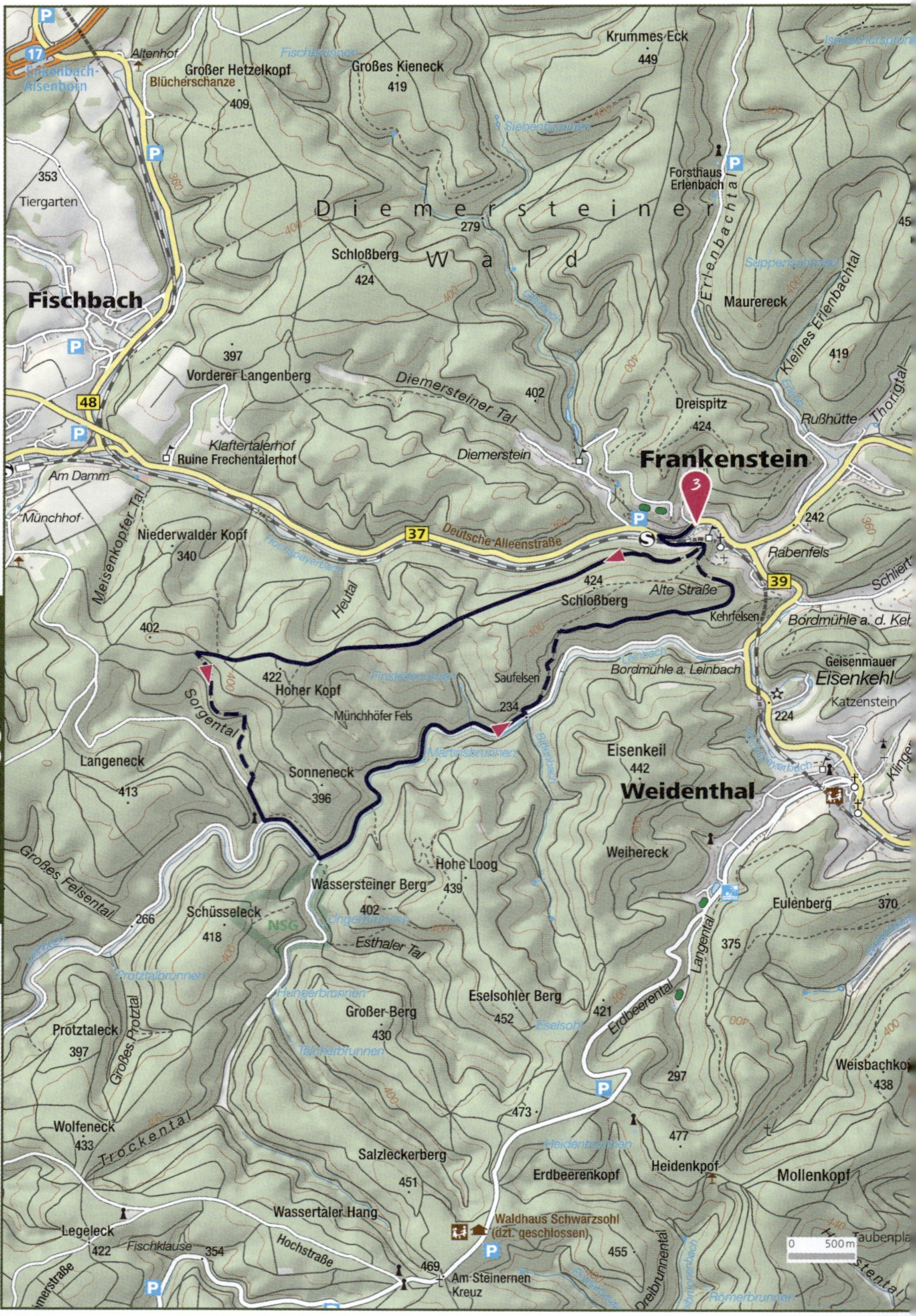

03

Krummes Eck
449
Großer Hetzelkopf
Blücherschanze
409
Großes Kieneck
419
Altenhof
Enkenbach-Alsenborn
17
Fischbrunnen
Siebenbrunnen
Forsthaus Erlenbach
353
Tiergarten
Diemersteiner Wald
279
Schloßberg
424
Erlenbachtal
Suppenschüssel
Kleines Erlenbachtal
Maurereck
Fischbach
419
397
Vorderer Langenberg
48
Diemersteiner Tal
402
Dreispitz
424
Rußhütte
Thoratal
Klaftertalerhof
Ruine Frechentalerhof
Diemerstein
Frankenstein
3
Am Damm
Münchhof
Meisenkopfer Tal
Niederwalder Kopf
340
37
Deutsche Alleenstraße
242
Rabenfels
Hochspeyerbach
Heutal
424
Schloßberg
Alte Straße
39
Kehrfelsen
Bordmühle a. d. Kehl
402
Geisenmauer
Eisenkehl
Katzenstein
422
Hoher Kopf
Finsterbrunnen
Saufelsen
Bordmühle a. Leinbach
Leinbach
Sorgental
Münchhöfer Fels
234
224
Langeneck
413
Martinsbrunnen
Eisenkeil
442
Sonneneck
396
Weidenthal
Weihereck
Großes Felsental
Hohe Loog
439
Wassersteiner Berg
266
Schüsseleck
418
402
NSG
Ungerbrunnen
Esthaler Tal
Eulenberg
370
375
Langental
Protztalbrunnen
Hungerbrunnen
Großer-Berg
430
Eselsohler Berg
452
Eselsohl
421
Erdbeerental
Protztaleck
397
Großes Protztal
Tälcherbrunnen
297
Weisbachkopf
438
Wolfeneck
433
Trockental
473
477
Heidenbrunnen
Heidenkopf
Salzleckerberg
451
Erdbeerenkopf
Mollenkopf
Wassertaler Hang
Waldhaus Schwarzsohl (dzt. geschlossen)
Legeleck
422
Fischklause
354
Hochstraße
469
Am Steinernen Kreuz
455
Dreibrunnental
Taubenplatz
Römerbrunnen
0 500 m

Tour 03

Burgentour 03

Ruine Frankenstein

Auf alten Hochwegen und durch das Leinbachtal

DAUER	4h
LÄNGE	13 km
HÖHENMETER	425 hm
SCHWIERIGKEIT	LEICHT
MIT ÖPNV ERREICHBAR	ja

Das erwartet dich ...

Die Runde führt uns über schöne Waldpfade, Forst- und Uferwege. Einige Teilabschnitte sind asphaltiert. Zur Ruine hinauf geht's dann über steile Pfade und Stufen. Die imposante Burgruine Falkenstein thront hoch über dem gleichnamigen Örtchen und dem Schloßbergtunnel. Mit ihr erwartet uns eine der interessantesten Wehr-und Wohnanlagen der Pfalz. Zu bestaunen gibt es noch ein paar Reste des Bergfriedes und einen romanischen Flankenturm.

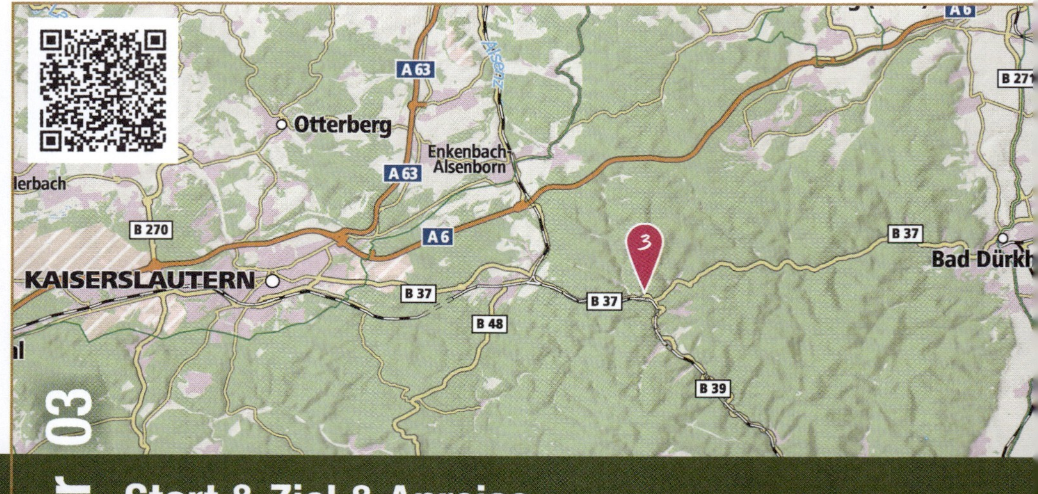

Burgentour 03

Start & Ziel & Anreise

Wir starten in Frankenstein. Von Kaiserslautern erreichen wir den Ort über die B37. Parkmöglichkeiten gibt es am Goebels-Platz neben der Grundschule oder beim Bahnhof. Mit der S2 geht's vom Hbf Kaiserslautern Richtung Mosbach. Unsere Haltestelle ist Frankenstein.

Tourenbeschreibung

Hoch oben auf einem Bergsporn, mitten im Naturpark Pfälzerwald, erhebt sich die stolze Burgruine Falkenstein. Sie gilt als eine der ältesten Burganlagen in der Pfalz. Erwähnt wurde die Burg erstmals im 12. Jahrhundert. Besonders beeindruckend sind die noch erhaltenen, mehrstöckigen Außenmauern des Palas, welche nur einen kleinen Eindruck der einstigen Pracht der Anlage verdeutlichen. Von der Aussichtsplattform genießen wir einen besonders schönen Rundblick in die benachbarten Täler.

Zunächst spazieren wir vom Parkplatz in Frankenstein auf der Hauptstraße Richtung Bahnhof. Eine Markierung mit der Aufschrift „Ruine Frankenstein" leitet uns nach links, dann überqueren wir die Bahngleise und eine Brücke. Ein steiler Pfad bringt uns teils über Stufen den Waldhang hinauf. Kurz und knackig, dann stehen wir an der Ruine Frankenstein und studieren die Infotafeln an der Unterstandshütte. Den Burgturm mit fantastischer Aussicht erklimmen wir über eine Steintreppe.

Ein wunderschöner Waldpfad leitet uns dann weiter an die Wegkreuzung „Dreilinden". Danach wandern wir weiter durch den lichten Wald, vorbei an einer Aussichtsstelle samt Tisch und Bänken. Die weiß-blaue Markierung leitet uns auf einem teils schmäleren Waldpfad hinunter zum Forstemeister-Haupt-Platz. Ein Gedenkstein erinnert an denselben, daneben befinden sich ebenfalls Sitzmöglichkeiten. Wir passieren die Infostation des Landschaftserlebnispfades, dann halten wir uns links auf einen asphaltierten Weg. Er führt uns zum Griesenfelsen.

Über ein Asphaltsträßchen folgen wir dem Leinbach zum Wehr am Biedenbacherwoog. Ein Holzssteg erleichtert uns die Bachquerung auf eine große Wiese mit einer Infotafel. Sie klärt uns über das Holztriften auf, also dem Transport von Holz über den Wasserweg. Beim Wehr verlassen wir das Sträßchen und steigen links in den Wald hinauf. Die grün-blaue Markierung führt uns durch lichten Wald und an Felsen entlang. Zum Ende hin wird der Weg zur Burgruine Falkenstein hinab wieder steiler. In steilen Kehren geht's wieder auf dem Waldhang hinunter. Dann überqueren wir die Bahn und schwenken rechts herum entlang der Hauptstraße zurück nach Frankenstein.

Spechttal
Bannwald
360
Triforstbrunnen
Kleinsägmühle
Weisenheim am Berg
221
Deutsche Weinstraße
Herxheim am Berg
Langental
398
Weisenheimer Wald
337
Münchberg
Kupferbergfels
Weisenheimer Hütte
Ungeheuersee
170
Oschelsk
NSG
271
Deutsche Alleenstr.
Weidenhof
Wochenendhäuser
LEISTADT
Kallstad
Langental
Laurahütte
244
Histor. Rathaus
NSG
Mittelberg
396
Wald
Weilerskopf
470
Teufelsmauer
Bärbelhof
Freins-
Großwinterstal
462
Weilberg
150
Röm. Weingut Weilberg
Rabendeckel
Annaberg
352
Wochenendhäuser
Peterskopf
Haus an der Weilach
Lindemannsruhe
Ruine Weilach
In der Weilach
111
260
Bismarckturm
Forsthaus Weilach
Röm. Brünnen
Spielberg
UNGSTE
Grotte Heidenfels
291
Schlagbaum
Schlammberg
183
271
Frankenthaler Hütte
Pfaffental
Kleiner Peterskopf
425
NSG
Pfeffingen
Schlammberg
Sägmühle
Forstberg
316
Klaustal
Keltischer Ringwall
Mercure Hotel
Gradierbau (Saline)
Ruine Schloßeck
189
TRIFT
Schloßeck
159
Gaistal
154
Kaiser-Wilhelm-Höhe
Kurpark-Hotel
Große Papiermühle
Wintersberg
141
37
Kleine Papiermühle
Hardenburg
142
Pfalzmuseum
Herzogweiher
168
HARDENBURG
GRETHEN
Isenach
BAD DÜRKHEIM
HAUSEN
Klosterruine Limburg
Limburg
37
Russenkuppe
Schlangental
Sonnenseeweiher
Fünfguldenberg
Luitpoldweg
Heusser
414
Hammelstalstraße
Im langen Graben
Eppental
Rudolf-Bart-Siedlung
Flaggenturm
Seebach
Bad Dürkheim-Grethen
Zeppelinturm
342
Ebersberg
Martin-Butzer-Haus
NSG
Dr. Weinstraße
Klausental
Gückinsland
Schutzhütte Drei Eichen
Bretterkopf
Dreispitz
462
Ruine Murrmirnichtviel
420
326
Mundhardterhof
Kammertsberg
Poppental
Steinerne Kelter
Schützenhaus
Fischteiche
Bräuninger Fels
169
283
Hexenstein
243
Rindskehler Kopf
462
Auf dem Röthel (Alter Steinbruch)
Reitschulpass
345
Burgtalweiher
Wachtenburg
Burgtal
0 500 m
352
Weißer Stein
Wachenheimer Tal
Boule-Platz
493
Bismarckhöhle

Tour 04

Aussichtstour 04

Kaiser-Wilhelm-Höhe

Geschichtsträchtige Aussichtstour zum Bismarckturm

DAUER	5h 30min
LÄNGE	17,3 km
HÖHENMETER	645 hm
SCHWIERIGKEIT	MITTEL
MIT ÖPNV ERREICHBAR	ja

Das erwartet dich ...

Die Runde ist relativ lang, unterwegs gibt es aber mehrere schöne Einkehrmöglichkeiten. Dabei wechseln sich breite Forstwege und schmale Waldpfade ab. Sie leiten uns teilweise in vielen Kehren durch das Wandergebiet. Vorsicht bei steilen und ausgesetzten Abschnitten, die immer wieder auf dieser Wanderung vorkommen. Zum Ende hin heißt's Treppensteigen. Unterwegs erwarten uns viele herrliche Aussichtsplätze.

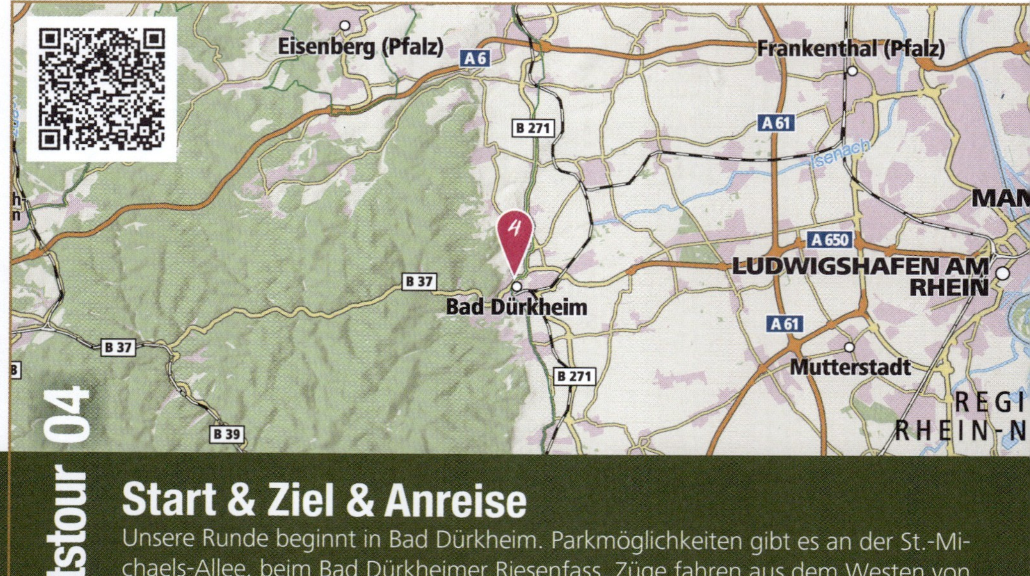

Aussichtstour 04

Start & Ziel & Anreise

Unsere Runde beginnt in Bad Dürkheim. Parkmöglichkeiten gibt es an der St.-Michaels-Allee, beim Bad Dürkheimer Riesenfass. Züge fahren aus dem Westen von Mannheim, aus dem Osten von Neustadt an der Weinstraße nach Bad Dürkheim. Beim Bahnhof kann man direkt in die Tour einsteigen.

Tourenbeschreibung

Vom Riesenfass in Bad Dürkheim spazieren wir nur wenige Meter links, dann folgen wir der Leistadter Straße nach rechts. Die Sonnwendstraße führt uns weiter in den Heckenpfad. An seinem Ende geht's weiter an der Mauer entlang und mit der rot-weißen Markierung die Treppen hinauf. Zu unserer Rechten erblicken wir die ersten Rebflächen. Am Ende der Stufen stehen wir an einem breiteren Weg, dem wir nach rechts folgen. Über einen geplättelten Weg wandern wir mit herrlichen Ausblicken weiter sanft hinauf. Nach ein paar Häusern schwenken wir auf dem Plattenweg nach links.

Ein naturnaher Weg bringt uns weiter bergan, wird Richtung Schützenhaus zu jedoch wieder ebener. Wir passieren einen Parkplatz samt Infotafel, die genau den naturkundlichen Lehrpfad Bad Dürkheim erklärt. Danach leitet uns die Markierung zum Forsthaus Weilach. Wir halten uns links und stoßen auf einen Waldweg, der für den öffentlichen Verkehr gesperrt ist. Nach der Hütte in der Weilach umrunden wir eine große Wiesenlichtung in einem Linksbogen. Dann treffen wir auf ein paar Mauerreste eines ehemaligen Hofes. An der folgenden Wegspinne erreichen wir die Position Schlagbaum. Scharf rechts führt ein schmaler Pfad am Waldhang entlang weiter. Mit der grün-weißen Markierung absolvieren wir mehrere Richtungswechsel, bis wir schließlich am Bismarckturm auf dem Peterskopf stehen.

Geradeaus weiter geht's zum Forsthaus Lindemannsruhe, in dem sich eine Einkehrstätte mit Fasanerie befindet. Hier treffen wir auch wieder auf die Autostraße. Der flache Waldweg leitet uns zu einer kreuzenden Forststraße. In einer scharfen Linkskehre kreuzen wir die Autostraße, dann spazieren wir in sanftem Anstieg zu einer felsübersäten Hochebene. An der Heidemauer treffen wir auf einen Ringwall aus der Keltenzeit. Vor den Felsen schwenken wir links herum auf einen steinigen Weg. Er führt uns immer steiler in Kehren hinab. Dann flacht er ab und wir traversieren auf breitem Forstfahrweg leicht abwärts zurück zur Wegespinne bei der Position Schlagbaum. Dabei richten wir uns nach dem roten Punkt.

Mit der Weinsteig-Markierung geht's rechts herum weiter und hinauf zum Aussichtspunkt beim Teufelsstein. Er fungierte wohl einst als religiöse Kult- und Opferstätte. Ein markanter Blickfang sind die eingehauenen Tritte und die Blutrinne am Felsen. Ein paar Kehren wandern wir wieder hinunter und gelangen an einen breiteren Weg, der uns fast eben zur Kaiser-Wilhelm-Höhe leitet. Im spitzen Winkel verlassen wir den Aussichtsturm mit dem Relief des Kaisers und folgen dem Weinsteig-Zeichen in den Wald. An einem eingezäunten Gelände baut sich der Kriemhildenstuhl, ein ehemaliger Steinbruch aus der Römerzeit, vor uns auf. Ein schmaler Pfad leitet uns weiter in Kehren bergab, zuletzt über ein paar Steinstufen. Unterhalb des Steinbruchs biegen wir scharf links ab und wandern am Hang entlang. Dabei begleiten uns herrliche Ausblicke nach Bad Dürkheim und in die Rheinebene, anschließend erreichen wir das Schäfer-Denkmal.

Mehrere Stufen leiten uns weiter hinab. Wir setzen unsere Schritte vorsichtig, denn teilweise ist der Pfad ausgesetzt. Bei ein paar Häusern geht's weiter auf einem betonierten Pfad hinab zur Halsbergstraße, dann biegen wir rechts in die Vigilienstraße ein. Nach dem Schild Pfälzerweinstube zur Keschdedell verlassen wir die Straße und halten uns links Richtung Stadtmitte. Ein paar Stufen leiten uns hinab zur Weinstube Keschdell. Dann halten wir uns kurz links und schlendern über die Gartenstraße zur Autostraße vor. Durch eine Unterführung geht's weiter sanft hinauf zur Römerstraße. Links herum befindet sich die Fußgängerzone. Am Bahnhof schwenken wir links in die Kurgartenstraße, gehen durch einen Park und steigen ein paar Stufen hinab. Ein Schild weist uns den Weg zum Wurstmarktparkplatz. Bei der Tourist-Information halten wir uns links und gleich darauf stehen wir wieder am Ausgangspunkt beim Riesenfass.

05

37 Erdbeerenberg 299 Kirschtal Stüterberg 364 Wildschutz-mauerreste Wüstung Stüterhof Stütertal 355 Papiermühle 37 Hahnackerkopf 464 Wächtersta Gr. Sausental 358 401 Ruine Murrmirnichtv Jagdschloss Kehrdichannichts

Kirschtaler Höhe 383 273

Limburg-Dürkheimer Wald

266 Staatsforst Stüterkopf Saupferch Dreibrunnental 401 Bad Dürkheim 476 401 268 Langer Scheidberg Steinkopf 527 Schafunter Alte Glashütte 314 Max-Scheer-Br. Kummererbr. Großer Pfaffenkopf 426 Drachenfels 571 286 Jagdstein Ruine Schaudichnichtum Becherskopf 523 299 Westfels Römische Burgfestung Drachenhöhle Engelskopf 391 NSG Südfels Buchentor A.d.gebrannten Buche Pottaschhütte Schacherberg 450 Weisenberg 500 Stadtwald Hohe Kopf 507 Friedrichsbr. Großer Mainzer Berg 404 Mainzertal 296 Sieben Wege Lambertskreuz Siebenfohrenbr. Waldhaus Lambertskreuz Jagdhütte Haseltal 472 Taubenrux Naderbrunnen Hohe Ebene Silbertal Salweidenkopf 553 Zwerlebachtal Forsthaus Silbertal Miezelbrunnen Mittlerer Stoppelkopf 518 466 39 Kärlebrunnen 285 285 Kirschbaumbrunnen Hermannshütte Hinterer Stoppelkopf Flurberg Lichtensteinhütte (PWV) Neumühle Ruine Lichtenstein Ruine Neidenfels Goldbrunnen Neidenfels Deidesheimer 238 357 Hermannskopf 530 Kleiner Pflasterberg 309 491 Eichelberg Kreuzheeg 303 Zigeunerkopf 329 Kap. St.Cyriacu Schlangental Aspenkehle Forsthaus Luhrbach Stadtwald Unterstädter Berg Frankeneck Lindenber 327 393 Teufelsfelsen Dörrental 39 201 Esthaler Forsthaus Esthaler Tal Dörrenberg 430 Sattelmühle 305 177 375 Dicker Stein Forsthaus Krankental LAMBRECHT (Pfalz) 0 500 m Metzmannbr. Steinbachtal Haspelberg Lambrechter Kuckucks-

Burgentour 05

Zum Drachenfelsen

Ruinenwanderung mit Aussicht

DAUER	5h 15min
LÄNGE	17,8 km
HÖHENMETER	745 hm
SCHWIERIGKEIT	MITTEL
MIT ÖPNV ERREICHBAR	ja

Das erwartet dich ...

Die Route wird dominiert von breiten Forst- und Wanderwegen, zwischendurch schlängeln sich schmale Waldpfade. Vorsicht ist geboten beim Bereich um den Drachenfels: Hier gibt es abschüssige und wurzelige Abschnitte. Höhepunkt der Runde ist die Ruine Neidenfels, die mit Mauerresten und einem tollen Ausblick Besucher empfängt. Der Abstieg von der Ruine Neidenfels verläuft über steile Steinstufen.

Burgentour 05

Start & Ziel & Anreise

Ausgangspunkt ist Neidenfels. Aus nördlicher und südlicher Richtung geht's mit dem Auto über die B39 nach Neidenfels. Parkmöglichkeiten gibt es beim Bahnhof direkt an der Bundesstraße. Von Kaiserslautern fährt die S2 Richtung Mosbach (Baden), Haltestelle Neidenfels-Bahnhof.

Tourenbeschreibung

Los geht's am Bahnhof in Neidenfels. Nach links erreichen wir über die Durchgangsstraße die Kirchstraße. Ihr folgen wir unterhalb der Kirche nach rechts, erst sanft hinauf, dann an der Vordertalstraße rechts wieder hinab bis zur Dorfstraße. Bei der PWV-Hütte biegen wir scharf rechts ab und folgen der Beschilderung Richtung Ruine Lichtenstein. Hier bekommen wir allerdings lediglich ein paar Mauerreste zu sehen.

Ein schmaler Weg führt uns weiter durch den Wald. Nicht umsonst hat dieser Wald einen „besonderen Schutzcharakter", der Abschnitt ist ein Augenschmaus für Naturfreunde. Ein weicher Waldpfad leitet uns sanft hinauf, am lichten Waldhang entlang. Er flacht allmählich ab und senkt sich schließlich als breiter Forstweg zu einer Wegkreuzung hinab, an der uns eine hölzerne Unterstandshütte erwartet – die Pottaschhütte.

Wir halten uns rechts und erreichen wenig später eine gemauerte Hütte, die mit Sitzbänken zur Rast einlädt. Dann stehen wir an der Wegspinne bei der Position Sieben Wege. Der breite Forstweg steigt im Wald leicht an und führt zu einer Verzweigung: Hier haben wir die Wahl den Drachenfels entweder links oder rechts herum zu umrunden. Wir entscheiden uns für die linke Option und steigen weiter an, bis der imposante Drachenfels vor uns auftaucht. Ein schmaler Pfad leitet uns links unterhalb einiger mächtiger Felsen vorbei und am recht abschüssigen Waldhang entlang. Die Route beschreibt eine deutliche Rechtskehre, dann führen in Stein gehauene Stufen zum durch ein Geländer gesicherten Ausguck auf dem Drachenfelsen, von dem wir eine grandiose Aussicht genießen können.

Seit 1972 steht das Gebiet um den Drachenfelsen unter Naturschutz und wartet mit herrlichen Wäldern und Gesteinsformationen auf. Wir wandern weiter durch die naturbelassenen Wälder, an Felsen und einer Felshöhle vorbei um den Drachenfelsen herum. Die blaue und auch die rot-gelbe Markierung führen uns an die bekannte Wegverzweigung. Wir halten uns jetzt links und folgen dem breiten Forstweg hinab ins Dreibrunnental. Bei einer Sitzbank stoßen wir auf den teils wurzeligen 1€-Jobbler-Weg, der wieder leicht ansteigend durch den sehr urwüchsigen, oft lichten Wald bergwärts führt. Wenig später stehen wir am Lambertskreuz. Das alte römische Kreuz stammt aus dem 8. bis 9. Jahrhundert und schmückt noch immer den Wegrand. Daneben steht die große Vereinshütte des Pfälzerwaldvereins.

Der schöne Waldpfad leitet uns weiter, immer wieder an einer felsigen Böschung entlang. Dabei folgen wir stets der gelben Markierung. Nach einer auffälligen blauen Aussichtsbank erreichen wir die Ruine Neidenfels. Die Mauern sind gut mit Geländer abgesichert, so lässt sich die Ruine gut erkunden. Zudem ermöglicht sie eine herrliche Rundumschau und einen tollen Blick hinunter auf Neidenfels. Relativ steil steigen wir von der Ruine wieder über den Burghang hinab zu den Häusern und treffen wieder auf den bereits bekannten Hinweg. Über die Vordertalstraße spazieren wir bis zur Durchgangsstraße. Die letzten Meter führen an herrschaftlichen alten Häusern vorbei und links zurück zum Bahnhof in Neidenfels.

Siebenröhrenbr.
Forsthaus Rotsteig
472
Taubenrux
Silbertal
Forsthaus Silbertal
Alte Schanze
466
Saulochköpfchen
477
Deidesheimer
Silbertal
Stadtwald
245
Benjental
Martental
Weinbachsprung
Deidesheimer
Mittelberg
Spielstein
Stadtwald
Waldschenke Deidesheimer Hütte
Kupferbrunner Tal
Wallberg-Hütte
250
215
NSG
337
Bismarckstein
Hartenberg
334
Pfalzblick
Stabenberg
496
Klausental
Klause
366
KÖNIGSBACH
201
Benjental
Looganlage
Looganquelle
Ruine Hint. Talmühle
Hinterer Langenberg
Neustädter
303
Kap. St.Cyriacus
502
Loosenbrunnen
Lindenberg
Weinbiet
Weinbiethaus
554
Schwalbeneck
428
Stadtwald
Dörrental
Neumühlquelle
Talmühle
GIMMELDINGEN
347
Heidenburg
339
Neue Maschine
LAMBRECHT
(Pfalz)
Alte Maschine
Nonnental
Neuhäusl
474
Wolfsberg
Achatmühle
Hohfels
Stenzelberg
271
Ruine Wolfsburg
Bismarckstein
Scheffel
180
220
NSG
142
39
NEUSTADT
an der Weinstraße
HAARDT
148
Dt. Weinstr.
Haardter Schlössel
38
Stadtmus. Villa Böhm
Parkplatz Festwiese
Holzhof
Deponie
Speyerbach
Königsberg
Vorgeschichtliche Steinwälle
421
Eremitage
Kaltenbrunner Tal
207
Königsmühle
Zigeunerfelsen
Hermannfels
Kaltenbrunnerhütte
Nollenkopf
Nollensattel
Eisenbahnmus.
Hbf.
Pfalz JH
130
Dt. Alleenstraße
Tiefental
Hirschtal
296
Speierheld
Häuselberg
187
Deutsche Alleenstraße
378
Hirschtalquelle
Kühungerquelle
Stadtwald
Hohe Loog
Hohe-Loog-Haus (PWV)
618
567
Bergstein
Alte Ringwälle
532
Sühnekreuz
Burgschänke
Sommerseite
Ruine Maxburg
HAMBACH
284
Heidelberg
NSG
178
Mühle Gutting
Judenloch
133
0 500 m
Neustadt a.d. Weinstraße-Süd
DIEDESFELD

Ruine Wolfsburg

Aussichtspunkte hoch über der Weinebene bei Neustadt a. d. Weinstraße

DAUER	5h 30min
LÄNGE	19,5 km
HÖHENMETER	722 hm
SCHWIERIGKEIT	MITTEL
MIT ÖPNV ERREICHBAR	ja

Das erwartet dich ...

Diese sehr lange Runde führt uns mit etlichem Auf und Ab zum Weinbiethaus, bei dem wir den höchsten Punkt der Tour erreichen. Dabei begleiten uns breite Forst- und Wanderwege und schmale Waldpfade. Trittsicherheit ist auf den teils wurzeligen und steinigen Pfaden sicherlich hilfreich. Unterwegs bieten sich immer wieder herrliche Ausblicke

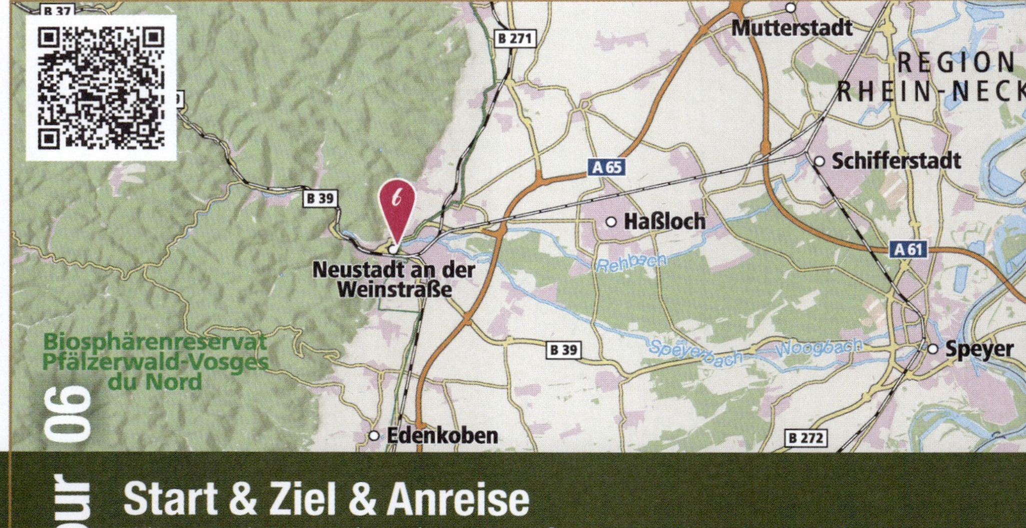

Burgentour 06

Start & Ziel & Anreise

Wir starten in Neustadt an der Weinstraße. Wir erreichen das Städtchen von Kaiserslautern wie auch von Speyer über die B 39. Parkmöglichkeiten gibt es beim Tourismusbüro am Saalbau. Alternativ können wir auch beim Bahnhof parken. Mit dem Zug erreichen wir den Ort von Kaiserslautern aus mit der S2 Richtung Mosbach (Baden), Haltestelle Neustadt a.d. Weinstraße.

Tourenbeschreibung

Wir verlassen den Saalbau durch die Unterführung Richtung Fußgängerzone. An der Kellereistraße geht's links, dann schwenken wir rechts in die Mittelgasse. Nach dem Strohmarkt kreuzen wir die Villenstraße, dann folgen wir einem gepflasterten Weg hinauf bis zum Haardter Treppenweg. Er führt uns auf die aussichtsreiche Dr.-Welsch-Terrasse. Nach links bringt uns der Kübelweg weiter hinauf auf eine Kuppe. Über einen grob gepflasterten Weg geht's danach zur Waldschenke. Wir folgen noch kurz dem Pflasterweg, dann zweigen wir rechts auf einen Forstweg ab. Nach dem Abzweig zur Waldschenke stehen wir am Aussichtsplatz an der Scheffelwarte. Recht flach leitet uns ein schmälerer Weg weiter. Er geht in einen Pfad über und steigt angenehm am Waldhang entlang an. Bei den Ruinen der Josephskapelle schlagen wir den Weg über eine Bedarfsumleitung ein. Sie führt uns in Kehren abwärts an einen flachen Waldweg. Vorbei am Wolfsbrunnen gelangen wir auf einen asphaltierten Weg, wenig später finden wir uns unterhalb der Burg wieder. Ein paar letzte steile Meter geht es zur Ruine Wolfsburg empor. Unterhalb der Burg schwenken wir scharf links. Nach rechts gönnen wir uns einen kleinen Abstecher zu einem durch ein Geländer gesicherten Aussichtsfelsen. Wir verzichten auf die Gratwanderung, gehen zurück und wandern auf dem steinigen und steil ansteigenden Pfad weiter mit dem Weinsteigl-Logo zur nächsten Aussichtskanzel. Über ein paar flachere Passagen geht's zu einer Verzweigung beim Bergsteinhang. Rechts herum erreichen wir einen schönen Aussichtspunkt mit herrlichem Blick zum Schloss. Das Weinsteig-Logo schickt uns nach links bis zur Sauweide. Dann verlassen wir den breiten Weg und wandern auf sanft ansteigendem Waldweg dahin. Am Steinernen Hirsch und an der Position Wolfsberg vorbei gehen wir teils über Stufen und Kehren zum Weinbiet direkt neben dem Turm zum Weinbiethaus.

Für den Abstieg wenden wir uns vor der Gaststätte links auf einen schmalen Waldpfad. Wir kreuzen ein asphaltiertes Sträßchen, dann senkt sich der Weg steiler hinab. Am Loosenbrunnen vorbei stoßen wir beim Kälberstall auf eine Verzweigung. Die Route leitet uns scharf nach links, dann spazieren wir weiter über den Waldpfad hinab Richtung Benjental. Wir steuern auf ein Haus und eine Straße zu, dann führen Kehren und Stufen hinab zum Gasthaus Forsthaus Benjental. Wir halten uns rechts, folgen über Asphalt dem Bachlauf und erreichen die Tagesgaststätte Looganlage. Weiter geht es am Bach entlang und dann links, jenseits des Baches, zur ehemalige Talmühle. Wenig später gelangen wir an einen Spielplatz und die überdachte Ludwigsruhe.

Der Weinsteig verlässt uns hier nach links, wir wandern geradeaus weiter mit der weiß-roten Markierung bis zu ein paar Häusern. Am Haus mit der Nummer 10 biegen wir rechts ab. Der Weg steigt sanft an, überquert den Bach und leitet hinauf zum Ortsschild von Gimmeldingen. Die Markierung Klettergarten schickt uns zu einer Asphaltstraße. Wir biegen jedoch noch vorher rechts auf einen Forstweg ein und wandern in den Wald hinauf. Es geht um eine Linkskehre, dann spazieren wir unterhalb der Kletterfelsen zu einem schönen Aussichtspunkt. Abschnittsweise führt der Weg an einem Drahtzaun entlang. Wir umrunden den Steinbruch links unter uns und gelangen zur Wilhelmsruhe mit einer aussichtsreichen Hütte.

Die rot-weiße Markierung leitet uns über einen Waldpfad an ein asphaltiertes Sträßlein. Wir gehen hinunter zu einem Brunnen mit Kneipp-Armbad an einer Linkskurve. Gleich darauf führen ein paar Steinstufen steil hinab an ein Bachbett und zu einem Pfad. Ein paar letzte Stufen leiten uns zum Wanderparkplatz Meisental. „Im Meisental" geht's links hinab zur Eckstraße und zur Dr.-Welsch-Terrasse. Der Haardter Treppenweg bringt uns wieder zum Strohmarkt. Von der Hauptstraße geht's links über die Schütt-Straße zurück zum Saalbau.

Kreuzheeg
303
Hinterer Langenberg
Looganlage
Ruine Hint. Talmühle
201
Forsthaus Luhrbach
Kap. St.Cyriacus
N e u s t ä d t e r
502
GIMMELDINGEN
393
Teufelsfelsen
Dörrental
Lindenberg
Schwalbeneck
428
Weinbiet
Weinbiethaus
554
Talmühle
347
Heidenburg
Neue Maschine
S t a d t w a l d
339
Forsthaus Krankental
LAMBRECHT (Pfalz)
Alte Maschine
Nonnental
Neuhäusl
NEUSTADT an der Weinstraße
HAARDT
474
Wolfsberg
148
Stenzelberg
Achatmühle
Hohfels
Haardter Schlössel
391
271
Ruine Wolfsburg
Bismarckstein
Scheffel
180
220
Stadtmus. Villa Böhm
H e i d e n b r u n n e r T a l
Königsberg
Vorgeschichtliche Steinwälle
421
NSG
39
142
Parkplatz Festwiese
Hünenstein
Eremitage
Heidenloch
207
Hbf.
Eisenbahnmus.
Königsmühle
362
Hermannfels
Nollensattel
130
Kaltenbrunnerhütte
Nollenkopf
Pfalz JH
Windloch
Tiefental
Hirschtal
296
Häusel-berg
187
Finstertal
K a l t e n b r u n n e r T a l
Deutsche Alleenstraße
39
Sternberg
378
Judenloch
511
HAMBACH
Hohe Loog
Hohe-Loog-Haus (PWV)
Bergstein
284
Heidelberg
618
NSG
Mühle Gutting
567
Alte Ringwälle
178
S t a d t w a l d
532
Zwergberg
Sühnekreuz
Burgschänke
Bildstein
Sommerseite
(Ruine Maxburg)
K l a u s e n t a l
Hambacher Schloss
DIEDESFELD
558
Taubenkopf
166
673
502
Kalmithaus (PWV)
Kalmit
Sommerberg
225
Wetterkreuz
NSG
Klausentalhütte (PWV)
603
Kalmitstraße
Bergweg
Wetterkreuzberg
244
197
Deutsche Weinstraße
157
309
Alsterweiler
Alsterweiler Kapelle
Breitenberg
545
Gasthaus zur Kalmit
Bahnhof Kirrweiler
335
Wolsel
Kirrweiler
Haus a. Weinberg
Maikammer
Wappenschmiede
Mediterraner Garten
0 500 m
Schwalbenfelsen
212
St. Martin
Obere Mühle
Obere Ölmühle
168

Hambacher Schloss

Zu einem Denkmal der Deutschen Demokratie

DAUER	6h
LÄNGE	19,5 km
HÖHENMETER	755 hm
SCHWIERIGKEIT	MITTEL
MIT ÖPNV ERREICHBAR	ja

Das erwartet dich ...

Die Route führt auf breiten Wald- und Forstwegen zum Hohe-Loog-Haus. Abschnittsweise wandern wir auch auf malerischen Pfaden durch den herrlichen Wald. Vorsicht jedoch, teils sind die Pfade recht wurzelig, können also bei Nässe ziemlich rutschig werden. Immer wieder müssen wir steile Anstiege bewältigen, Ausdauer ist also heute vonnöten. Unterwegs gibt es ein paar schöne Einkehrmöglichkeiten.

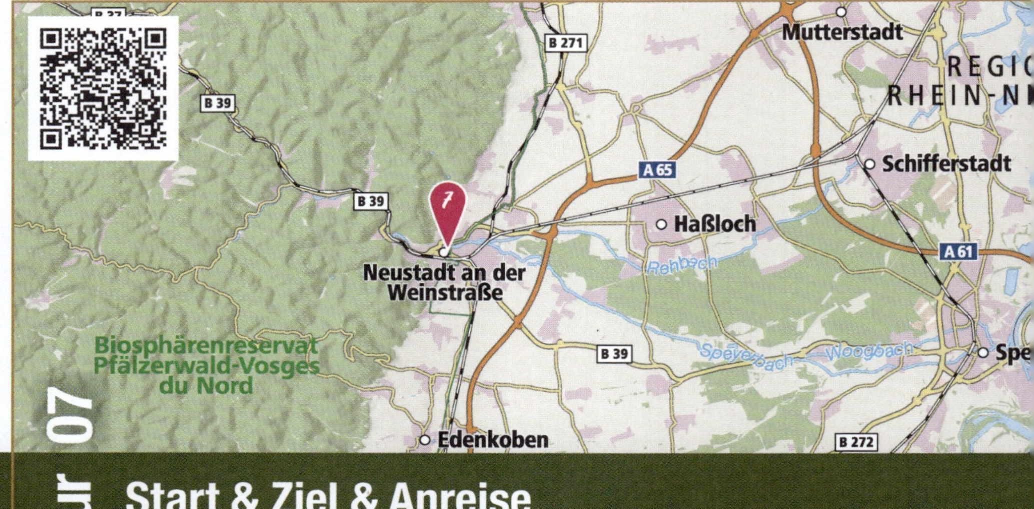

Schlosstour 07

Start & Ziel & Anreise

Unser Ausgangspunkt ist Neustadt an der Weinstraße. Mit dem PKW geht's von Kaiserslautern oder Speyer über die B 39. Parkmöglichkeiten gibt es beim Tourismusbüro am Saalbau. Alternativ können wir auch beim Bahnhof parken. Mit dem Zug erreichen wir den Ort von Kaiserslautern aus mit der S2 Richtung Mosbach (Baden), Haltestelle Neustadt a.d. Weinstraße.

Tourenbeschreibung

Unser Weg beginnt am Saalbau in Neustadt an der Weinstraße. Wir steuern zunächst das Eisenbahnmuseum an und folgen der leicht ansteigenden Straße, über die Bahn und dann rechts in die Karolinenstraße. Sofort halten wir uns wieder links in die Begstraße und steigen ein paar Treppen links über den Schießmauerweg hinauf zur Wittelsbacher Straße. Das Weinsteig-Logo leitet uns auf die Waldstraße. Wir steigen auf ihr an, bis wir links auf den Conrad-Freytag-Weg schwenken. Ein paar Kehren ziehen sich bergan und passieren eine schöne Aussichtsstelle zum ummauerten Mausoleum der Familie Freytag.

Am Ende der Mauer geht's links herum. Ein steiniger und wurzeliger Waldpfad leitet uns steil hinauf. Beim Nollenssattel treffen wir auf ein asphaltiertes Sträßchen. Wir passieren den Wendeplatz schräg nach rechts und lassen uns von der Weinsteigmarkierung über einen breiten Waldweg führen. Bei der Pos. Wolfsburg-Blick halten wir uns links und steigen in Kehren den Waldhang hinauf. Oben passieren wir ein paar Felsen und traversieren in sanftem Anstieg zu einer Hochfläche. Ein Schwenk nach rechts auf einen kreuzenden Pfad, und schon kurz darauf stehen wir nach einer scharfen Linkskehre am Nollenkopf. Steintreppen leiten uns über den Kanonenweg wieder in den lichten Wald hinab bis zur Kreuzung mit der Unterstandshütte Speierheld.

Wir wandern weiter sanft abwärts, dann folgen wir einem schmaleren Pfad wieder bergan zum Hambacher Bergstein. Über eine Leiter erreichen wir diesen tollen Aussichtspunkt. Über einen wurzeligen, ausgeschlderten Pfad machen wir kurz darauf einen Abstecher zum Sühnekreuz, wo ein herrlicher Blick zum Hambacher Schloss auf uns wartet. Nach der Abzweigung spazieren wir auf ein paar Kehren hinab. Nach einem Trümmerfeld aus Steinen stehen wir am Parkplatz zur Burgschänke und der Straße unterhalb des Schlosses. Der Siebenpfeiferweg führt einmal um den Schlossberg herum bis an das Eingangstor und einen Aussichtspunkt. Breite Treppenstufen führen zuletzt empor zur Panoramastraße und zum eindrucksvollen Hambacher Schloss.

Vor dem Tor spazieren wir dann wieder über das asphaltierte Sträßchen nach links, hinab zum Parkplatz und vor der Burgschänke rechts zum beschilderten Quellenwanderweg. Große, breite Kehren ziehen sich durch den Wald und an der Kreuzung mit der kleinen Sommerberghütte vorbei. Wir halten uns rechts und wandern einen schmäleren Hangpfad sanft hinauf. Nach einem scharfen Linksknick leiten uns zwei Rechtskehren über einen wurzeligen Pfad durch lichten Wald empor. Die Abzweigung rechts zum Hambacher Schloss wie auch zum Sühnekreuz ignorieren wir und halten uns links hinauf zum Hohe-Loog-Haus. Rechts hinauf erreichen wir in wenigen Minuten den Gipfel, der uns einen tollen Rundumblick gewährt.

Wir wandern am Haus vorbei und folgen dem Weinsteig-Logo über einen Pfad hinab zur Wegspinne Bildbaum. Hier haben wir an einem steinernen Tisch mit Bank die Möglichkeit für eine herrliche Waldrast. Rechts geht's dann auf breitem Forstweg, zusammen mit dem schwarzen Punkt, weiter zum Rastplatz an der Kühungerquelle. Die Markierung schickt uns weiter hinab und am grünen Bänkel vorbei bis zum Mehlis-Denkmal. Gleich darauf stehen wir an der Von-Wissmann-Straße. Sie bringt uns hinab zur Hauberanlage. Über die Karolinenstraße spazieren wir weiter abwärts, bis wir den Hinweg erreichen. Links über die Bahngleise geht's zurück zum Saalbau.

285
Kirschbaumbrunnen
285
Flurberg
518
Hermannshütte
Hinterer Stoppelkopf
466
Alte Schanze
(PWV)
Neumühle Lichtensteinhütte
Ruine Lichtenstein
Ruine Neidenfels
Neidenfels
Goldbrunnen
Deidesheimer
357
Hermannskopf
530
309
491
Eichelberg
Kreuzheeg
303
Hinterer Langenberg
Neustädter
Zigeunerkopf
329
Aspenkehle
Stadtwald
Forsthaus Luhrbach
Kap. St.Cyriacus
Unterstädter Berg
Frankeneck
327
393
Teufelsfelsen
Dörrental
Lindenberg
Schwalbeneck
428
39
Esthaler Forsthaus
Stadtwald
375
Neue Maschine
Sattelmühle
305
177
Dicker Stein
Forsthaus Krankental
LAMBRECHT (Pfalz)
Alte Maschine
Nonnental
Neuhäusl
Haspelberg
Lambrechter
Runder Tisch
387
Stenzelberg
Achatmühle
Hohfels
Kuckucksbähnel
Schauerberg
391
271
Ruine Wolfsburg
Stadtwald
398
Kaisergarten
180
Iptestal
Im Heidenbrunner Tal
220
39
520
Heidenbrunner Tal
246
Breite Loog
Vorgeschichtliche Steinwälle
421
Neustädter
Eremitage
Hünenstein
Heidenloch
207
Zigeunerfelsen
Langes Eck
455
Höllischtal
512
Hohberg
Königsmühle
362
Hermannfels
Nollenkopf
Kalter Brunnen
Bischofsweiher
Kaltenbrunnerhütte
Windloch
Platte
561
Kaltenbrunner Tal
Tiefental
Hirschtal
Speierheld
478
Finstertal
Kühungerquelle
378
Hirschtalqu.
Hellerhütte (PWV)
474
Sternberg
511
Stadtwald
Hohe Loog
Bergstein
Jakobshütte
Teufelskehl
Sternbergquelle
Hohe-Loog-Haus (PWV)
618
567
Michelsqu.
Stadtwald
532
Studerbildschacht
Zwergberg
Sühnekreuz
Studerbild
582
Burgschänke
Bildstein
Sommerseite
Studerbildkopf
Oberscheid
Hambacher Schloss
479
Alte Steig
Klausental
514
Totenkopfhütte (PWV)
Totenkopf
Sommerberg
Taubenkopf
558
502
673
Wetterkreuz
Rothsohlberg
Kalmithaus (PWV)
Kalmit
Hüttenhohl
Johannesbr.
Klausentalhütte
Kronfelsen
0 500m
Suppenschüssel
Kalmitstraße
430
603
Wetterkreuzberg
244
Felsenmeer
334
Schafkopf
Hüttenberg
617

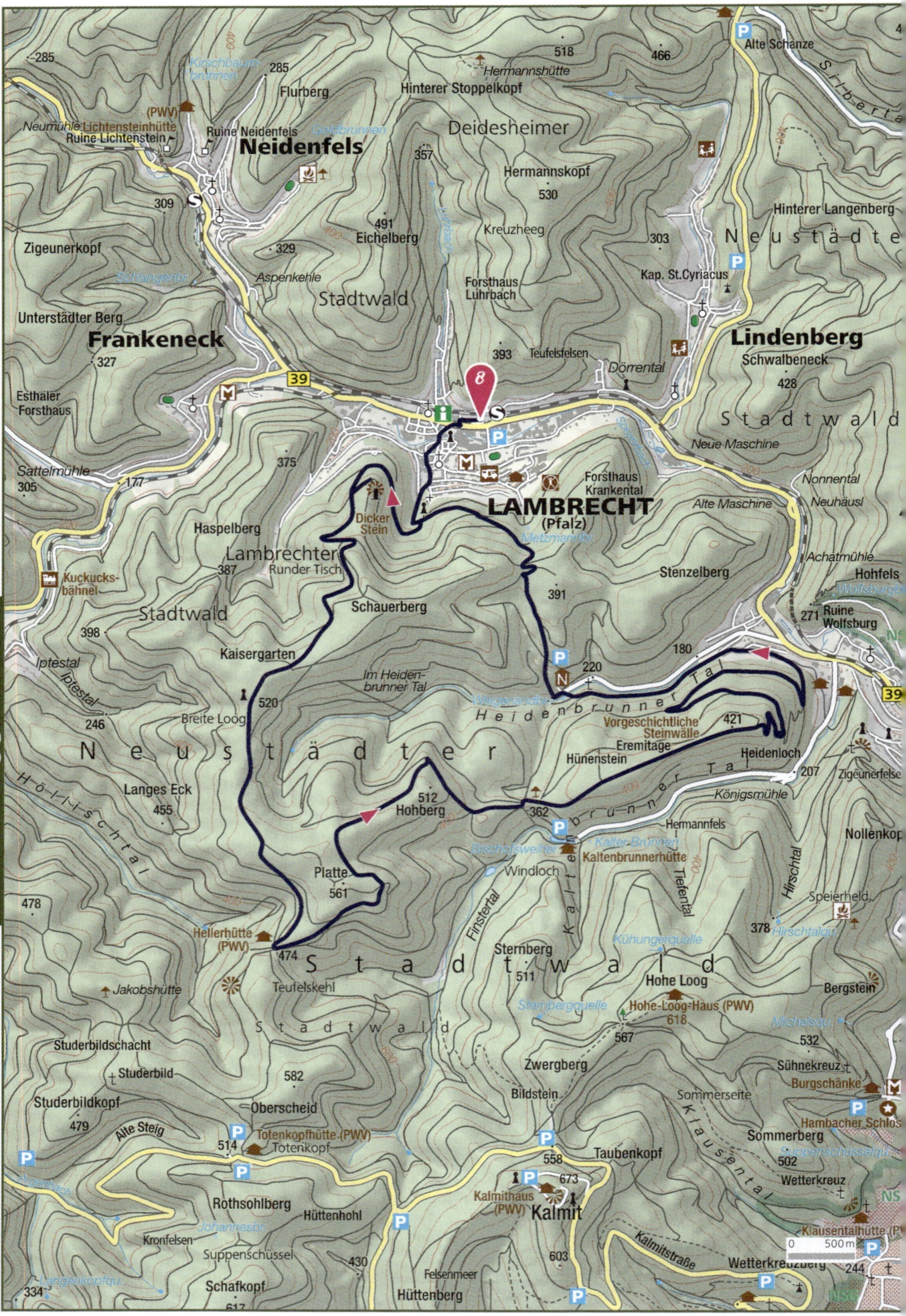

Naturtour 08

Zum Kaisergarten

Bei den Hallstatt-Gräbern im Lambrechter Klosterwald

DAUER	6h 30min
LÄNGE	22 km
HÖHENMETER	825 hm
SCHWIERIGKEIT	MITTEL
MIT ÖPNV ERREICHBAR	ja

Das erwartet dich ...

Diese Runde führt uns recht abwechslungsreich über breite Forst- und Wanderwege sowie auf schmalen Pfaden auf den Kaisergarten. Es ist eine Erhebung auf einem lang gezogenen Bergrücken, der sich vom Schauerberg bei Lambrecht bis zum Berg Platte zieht. Der Kaisergarten ist die höchste Erhebung im Lambrechter Klosterwald. Am Königsberg wurde der Wanderweg umgeleitet. Hier müssen wir ein wenig auf die Beschilderung achten.

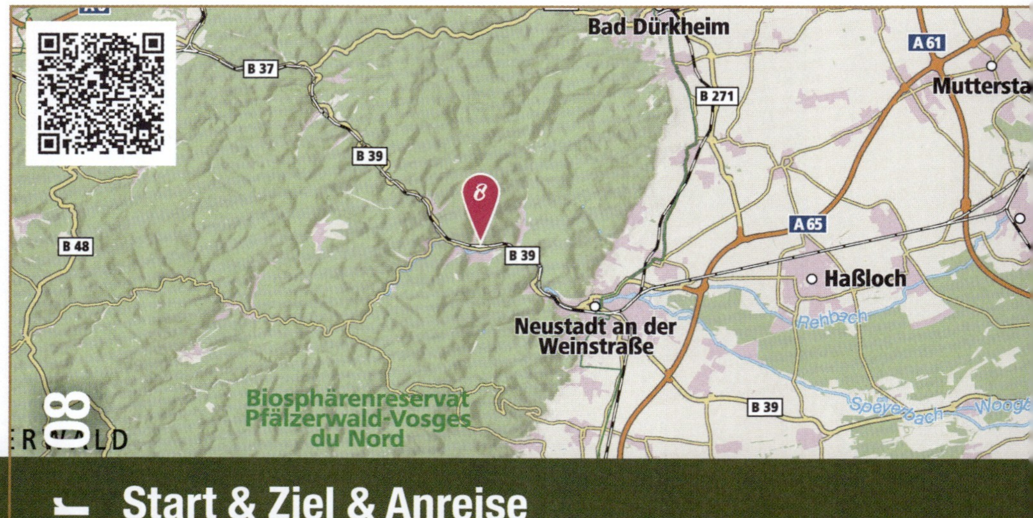

Start & Ziel & Anreise

Unser Ausgangspunkt ist Lambrecht. Mit dem PKW erreichen wir den Ort von Kaiserslautern aus westlicher Richtung und von Speyer aus östlicher Richtung über die B39. Parkmöglichkeiten gibt es direkt beim Bahnhof. Vom Hauptbahnhof Kaiserslautern fährt die S2 Richtung Mosbach (Baden) über Lambrecht.

Tourenbeschreibung

Auf dieser Wanderung machen wir einen Streifzug durch den Lambrechter Stadtwald. Der ehemalige Klosterwald erstreckt sich über 600 Hektar südlich der Stadt Lambrecht. Er wurde 1887 nach der Stadterhebung als „Stadtwald Lambrecht" benannt. Wie so vielen anderen Wäldern hat auch ihm an mancher Stelle der Borkenkäfer arg zugesetzt. So wurden 2020 in einer Freiwilligen-Aktion auf einer Fläche von 4.000 m² 400 neue Bäume gepflanzt, die dem veränderten Klima trotzen sollen.

Wir gehen vom Bahnhof in Lambrecht links über ein paar Treppen hinab und unter der Schulstraße hindurch. Nach dem alten Schulgebäude spazieren wir über die Friedrich-Ebert-Brücke, dann bringt uns die Marktstraße sanft hinauf zum Lindenbrunnen und weiter Richtung Friedhof. Kurz darauf endet der Asphalt und Kehren führen zu einem schmalen Hangpfad, über den wir weiter aufwärts traversieren.

Dann folgen wir einem breiten Forstweg und später wieder einem schmäleren Pfad weiter durch den Wald hinauf. Zwischendurch geht's links auf einem kurzen Abstecher zum Aussichtsturm Dicker Stein. Wir wandern weiter bergan und lassen uns von der blau-gelben Markierung Richtung Hellerpaltz leiten. Es geht über eine gekieste Forststraße, dann steigen wir weiter bergan zur Unterstandshütte beim ehemaligen Festplatz Kaisergarten-Alte Unger. Der Platz diente früher als Waldviehweide, eine bis in die Mitte des 19. Jahrhunderts übliche Nutzung der Wälder. Der überkommene Begriff „Unger" weist ganz allgemein auf einen Lager- bzw. Rastplatz für Vieh und Hirten hin. Der breite Forstweg senkt sich wieder und führt uns am Bodengrenz-Felsen Breite Loog vorbei. Ein Besen am Baum fordert dazu auf, den Grenzstein sauber zu halten. Wir steigen wieder leicht an, dann wandern wir auf schmälerem Pfad hinab zur allseits beliebten Hellerhütte.

Hinter der Hütte geht's auf einem ansteigenden Waldweg weiter. Dabei behalten wir den gelben Punkt im Auge, der uns bald auf und ab am Waldhang entlangführt. Nach einem scharfen Rechtsknick steigen wir wieder an. Nach einem Linksschwenk stehen wir an einer Unterstandshütte. Linker Hand haben wir die Möglichkeit, mit dem weißen Punkt zum Naturfreundehaus abzukürzen. Wir bleiben jedoch dem gelben Punkt treu und spazieren weiter geradeaus. Die Route steigt wieder an und passiert einen großen aufgeschichteten Steinmann. Ein wenig später gelangen wir zur Ringwall-Bergfestung auf dem Königsberg. Hier befinden sich noch Hügelgräber aus der Hallstattzeit.

An einem freien Stück achten wir auf die Umleitungsbeschilderung, hier wurde der Wanderweg verlegt. Der gelbe Punkt schickt uns hinab, um eine Rechtskehre und wieder auf den ursprünglichen Weg, dem wir nach links folgen. Unten treffen wir am Ende des Waldes auf ein paar Häuser und Asphalt. In der folgenden Rechtskurve verlassen wir die Königsbergstraße wieder und halten uns links am Waldrand entlang. Jetzt leitet uns die blau-rote Markierung. Nach dem Heidenbrunnen halten wir uns weiter oberhalb des Bachlaufs und der Straße, dann erreichen wir das Naturfreundehaus.

Hier verlassen wir den Waldweg und schwenken rechts am Naturfreundehaus vorbei und steil in den Wald hinauf, noch immer der blau-roten Markierung folgend. Wir kreuzen mehrere Forstwege, dann leitet uns ein schmaler Pfad hinauf zu einer Wegspinne und einem schönen Rastplatz, an dem der Stein des Gleichgewichtes steht. Wir wandern hinab, vorbei an ein paar Tafeln mit der Aufschrift „Pflichterfüllung/Geduld/Gerechtigkeit" und dem Bürgermeister-Schneid-Brunnen. An einem schönen Aussichtsplatz treffen wir wieder auf den Hinweg. Beim Friedhof und der Kirche vorbei geht's zurück zum Ausgangspunkt beim Bahnhof.

Taubenplatz
Hengstental
Kleiner Pflasterberg
Neidenfels
455
Dreibrunnental
Römerbrunnen
Wöglsbrunnen
296
265
309
Zigeunerkopf
329
Aspenkehl
491
Michaelsberg
Aschberg
Schlangenbr.
Unterstädter Berg
Weinbietblick
Straufelsbrunnen
Straufelstal
327
Frankeneck
39
420
Vorderer Gleisberg
266
201
Esthaler Tal
Esthaler Forsthaus
Esthal
463
Dörrenberg
430
Sattelmühle
305
177
375
Wolfschluchthütte
Mittlerer
471
Gleisberg
Hinterer
468
Gleisberg
355
286
Wintertal
Haspelberg
Lambrechter
387
Staats-
Steinbachtal
Kuckucks-
bähnel
Erfensteiner Tal
forst
327
Stadtwald
398
Wassersteinberg
Iptestal
Kaisergarten
9
Erfenstein
520
393
Ruine Erfenstein
Ruine Spangenberg
Breite Loog
246
Neustädter
383
343
Wassersteinberg
Höllischtal
Langes Eck
455
Ruine
Breitenstein
195
Stutgarten
Kuckucksbähnel
Stadtwald
402
Helm-
bach
Breitenstein
334
Hoher Kopf
478
Kropfsberg
Hellerhütte
(PWV)
474
Neuhäuser Kopf
Kirrweiler
Totenkopf-Höhenstraße
Jakobshütte
214
Judenkopf
398
Studerbildschacht
Forsthaus
Frechental
Hubertushütte
Kanzelfels
Studerbild
582
Kanzelkopf
Studerbildkopf
Obersche
Dritter Kopf
474
479
Alte Steig
Kurzeneck
Rhodter
Wald
514
Totenko
Totenkopfhütte (PWV)
Kühlkopf
474
Wald
Rothsohlberg
268
Lambrechter
Naturfreundehaus
Kronfelsen
Suppenschüssel
Flachkopftal
Schuhmacher-
stiefel
Bösenberg
334
Schafkopf
617
Pferdstrappental
Edenkobener
Kleyenkopf
Kleyental
Stadtwald
Kurzeleck
Kühnel
Morschenberg
574
0 500 m

Burgentour 09

Burg Spangenberg

Aussichtsreiche Burg- und Ruinenwanderung bei Erfenstein

DAUER	3h
LÄNGE	8,5 km
HÖHENMETER	345 hm
SCHWIERIGKEIT	LEICHT
MIT ÖPNV ERREICHBAR	ja

Das erwartet dich ...

Die kleine Runde führt uns über Forstwege und Waldpfade. Immer wieder passieren wir auch kleinere Abschnitte mit wurzeligen Pfaden, aber auch asphaltierte Sträßchen. Unterwegs erwarten uns gleich zwei Ruinen und eine Burg. Besonders die Ruine Erfenstein besticht durch ihre markante Lage: Der Bergfried der Neu-Erfenstein wurde auf einem äußert schmalen, zungenförmigen Sandsteinfelsen errichtet, der talseitig auf drei Seiten fast senkrecht abfällt.

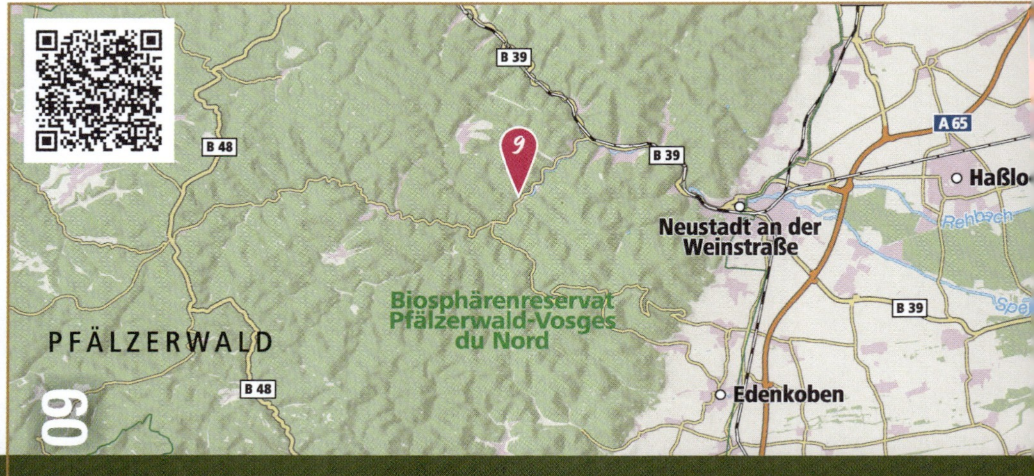

Burgentour 09

Start & Ziel & Anreise

Los geht's in Erfenstein. Mit dem Auto erreichen wir die kleine Ortschaft im Pfälzerwald über die Landesstraße 499. Sie bildet die Verbindung zwischen der B 39 im Osten und er der B 48 im Westen. In der Talstraße gibt es einen großen Parkplatz. Mit dem ÖPNV geht's von Kaierslautern mit der S2 nach Lambrecht. Hier steigen wir in den Bus Nr. 517 in Richtung Iggelbach um. Haltestelle Erfenstein, Laubscher.

Tourenbeschreibung

Die Wanderung führt durch die Wälder rund um den Berggrat zwischen dem Speyerbachtal und dem Breitenbachtal Dabei werden wir fast durchgehend vom lichten Wald begleitet, der allein schon mit seiner abwechslungsreichen Flora und Fauna einen Besuch wert ist.

Wir gehen von der Bushaltestelle an der Talstraße in Erfenstein über die gepflasterte Schankentalstraße hinauf. Beim letzten Haus geht's rechts zur Lourdesgrotte. Zurück auf dem Hauptweg folgen wir der weiß-grünen Markierung auf einem Kiesweg in den Wald hinauf. Das Burgenzeichen schickt uns dann nach links, über einen Bach und auf einen schönen Waldpfad, der uns zur Ruine Erfenstein emporleitet. Unterhalb der Burg traversieren wir weiter zu den Resten von Alt-Erfenstein. Wir wandern weiter mit der Markierung links um die Ruinen

herum. An einer kleinen Lichtung halten wir uns erneut links und spazieren dann in Kehren hinab zur Straße.

Ein Kiesweg führt uns rechts der Autostraße entlang, bis ein schmaler Pfad abzweigt. Ihm folgen wir bis zur Bushaltestelle Breitenstein und einem Parkplatz mit einer Infotafel. Am Parkplatz vorbei geht's rechts auf einen breiten Forstweg, noch immer mit der Burgenweg-Markierung. Ein paar Minuten später biegen wir links ab und steigen zur Burgruine hinauf. Oben treffen wir auf die ältere Vorburg. Wir umrunden die Ruinen und steigen hinab zur Hauptburg Breitenstein.

Ein schmaler Waldpfad bringt uns hinab und an einem Dreikantstein vorbei. Er führt die Herrschaftsbereiche Kurpfalz, Königreich Bayern und Leinigen auf. Wir erreichen wieder den Aufstiegsweg, dem wir nach rechts zum Parkplatz folgen. Nach Querung der Straße, eines Baches und der Bahngleise biegen wir gegenüber der Einfahrt zum Forsthaus Breitenstein links auf einen schmalen Waldpfad ab. Er leitet uns hinauf, um eine Linkskehre und durch den Wald hinauf. Am Sandsteinpfosten der Bischöflich-Bayerischen Pferdekoppeln und dem Stutgarten vorbei gelangen wir zum Burgbrunnen. An der Verzweigung machen wir nach rechts einen Abstecher zum Steinbruch.

Zurück auf der Route halten wir uns rechts, hinab zur Burg Spangenberg. Ein Treppenweg führt uns in einem Linksbogen an der Burg vorbei. Der breite, von Laternen gesäumte Weg fällt ab und bringt uns zu einem breiten Kiesweg. Wenig später biegen wir links ab und folgen einem schmalen Pfad über Bahngleise und einem Steg über den Bach. Kurz darauf stehen wir wieder am Parkplatz an der Talstraße in Erfenstein.

Am Bahnhof in Erfenstein hält das Kuckucksbähnel. Wer aus Richtung Lambrecht oder Elmstein kommt, kann von dort bis Erfenstein mit der Museumsbahn anreisen. Das nostalgische Gefährt wird von einer historischen Dampflock gezogen. Die historischen Waggons lassen ein Fahrgefühl wie in früheren Zeiten aufkommen.

10

Wassersteiner Berg
439
402
Schüsseleck
266
418
NSG
Esthaler Tal
Protztalbrunnen
Hungerbrunnen
Eselsohler Berg
Großer Berg
452
430
Eselsohl
Großes Protztal
Täckerbrunnen
Trockental
Erdbeerental
Langental
421
375
Eulenberg
370
Weisbachkopf
438
297
473
477
Heidenbrunnen
Salzleckerberg
451
Erdbeerenkopf
Heidenkopf
Mollenkopf
Wassertaler Hang
Waldhaus Schwarzsohl (dzt. geschlossen)
Taubenplatz
Hengstental
422
Fischklause
354
Hochstraße
469
Am Steinernen Kreuz
455
Dreibrunnental
296
Bremeneck
470
491
Michaelsberg
Nibelungenhaus
452
325
Weinbietblick
Huthbrunnen
Franzensklause
Reiseneck
Trockental
Lang-eck
Langental
347
Legelberg
420
Vorderer Gleisberg
Esthal
463
284
277
Salzleckereck
Forsthaus Wolfsgrube
Wolfschluchthütte
Kleines Krappeneck
355
Mittlerer
471
Gleisberg
Steigberg
Nibelungenfelsen
Schwabenbach
286
Schloßberg
459
Staatsforst
Harzofen
Elmstein
Kleine Ehscheid
372
Wintertal
Staats-
forst
233
Ehrenfels
Grundwieser Eck
408
Appental
Wassersteinberg
393
Ehscheid
Möllberg
461
Schafhof
Rehfelsen
Elmstein
Deutsch-Franz. Touristikroute
383
Wassersteinberg
Ruine Breitenstein
Kuckucksbähnel
195
Appenthal
Treffnix
375
402
Helm-
bach
268
Röderthal
Kurzeneck
374
Weinstube Treffnix
Iggelbach
Schweinstal
Neuhäuser Kopf
214
225
Großer Schweinsberg
377
Bierenberg
Forsthaus Frechental
Judenko
0 500 m

10 Hüttentour

2-Hütten-Tour Elmstein

Vom Waldhaus Schwarzsohl zur Wolfsschluchthütte

DAUER	4h 15min
LÄNGE	14,8 km
HÖHENMETER	465 hm
SCHWIERIGKEIT	MITTEL
MIT ÖPNV ERREICHBAR	ja

Das erwartet dich ...

Die Rundwanderung führt über Forst- und Kieswege sowie schmälere Waldpfade mit wurzeligen Stellen. Auch kürzere Asphaltpassagen sind dabei. Die Tour verbindet Elmstein mit dem Waldhaus Schwarzsohl und der Wolfsschluchthütte. Sowohl unterwegs als auch am Ziel sind diverse Einkehrmöglichkeiten gegeben.

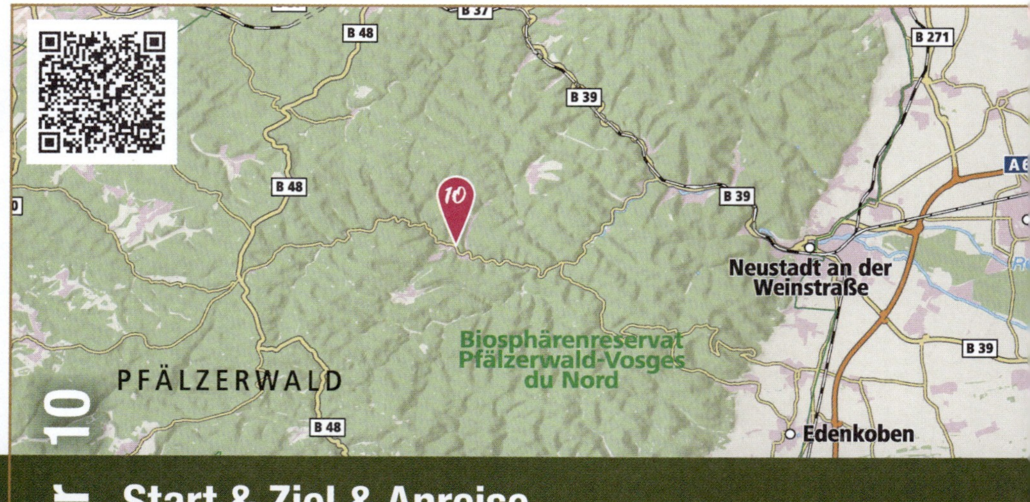

Hüttentour 10

Start & Ziel & Anreise

Die Wanderung beginnt in Elmstein in der Bahnhofstraße. Mit dem Auto erreichen wir das Örtchen im Pfälzerwald über die Landesstraße 499. Sie bildet die Verbindung zwischen der B39 im Osten und er der B48 im Westen. Parkplätze gibt es beim Endbahnhof der Kuckucksbähnelbahn. Außer mit der Museumsbahn können wir auch mit dem Bus Nr. 517 von Lambrecht Richtung Iggelbach fahren.

Tourenbeschreibung

Vom Bahnhof Elmstein spazieren wir zunächst hinter der Minigolfanlage nach rechts, queren den Speyerbach und die Autostraße und schwenken danach scharf nach links. Ein asphaltiertes Sträßchen leitet uns in den Wald hinauf. Nach der Abzweigung zum Naturfreundehaus bleiben wir auf dem Asphaltweg. Er endet nach einer Kurve. Für uns geht es hier rechts herum weiter, mit der gelb-rot-blauen Markierung auf einen schmalen Pfad. Wir kreuzen einen Forstweg und wandern weiter leicht bergan. Dem nächsten Forstweg folgen wir geradeaus zum Götz-Gedenkstein.

Die blaue Markierung schickt uns an der nächsten Verzweigung nach links auf einen breiten Fahrweg. Er führt uns ansteigend an einer Lichtung vorbei. Dann wandern wir immer wieder sanft bergab, in großen Kehren und über mehrere Kreuzungen durch den schönen Wald. Kurz nach einer Wegspinne mit Sitzbank treffen wir auf die Straße, an der ein Steinernes Kreuz steht. Wir überqueren sie, dann spazieren wir mit der blauen Markierung nach rechts auf einen breiten Forstweg. Nach einem auffälligen Grenzstein stehen wir an einer großen Lichtung mit dem Waldhaus Schwarzsohl. Die Schutzhütte wird jedoch bis auf weiteres als "geschlossen" gemeldet.

Nach erneuter Straßenquerung wandern wir an einer großen Unterstandshütte vorbei, dann folgen wir dem grün-blau markierten Pfad rechts herum in den Wald. Er leitet uns stetig abwärts, über eine Forststraße geradewegs hinüber und nach einer Rechtskehre am Waldhang entlang, bis wir zur Finsterbreitenbachquelle gelangen. Vor der Quelle halten wir uns links und über einen grasigen Fahrweg am Bachlauf entlang. Nach einer Holzhütte mit Sitzbank und Steintisch wechseln wir die Bachseite und wandern weiter sanft hinab bis zu einem asphaltierten Sträßchen. Wir folgen ihm nach links über eine Brücke über den Breitenbach. Nach rechts verlassen wir dann das Sträßchen – links würde es zum Goldbrunnen führen. Weiter geht's auf einem asphaltierten Forstfahrweg. Der Bachlauf begleitet uns zur Wolfsschluchthütte samt Parkplatz, Kinderspielplatz und einer Liegeschaukel.

Das Asphaltsträßchen leitet uns rechts leicht ansteigend hinauf. Oberhalb traversieren wir über einen schmalen Pfad den Waldhang, vorbei am sichtbaren Forsthaus Wolfsgrube. Kurz darauf queren wir eine Straße, dann wandern wir auf einem Pfad an der Straße entlang. Nach einer Linkskehre steigt die Route leicht an und bringt uns zur Wolfsgrube und einer beschilderten Verzweigung, auch hier mit Sitzbänken und rundem Steintisch. Nach rechts verlassen wir das Sträßchen und lassen uns nach ein paar Metern von einem schmalen Pfad leiten, der parallel zur Autostraße verläuft. Auf sie stoßen wir wenig später bei der Bushaltestelle Harzhofen. In einer Linkskehre halten wir uns rechts, dann steigen wir in angenehmer Steigung zum Naturfreundehaus Elmstein hinauf.

Wir richten uns nach der Markierung mit der gelben 3 und spazieren am Biergarten und an ein paar Hütten vorbei, dann durchkreuzen wir leicht abwärts den Waldhang über einen weichen Pfad. Schließlich stehen wir am Ende von ein paar Stufen an einem breiten Forstfahrweg, der uns schon eine Zeit lang unterhalb begleitet. Kurz vor einem Sendemast nehmen wir erneut nach links ein paar Stufen auf einen schmalen Pfad. Zu unserer Linken blicken wir auf Elmstein hinab. Wenig später stoßen wir wieder auf unseren Hinweg. Schmale Treppenstufen führen uns mit der Markierung Nr. 3 hinab zu den Häusern und zur Hauptstraße. Zu unserer Linken steht ein steinernes Kruzifix und ein Berlin-Stein. Über den Gehweg schlendern wir an der Hauptstraße entlang zurück. Beim Ortsschild geht es nach rechts, wenig später stehen wir wieder beim Bahnhof.

Entersweiler Mühle
Ruine Beilstein
358
Humberg
373
366
Axertal
Kleiner Steinberg
309
326
Lauterspring
Großer Steinberg
Staatsforst
Heiligental
Heiligenberg
394
Großes Springental
Bremenkopf
387
Sindelsbe
380
Bockental
Buchholzfelsen
Hannickelkreuz
Lindenköpfe
366
Bockenberg
389
Bäckerpfadkopf
404
403
Hochstraße
Hungerbrunnental
264
Saufels
Reitzerbrunnen
Mittelec
Großes Lindental
Stiftswald
Hungerbrunnen
Bockenbrunnen
Sesterstein
Deutsche Alleenstraße
Mittl. Specht
Kaiserslautern
351
Dammberg
Dammbrunnen
400
412
Haselrain
Leinhöfer Tal
Roteneck
383
360
Hint. Specht
Kehrtal
Felsenbrunner Tal
Harter Kopf
452
48
341
Brotpfadkopf
372
Italienerstein
11
Am Stall
Mittelbornberg
388
Waldleiningen
Mittelborn-Leinbachquelle
Stiefelsohler Berg
290
345
Kleiner Roßrück
Hellerwald
Pfälzer Weltachse
Weidensohler Berg
375
320
311
Mölschbacher Tal
417
361
Jägerhübel
Brunnenberg
360
Staatsforst
Brunnental
Lindental
Churecktal
Großer Roßrück
355
Steinberg
468
Stüterloch
Kaiserslautern
340
MÖLSCHBACH
Leiterberg
507
415
Stromberg
468
380
Haldhaldquelle
399
Hoher Oselkopf
Stüterhof
Römerstraße
Staatsforst
463
Eulenkopf
460
Riesenberg
Eulenmühle
Entenhöhle
Eulenberg
490
514
Weltersberg
Staatsforst
516
Schmalerbrunnen
48
428
Scheidwald
Niederer Oselko
Dt. Alleenstraße
Mückenberg
Frankenweide
466
Johanniskreuz
398
Großes Scheidtaler Eck
481
Gr. Scheidtal
Speyerbach
Mückenwiese
Klaffental
Gr. Schwanenberg
386
Kl. Scheidtal
Klaffene
296
Kleines Scheidtaler Eck
497
0 500 m
Speyerbrunn
339
Stanterbrunnen
470
Albrechts-
Holzeck
Kurfürstenst
483

11 Waldtour

Pfälzer Weltachse

Rund um das „Ende der Weltachse"

DAUER	3h
LÄNGE	10,8 km
HÖHENMETER	406 hm
SCHWIERIGKEIT	LEICHT
MIT ÖPNV ERREICHBAR	ja

Das erwartet dich ...

Die Runde besticht durch wurzelige schmale Waldpfade, die sich mit breiten Forstwegen abwechseln. Hin und wieder spazieren wir auch über asphaltierte Wegabschnitte. An der Pfälzer Weltachse erwartet uns ein bearbeiteter Bundsandstein. Er liegt auf dem Kleinen Roßrück nahe Waldleiningen und trägt ein Relief mit einer Darstellung „Schmierung der Weltachse". Sie wurde in den 1960er Jahren von einem ansässigen Forstbeamten angebracht.

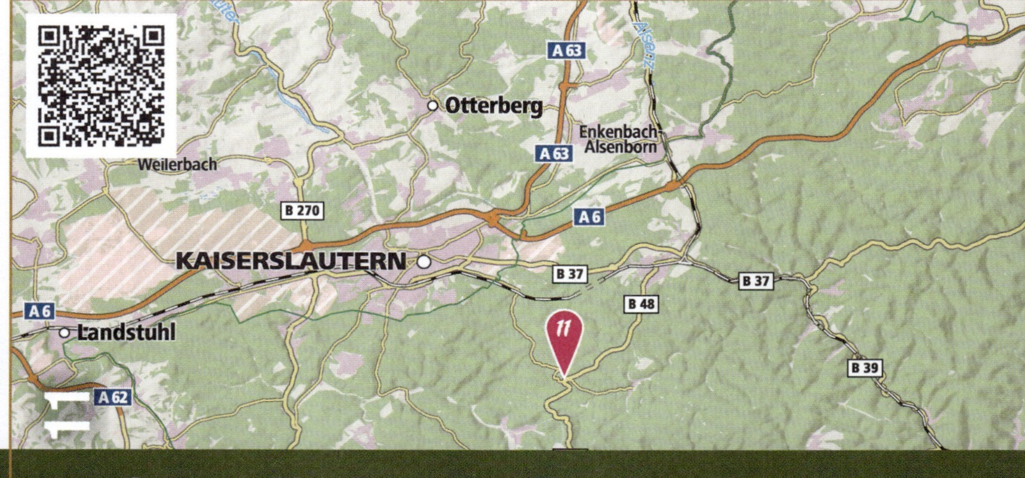

Waldtour 11

Start & Ziel & Anreise

Los geht's beim Parkplatz „Am Stall" nahe Waldleiningen. Von Kaiserslautern fahren wir mit dem PKW auf der L504, die Entersweilerstraße, bis zur B48. Der Parkplatz befindet sich direkt an der Kreuzung Johanniskreuz und Hochspeyer. Von Kaiserslautern fährt der Bus Nr. 135 nach Waldleiningen.

Tourenbeschreibung

Unsere Wanderung beginnt am Parkplatz „Am Stall", wo wir die L504 überqueren und nach der Markierung der Roten 1 Ausschau halten. Sie leitet uns über einen kreuzenden Forstweg Richtung „Weltachs". Nach der Kreuzung halten wir uns rechts, verlassen den breiten Forstweg und schwenken gleich darauf in einer Rechtskurve nach links. Die Markierung leitet uns noch einmal an einer Sitzbank über einen Forstweg. Dann steigen wir auf einem Pfad im Wald bergan. Nach einem Rechs-Links-Schwenk wird der Pfad steiler. Achtsam steigen wir den wurzeligen und steinigen Pfad empor. An einer flacheren Stelle treffen wir auf einen Pfad. Er gesellt sich von links zu uns, wir folgen ihm sogleich weiter nach rechts, hinauf zur „Weltachs".

Auf den zwei aufeinander liegenden Felsen ist die Inschrift „Do werd die Weltachs ingeschmeert un ufgebasst dass nix passeert" eingemeißelt. Wir passieren den kleinen Felsenturm, dann eine Sitzbank und ein paar kleinere Felsen. Der schmale Pfad leitet uns über einen breiten Gratrücken durch den lichten Wald. Schließlich führt der Weg in Kehren hinab zur Straße. Wir queren sie, dann geht's rechts auf einen schmalen Pfad, der etwas oberhalb der Straße entlangführt. In sanftem Anstieg tauchen wir wieder in den Wald ein. Nach einigen Stromtrassen flacht der Weg allmählich ab. Wir wandern an einem Grenzstein von 1774 vorbei und erreichen geradeaus die Straße. Zu unserer Rechten erkennen wir deutlich die Abzweigung zum Stüterhof – hier steht ein markanter Sandsteinfelsen mit Inschrift.

Unsere Route führt uns nach rechts, kurz an der B48 entlang. Dann biegen wir bei der ersten Einfahrt links ab, in die Einfahrt hinein und rechts weiter auf einem verwachsenen Waldweg. Ein roter Punkt am Baum zeigt uns hier die Richtung. An der nächsten Kreuzung richten wir uns nach der Markierung mit dem weißen Kreuz und folgen ihr scharf nach links leicht bergab. Durch urwüchsigen Wald erreichen wir die Kreuzung „Am Sandplatz", die von einem mächtigen behauenen Stein dominiert wird.

Das weiße Kreuz leitet uns weg vom breiten Forstweg bis an einen Jägerstand. Hier verlassen wir die Markierung und steigen nach links wieder steiler im Wald empor. Dann folgen wir links einer MTB-Beschilderung, ein wenig später lassen wir uns von einem grünen P führen. Der schmale Pfad steigt in Kehren den Waldhang hinunter. Über ein paar Stufen verlassen wir den Trail nach links und stoßen unten an eine Autostraße. Hier geht's hinüber und um den kleinen Seewoog-Teich herum.

An einer Sitzbank mit Steintisch treffen wir wieder auf das grüne P. Wir lassen die Treppenstufen rechts liegen und wandern weiter auf dem breiten Forstweg am Ufer entlang. Wenig später biegen wir links auf einen rot-weiß-markierten Waldweg ab. Er führt uns ein paar Hundert Meter parallel zur Straße, dann schickt uns die Markierung nach rechts auf einen Feldweg. Er leitet uns in leichtem Anstieg durch den Wald. An der Bundesstraße gehen wir ein paar Meter nach links, dann queren wir sie und halten uns rechts in den Wald. An der folgenden Kreuzung biegen wir links ab und spazieren hinab und zurück zum Parkplatz „Am Stall".

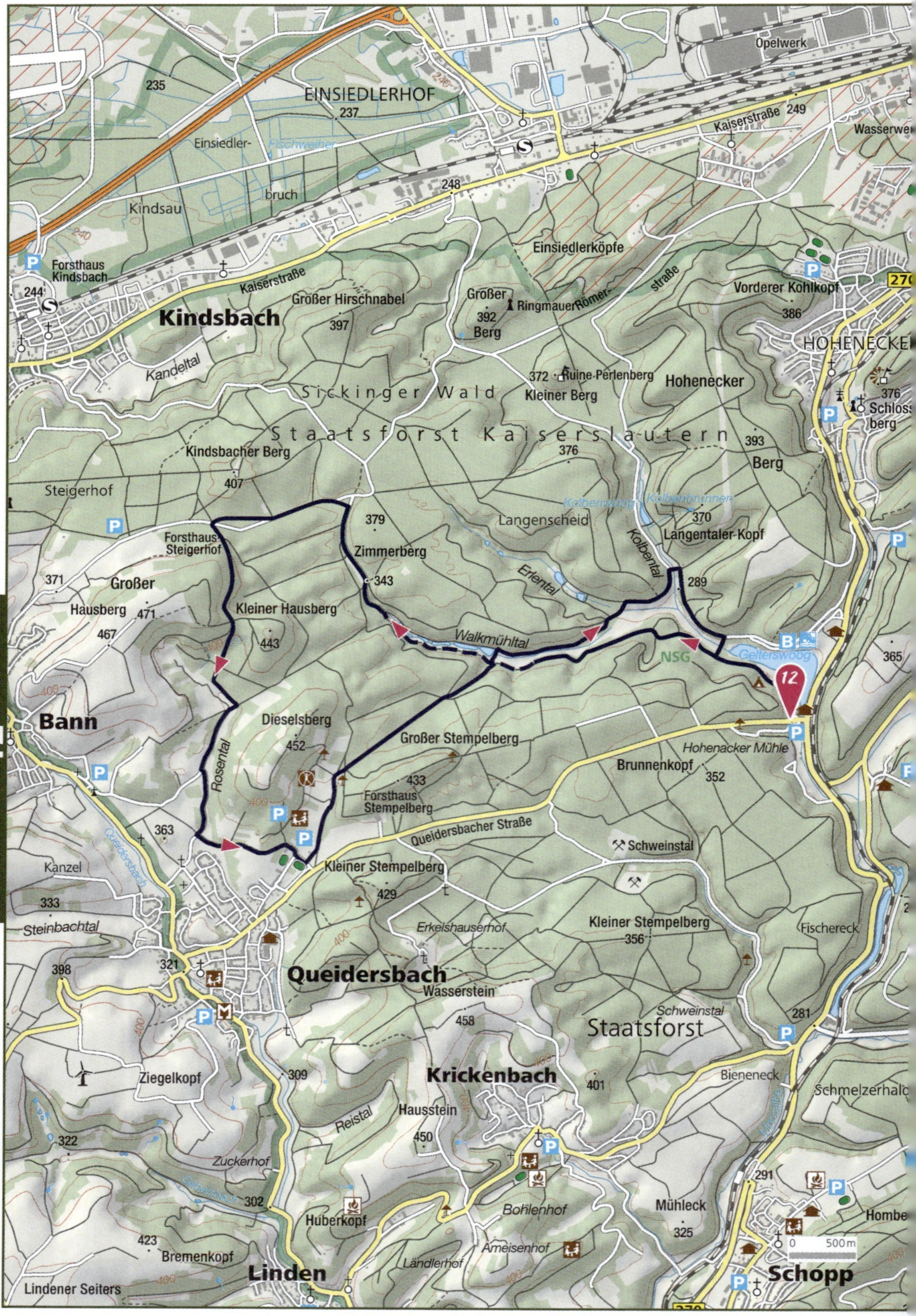

12

Opelwerk
EINSIEDLERHOF
235
237
Einsiedler-
Fischweiher
bruch
Kindsau
240
249
Kaiserstraße
Wasserwerk
248
Forsthaus
Kindsbach
244
Kaiserstraße
Kindsbach
Großer Hirschnabel
397
Einsiedlerköpfe
Großer
392
Berg
Ringmauer
Römerstraße
Vorderer Kohlkopf
386
HOHENECKEN
270
Kandeltal
Sickinger Wald
372
Ruine Perlenberg
Kleiner Berg
Hohenecker
376
Schlossberg
Staatsforst Kaiserslautern
Kindsbacher Berg
376
393
Berg
407
Steigerhof
Kolbenweiher
Kolbentalrinnen
370
Langentaler Kopf
379
Langenscheid
Forsthaus
Steigerhof
Zimmerberg
Kolbental
371
Großer
Hausberg
471
343
Erlental
289
Kleiner Hausberg
443
467
Walkmühltal
B
NSG
Gelterswoog
365
12
Bann
Dieselsberg
452
Großer Stempelberg
Hohenacker Mühle
Brunnenkopf
352
Rosental
433
Forsthaus
Stempelberg
363
Queidersbacher Straße
Schweinstal
Queidersbach
Kanzel
Kleiner Stempelberg
429
333
Steinbachtal
Erkelshauserhof
Kleiner Stempelberg
356
Fischereck
398
321
Queidersbach
Wasserstein
458
Schweinstal
Staatsforst
281
Ziegelkopf
309
Krickenbach
401
Bieneneck
Schmelzerhalde
Reistal
Hausstein
450
322
Zuckerhof
291
Bohlenhof
Mühleck
325
Hombe
302
Huberkopf
423
Bremenkopf
Ameisenhof
Ländlerhof
0
500 m
Linden
Lindener Seiters
Schopp

Tour 12

Badetour 12

Walkmühl- und Rosental

Durch naturgeschützte Tallandschaften

DAUER	4h 45min
LÄNGE	15,8 km
HÖHENMETER	260 hm
SCHWIERIGKEIT	LEICHT
MIT ÖPNV ERREICHBAR	ja

Das erwartet dich ...

Die Runde führt uns über schmale Waldpfade, aber auch breite Wander- und Forstwege und verkehrsarme, asphaltierte Sträßchen. Der herrliche Stausee am Ausgangspunkt ist allein schon einen Besuch wert. Umgeben wird er von einem herrlichen Naturschutzgebiet, das uns mit verträumten Tälern und romantischen Wäldern erwartet.

Badetour 12

Start & Ziel & Anreise

Ausgangspunkt ist der Parkplatz beim Seehotel am Gelterswoog. Mit dem Auto erreichen wir den Startpunkt über die B 270 über Hohenecken. Ein weiterer Parkplatz befindet sich beim Campingplatz. Vom Hauptbahnhof Kaiserslautern fährt der Bus Nr. 161 nach Kaiserslautern, Abzweig Queidersbach. Von hier aus geht's in fünf Minuten zu Fuß zum Ausgangspunkt.

Tourenbeschreibung

Vom Seehotel Gelterswoog spazieren wir über das asphaltierte Sträßchen Richtung Campingplatz. Am Ende des Asphalts erwartet uns ein Forstfahrweg, der uns in den Wald leitet. An einer Verzweigung geht's rechts mit dem roten Kreuz auf einen breiten Fahrweg. Nach einer Stromtrassen-Lichtung erreichen wir die Verzweigung 5-Wooge, in die unseren Rückweg einmündet.

Rechts herum geht's weiter mit der Markierung, bald über einen Pfad durchs Walkmühltal. Von allen Seiten leuchtet uns hier sattes Grün entgegen, mehrere Wassertümpel säumen den Weg. Die Weiher sind zum Teil stark verwachsen und befinden sich auf unterschiedlichen Höhen. Eine Wasserrinne verbindet sie untereinander. Nachdem wir an einem Jägermotiv vorbeispaziert sind (es ist in einen Fels gehauen), führt uns der Weg zu einer Unterstandshütte. Hier befindet sich eine interessante Schautafel mit Infos zum Naturschutzgebiet am Gelterswoog.

Noch vor der Hütte biegen wir links ab; wenig später halten wir uns an einer Sitzbank erneut links und wandern über schmale Pfade in den Wald hinein. Wir erreichen ein Asphaltsträßchen, das wir jedoch bald wieder nach rechts verlassen. In einem Linksbogen queren wir eine schmale Straße, dann folgen wir einem breiten Forstfahrweg. An der folgenden Verzweigung halten wir uns rechts. Der Weg steigt behutsam an und stößt nach ein paar Minuten auf eine Wegspinne, die wir geradewegs überqueren. Dann senkt sich der Weg ins Rosental. An einem breiten Forstweg biegen wir rechts ab. Der Weg geht in Asphalt über und leitet uns an eine Verzweigung mit einem großen Baum. Wir sehen schon die ersten Häuser von Queidersbach, biegen jedoch noch vorher scharf rechts ab. An Mauerresten und Häusern vorbei geht's hinab zur Sportanlage des FC Queiderbach.

Wir gehen bis zum Waldrand, dann schwenken wir nach links. Ein Forstweg begleitet uns am Waldrand entlang, dann führt er nach rechts und leitet uns schließlich schnurgerade durch den Wald. An einer Kreuzung halten wir uns auf dem mittleren, schmalen Pfad. Er führt uns direkt zur Verzweigung 5-Wooge zurück. Wir machen uns wieder auf den Rückweg, zwischen dem Weiher hindurch und dann rechts gehalten, auf breitem Forstfahrweg am Waldrand entlang. An einer Kreuzung treffen wir auf die Mühlberger Hütte. Wir halten uns rechts, gehen über einen kleinen Steg und stoßen erneut auf unseren Hinweg. Nach links bringt er uns zum Campingplatz. Am See schwenken wir links auf den schönen Uferweg ein und spazieren direkt am See entlang zurück zum asphaltierten Sträßchen und dem Parkplatz beim Seehotel.

Autoren Tipp

Zahlreiche Fischweiher, die sogenannten Wooge, umgeben die Stadt Kaiserslautern. Der Gelterswoog ist ein Stausee 11 km südlich von Kaiserslautern. Er ist nicht nur der größte Badeweiher im Pfälzerwald, sondern auch Eingang zum Naturschutzgebiet „Täler und Verlandungszonen am Gelterswoog". Das Schutzgebiet umfasst drei Taleinschnitte: Das Kolbental mit dem Kolbenwoog, das Erlental und das Walkmühltal. Direkt vor Ort findet sich ein toller Sandbadestrand. Schwimmen mit Waldblick ist garantiert.

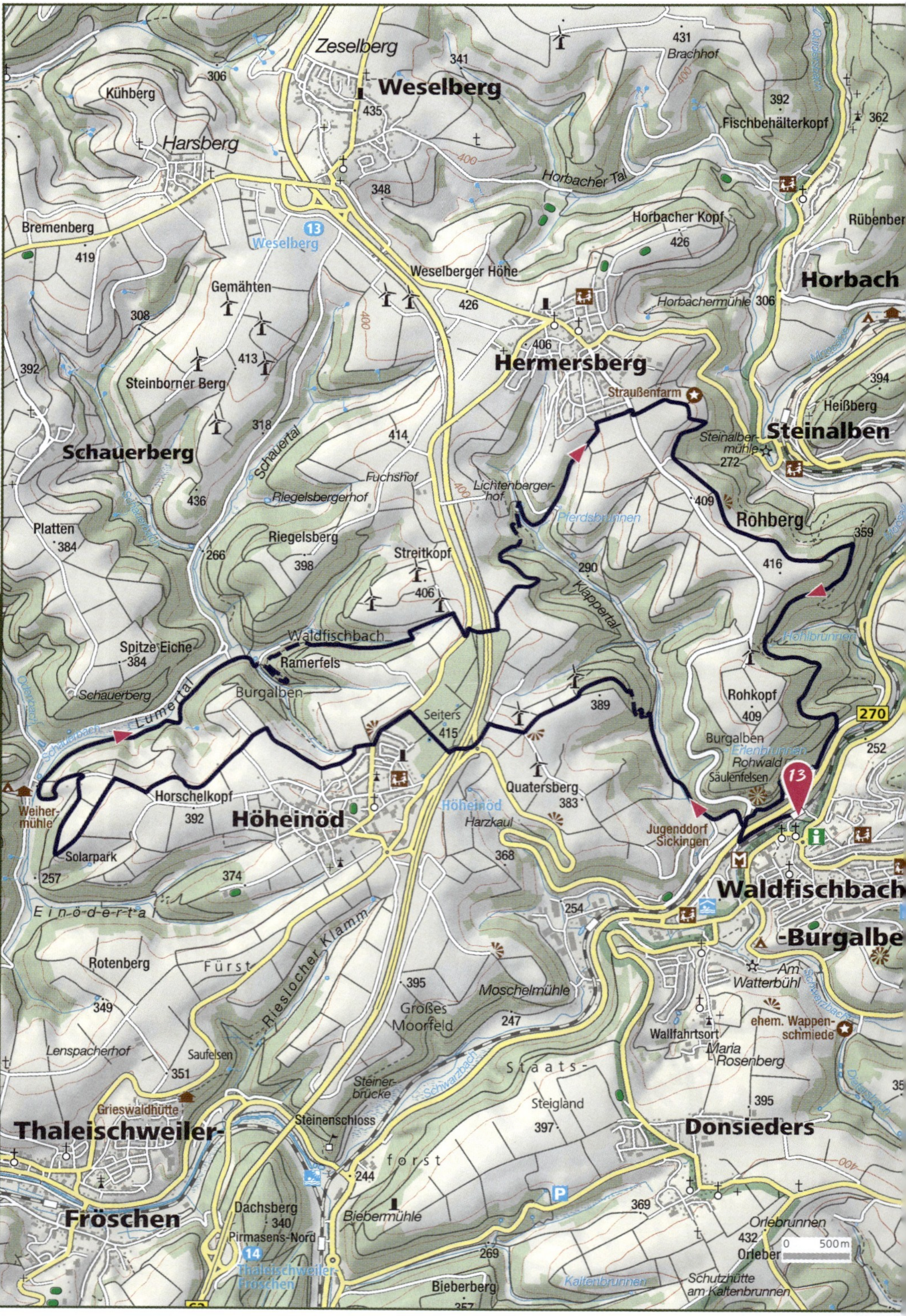

13

Zeselberg
341
Weselberg
431
Brachhof
306
Kühberg
435
392
Fischbehälterkopf
362
Harsberg
Horbacher Tal
348
Rübenber
Bremenberg
13
Weselberg
Horbacher Kopf
419
426
Weselberger Höhe
Horbach
Gemähten
426
Horbachermühle 306
308
406
Hermersberg
392
413
Steinborner Berg
Straußenfarm
394
Heißberg
318
Steinalbermühle
Steinalben
414
Schauerberg
Schauertal
272
Fuchshof
Lichtenbergerhof
436
Riegelsbergerhof
Platten
384
409
Pferdsbrunnen
Rohberg
359
266
Riegelsberg
398
Streitkopf
290
416
Klappertal
406
Höhlbrunnen
Waldfischbach
Spitze Eiche
384
Ramerfels
Burgalben
Schauerberg
Rohkopf
389
409
Lumertal
Seiters
415
270
Burgalben
Erlenbrunnen
Rohwald
252
Säulenfelsen
13
Weihermühle
Horschelkopf
392
Höheinöd
Quatersberg
383
Höheinöd
Harzkaul
Jugenddorf Sickingen
Solarpark
368
257
374
Waldfischbach
Einödertal
254
-Burgalbe
Rotenberg
Fürst
Am Watterbühl
Rieslocher Klamm
395
Moschelmühle
349
Großes Moorfeld
247
ehem. Wappenschmiede
Wallfahrtsort Maria Rosenberg
Lenspacherhof
Saufelsen
351
Staats-
Steinerbrücke
Schwarzbach
395
Grieswaldhütte
Steigland
Thaleischweiler-
Steinenschloss
397
Donsieders
forst
244
Fröschen
Dachsberg
340
Biebermühle
369
Pirmasens-Nord
Orlebrunnen
14
432
Thaleischweiler-Fröschen
269
Orleber
0 500m
Bieberberg
Kaltenbrunnen
Schutzhütte am Kaltenbrunnen

Sickinger Höhenweg

Im Herrschaftsgebiet des letzten Deutschen Ritters

DAUER	7h
LÄNGE	24,3 km
HÖHENMETER	720 hm
SCHWIERIGKEIT	MITTEL
MIT ÖPNV ERREICHBAR	ja

Das erwartet dich ...

Wir wandern auf schmalen Wald- und Wiesenpfaden, manchmal auch über breite Wander- und Forstwege. In Ortsnähe passieren wir auch mal asphaltierte Nebenstraßen. Der Sickinger Höhenweg selbst erwartet uns mit idyllischer Landschaft und präsentiert uns großartige Ausblicke ins Saarland und ins Elsass. Dafür ist jedoch auch ein gutes Stück Kondition notwendig, da einige Höhenmeter auf uns warten.

Aussichtstour 13

Start & Ziel & Anreise

Unser heutiger Startpunkt liegt bei Waldfischbach-Burgalben in der Bahnhofstraße. Parkmöglichkeiten gibt es beim Bahnhof. Mit dem PKW geht's über die A6 bis zum Kreuz Landstuhl-West. Dann weiter über die A62, Ausfahrt Weselberg. Auf der Landstraße weiter über Hermersberg nach Waldfischbach-Burgalben. Von Kaiserslautern fährt stündlich die Regiobahn nach Waldfischbach.

Tourenbeschreibung

Wir spazieren vom Bahnhof in Waldfischbach-Burgalben zunächst unter der Bahn hindurch, dann kreuzen wir die Straße und schwenken kurz darauf am Waldrand nach links. 200 Meter später leitet die Route rechts in den Wald. Beim Jugenddorf Sickingen queren wir die Straße und folgen dem Asphalt sanft hinab Richtung Klappertal. Wir passieren eine Lichtung zu unserer Linken und queren den Klapperbach. In leichtem Anstieg wandern wir wieder weiter in den Wald hinein. Schließlich wenden wir uns nach links auf einen breiten markierten Forstweg. Kurz darauf halten wir uns abermals links und folgen einem schmalen Pfad in steilen Kehren den Waldhang hinauf.

Oben angelangt folgen wir einem Waldweg nach rechts, dann geht's links auf einen schmalen Waldpfad. Er führt erst hinauf, dann traversiert er den Waldhang. Ein Linksschwenk führt uns aus dem Wald hinaus auf freies Gelände. Nach einem

Wäldchen unterqueren wir die Autobahn und tauchen sofort wieder in den Wald ein. Noch vor seinem Ende halten wir uns links und spazieren hinab nach Höheinöd. Die erste Abzweigung führt uns nach rechts, dann gleich wieder links auf einen Feldweg. Er leitet uns am Waldrand entlang, dann über freie Felder und eine aussichtsreiche Kuppe. Auf asphaltierten Sträßchen und Feldwegen passieren wir einen Solarpark. Bei einem Zaun geht's hinab zum Waldrand und dort scharf nach rechts. Ein asphaltierter Weg steigt sanft zu einem weitern Asphaltsträßchen an. Wir folgen ihm spitzwinklig nach links hinab zur Weihermühle.

Nach einer spannenden Felsformation biegen wir rechts ab und wandern wieder in den Wald. Still wird es jetzt wieder in dem dichten Grün. Der Waldweg leitet uns an ein Asphaltsträßchen, dem wir nach rechts bis zu einer Kurve folgen. Dann schwenken wir links auf einen schmalen Waldpfad, der Richtung Ramerfels ansteigt. Bald spazieren wir in leichtem Auf und Ab durch herrliche Felsenlandschaften. Der Weg schlängelt sich durch den Wald hinauf, bis wir an seinem Ende auf einen asphaltierten Weg treffen. Nach einer Straße und der Autobahnbaustelle wandern wir über eine freie Fläche hinab zum Wald. Der Weg fällt weiter ab, führt uns über einen Bach und am Hang entlang, weiter durch den Wald hinab, bis wir an einer Holzbrücke und dem Wasserhaus stehen.

Ein paar Treppen führen uns am Gebäude vorbei. Oben rechts folgen wir dem gekiesten Forstweg. Er leitet uns an ein sanft ansteigendes Asphaltsträßchen. Nach links erlauben wir uns einen kurzen Abstecher zum Pferdsbrunnen. Dann geht's weiter auf unserer Route, die uns zuletzt ein wenig stärker ansteigend über freies Gelände führt. Nach einem Linksbogen biegen wir vor den Häusern rechts ab. Dann überqueren wir am Ortsrand die Straße und spazieren auf einem Schotterweg am Gestüt Sickingen und einer Straußenfarm vorbei.

Der Weg senkt sich zum Wald hinab. Wir wandern rechts am Waldrand entlang. Das Sickinger Höhenwegschild schickt uns wieder weiter in den Wald hinein. Nach einer schönen Quelle und ein paar Felsen geht's zuletzt ein wenig steiler hinab zur Straße. Wir halten uns rechts, dann steigt der Weg wieder an. Nach ein paar Holzstufen folgen wir einem querenden Forstfahrweg nach links. An der nächsten Linkskurve geht's rechts auf einen Abstecher zum Habichtfelsen. Nach einem Sträßchen führt uns ein schmaler Waldpfad hinab an einen geschotterten Weg. Wir folgen ihm nach links und stoßen nach ein paar Metern auf unseren Hinweg. Durch die Unterführung geht's zurück nach Waldfischbach-Burgalben.

14

Trippstadt
Davidsklafter Holz
Antonihof
Scheidwald
466
Dt. Alleenstraße
48
Mückenberg
438
Ätzenläufe
Retzen-
Neuhof
Sägmühle
341
Kottelbach
Heidenkopf
Tiefenteich
Speßberg
Gr. Schwanental
Gr. Schwanenberg
386
Kleines Scheidtaler Eck
497
Großes Scheidtaler Eck
481
Gr. Scheidtal
Kl. Scheidtal
339
470
483
Schwarzen-eck
Albrechts-kiefer
Speyerbrunner Eck
Großer Rothenberg
452
361
Schwarzbach
Vord. Loch
Gutenbrunnen
Ehetal
Johanniskreuz
Haus d. Nachhaltigkeit
Kurhaus
Moosalbe
Lauberhof
364
Kleiner Rothenberg
Erlenbach
373
Zwickental
Schmalebene
Lauberberg
445
Hochstraße
Labundiseck
Hindenburg-kiefer
491
380
Hint. Loch
Locheck
386
Lauberwald
Staatsforst
543
Gambsbuche
Johanniskreuz
Steinberg
Meiserspring
372
Pferdsbrunnen
Kuckuckshütte
464
Reiterhübel
Schlangenberg
585
Fuchsdell
Teufelsbrunnen
Pferdsbrunner Eck
Erlental
Weiserstein
Teufelsloch
520
Eschkopf
Hochstraße
48
Holzklinger
529
Ebene
Hahnenkopf
Hoher Heltersberg
516
Ramschel
443
Großkirchtal
366
Ramschel
Mosisberg
Erhardsbuche
Preußenstein
Kirchberg
323
Kleinkirchtal
Wilhelm-Löw-Eiche
Saukopf
360
405
Löffelsbrett
Schleifeneck
Falkensteig
Dt.-Franz.-Touristikroute
421
Flachsbrunnen
Mühlenberger Ebene
Häuser
Forsthaus Leimen
520
Hinterer Blosenberg
552
0 500 m
Karlstalweg
Christelbrunnen
Langes Tal
424
Hofstätten

14 Waldtour

Zum Teufelsloch

Herrliche Wälder im Schwarzbachtal

DAUER	3h
LÄNGE	10,5 km
HÖHENMETER	260 hm
SCHWIERIGKEIT	LEICHT
MIT ÖPNV ERREICHBAR	ja

Das erwartet dich ...

Diw Wanderung führt über Wald- und Forstwege und schmälere Waldpfade durchs Schwarzbachtal. Dabei genießen wir die herrlichen Waldgebiete des Pfälzerwaldes mal ohne Felsen und Einkehrhütten. Die kleine Runde befindet sich abseits der viel besuchten Routen und besticht durch einsame Wege im stillen, wohltuenden Wald.

Waldtour 14

Start & Ziel & Anreise

Heute starten wir am Weiler Johanniskreuz südöstlich von Trippstadt. Mit dem Auto fahren wir von Hochspeyer über die B48 Richtung Süden. Direkt an der Kreuzung zur Landstraße befindet sich ein großer Parkplatz. Öffentlich fahren wir mit der S1 von Kaiserslautern nach Lambrecht. Von hier aus weiter mit dem Bus Nr. 517 nach Schwarzbach. Die letzten zwei Kilometer müssen wir zu Fuß zurücklegen.

Tourenbeschreibung

Wir starten am großen Parkplatz beim Gasthaus Johanniskreuz und wenden uns nach links in den schönen Wald. Der Pfälzerwaldpfad führt uns auf einem flachen Waldweg an Rahmenstationen mit Infos vorbei. An einem breiten Forstweg biegen wir rechts ein, passieren kurz vor der L499 den Infopunkt Schächerdell und halten uns danach links weiter auf dem Pfälzerwaldweg sanft hinab. Die Markierung leitet uns bald auf einen schmalen Pfad nach links. Wir wandern weiterhin bergab, bis wir den Burgalbweiher mit dem Ritterstein erreicht haben.

Wir spazieren links an ihm vorbei zu einem schönen Brunnen und dann auf einem breiten Forstweg an der Burgalb entlang. Sie schlängelt sich links unter uns dahin. Am Talschluss treffen wir auf den Schwarzbach-Ursprung – eingraviert in einen großen Stein. Wir biegen scharf nach links ab und spazieren am Bach entlang durch wunderschönen, hochstämmigen und teils lichten Wald. Rechts unter uns passieren wir ein altes Steinhaus, dann queren wir den Bachlauf beim Pferdsbrunnen in einer Rechtskurve.

Der nächste Wegabschnitt ist mit Gras bewachsen und führt uns ins Teufelsloch. Dann wandern wir längere Zeit durch Mischwald. Nach einem Rechtsschwenk treffen wir bei einem kreuzenden Forstfahrweg auf ein paar Lichtungen, die wir durchqueren. Geradeaus geht's weiter auf einen angedeuteten Wegverlauf, der uns nach links leitet und lediglich mit ein paar Wegspuren gekennzeichnet ist. Bald wird er jedoch wieder deutlicher erkennbar und führt um eine Linkskurve. Nach einem Rechtsschwenk stößt ein markierter Pfad von rechts zu uns. Er ist mit einem grünen, blauen und roten Kreuz gekennzeichnet.

Wir wandern wenige Minuten dahin, dann verlassen wir den Wald und treffen auf eine Straße. Wir halten uns links weiter auf dem Waldpfad. Er führt uns parallel zur Straße, bis er sich zum Ende hin ein wenig von ihr entfernt. Wir passieren mehrere Grenzsteine und spazieren direkt zurück zu unserem Ausgangspunkt am Johanniskreuz.

Staatsforst
Scheidwald
48
Dt. Alleenstraße
516
Antonihof
438
Ätzenläufe
466
Mückenberg
398
Neuhof
Großes Scheidtaler Eck
481
Gr. Scheidtal
Mückenwie
Gr. Schwanenberg
Speßberg
Gr. Schwanental
386
Kleines Scheidtaler Eck
497
Kl. Scheidtal
296
Speyerbrunn
470
339
Albrechts-kiefer
Holzeck
519
483
Schwarzen-eck
Speyerbrunner Eck
Gr. Holztal
361
Schwarzbach
Schacher
Ehetal
15
Johanniskreuz
Haus d. Nachhaltigkeit
Vord. Loch
417
Lönshütte
Kleiner Rothenberg
Kurhaus
Erlenbach
557
373
Zwickental
Schmalebene
Hochstraße
Labundiseck
528
Mitteleiche
380
Hint. Loch
491
Hindenburg-kiefer
Locheck
571
Schindhübel
Blattb
551
Staatsforst
Johanniskreuz
Gambsbuche
543
Schlangenberg
Steinberg
372
585
Birkeneck
Pferdsbrunnen
Hainbuchental
Teufelsbrunnen
Pferdsbrunner Eck
Erlental
Eschkopf
Teufelsloch
520
Hochstraße
Holzklinger
529
Dt.-Alleenstraße
Ebene
516
495
Hoher Heltersberg
48
Ramschel
Mosisberg
Großkirchtal
366
Ramschel
Erhardsbuche
Preußenstein
Kirchberg
Bastenfels
Kleinkirchtal
469
360
Mosisklause
Wilhelm-Löw-Eiche
Saukopf
405
Löffelsbrett
Schleifeneck
440
Dt.-Franz.-Touristikroute
421
Dt.-Franz.-Touristikroute
320
Mühlenberger Ebene
Häusel
Fassenteich
520
0 500 m
Hinterer Blosenberg
552
424
Hofstätten
298

Tour 15

Aussichtstour 15

Auf den Eschkopf

Ins Biosphärenreservat des Pfälzerwaldes

DAUER	3h 30min
LÄNGE	12,3 km
HÖHENMETER	440 hm
SCHWIERIGKEIT	LEICHT
MIT ÖPNV ERREICHBAR	ja

Das erwartet dich ...

Neben Wald- und Forstwegen wandern wir über schmälere Waldpfade und auch kurze, asphaltierte Abschnitte. Dabei präsentieren sich die artenreichen Mischwälder, sonnigen Wiesentäler und mächtigen Felsentürme besonders eindrucksvoll. Auf dem Eschkopf erwartet uns mit dem Ludwigsturm ein ganz besonders schöner Aussichtspunkt, der uns herrliche Blicke über die Frankenweide gewährt.

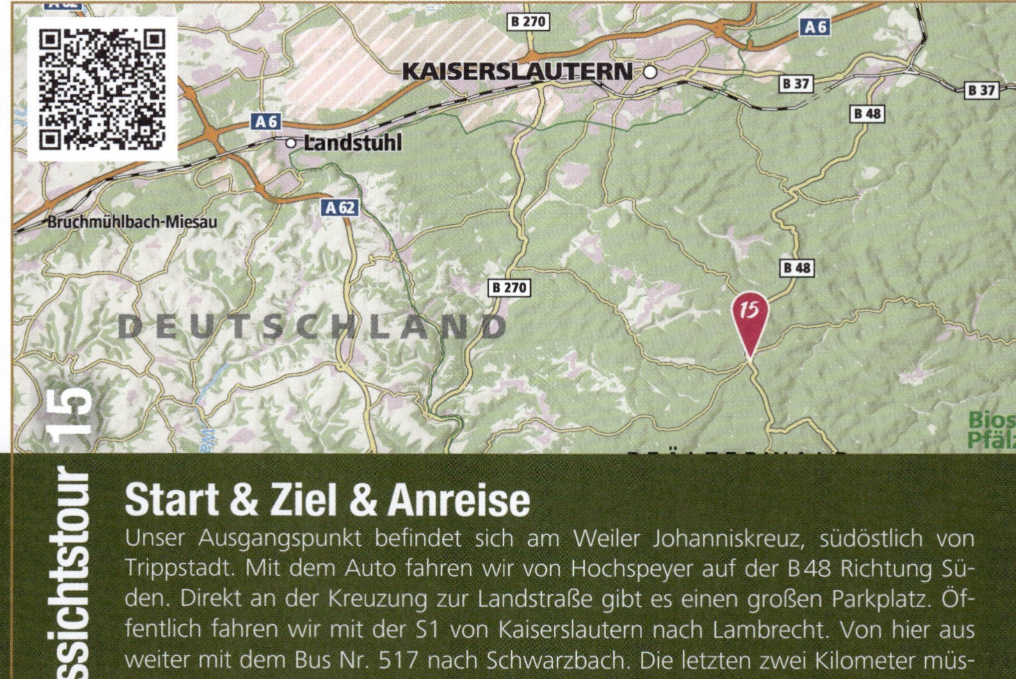

Aussichtstour 15

Start & Ziel & Anreise

Unser Ausgangspunkt befindet sich am Weiler Johanniskreuz, südöstlich von Trippstadt. Mit dem Auto fahren wir von Hochspeyer auf der B48 Richtung Süden. Direkt an der Kreuzung zur Landstraße gibt es einen großen Parkplatz. Öffentlich fahren wir mit der S1 von Kaiserslautern nach Lambrecht. Von hier aus weiter mit dem Bus Nr. 517 nach Schwarzbach. Die letzten zwei Kilometer müssen wir zu Fuß zurücklegen.

Tourenbeschreibung

Die herrlichen Wälder im Biosphärenreservat Pfälzerwald mit ihren erhabenen Felsformationen und romantischen Burgruinen sorgen im größten, zusammenhängenden Waldgebiet Deutschlands für eine einzigartige Atmosphäre. Wegen seines besonderen Vorbild- und Modellcharakters erkannte die UNESCO den Pfälzerwald 1992 als Biosphärenreservat an, seit 1998 bildet er gemeinsam mit seinem französischen Partner, dem Naturpark Nordvogesen, das einzige grenzüberschreitende Biosphärenreservat Deutschlands.

Wir starten am großen Parkplatz beim Johanniskreuz. Unser Weg führt uns zunächst links in den Wald. Das blaue, rote und grüne Kreuz führen uns auf einem schmalen, grasbewachsenen Weg an Grenzsteinen vorbei. An der B48 halten wir uns rechts. Ein kreuzender Forstweg leitet uns bis zu einem breiten Kiesfahrweg, auf dem wir nach links weiterwandern. Zurück an der Straße folgen wir ihr auf dem markierten Pfad, bald über die Straßenkreuzung an der L496 hinüber. Nach ein paar Hundert Metern auf der B48 biegen wir rechts in einen geschotterten Weg ab. An der nächsten Weggabelung halten wir uns links auf einem grasigen Weg zur nächsten Wegteilung. Auch hier halten wir uns links und wandern am Waldrand entlang hinauf. Stets rechtshaltend erreichen wir schließlich den Eschkopf-Turm.

Eine steile Wendeltreppe führt auf die Aussichtsplattform. Gegenüber dem Turmeingang spazieren wir auf schmalem Pfad mit rotem Kreuz wieder in den Wald hinein. An der nächsten Weggabelung verlassen wir unsere Markierung und folgen dem breiten Weg links bis zu einer Unterstandshütte oberhalb der Straßenkreuzung. Wir queren die Straße, gehen kurz nach links entlang der B48 und biegen dann nach rechts auf einen schmalen Waldpfad ab. Er leitet uns ein wenig ausgesetzt am Waldhang entlang hinab. An einem breiten Forstweg flacht die Route ab und schlängelt sich am Hang entlang hinab, bis wir an einer Verzweigung und einem asphaltierten Wegabschnitt stehen.

Nach Querung des Baches geht's links zu den Häusern von Erlenbach. An ihrem Ende biegen wir scharf links ab. Das grün-gelbe Kreuz leitet uns am Ende des asphaltierten Weges weiter. Wir überqueren zwei Forstwege und steigen durch den Wald empor. An einer Kreuzung bleiben wir geradeaus, dann senkt sich der Weg. Wir halten uns zunächst links, dann geht's in einer Rechtskehre auf einem einmündenden Forstweg hinunter zu einer Straßenkreuzung. Wir queren sie nach rechts und stehen kurz darauf wieder am Johanniskreuz.

Autoren Tipp

Das Haus der Nachhaltigkeit ist ein herrlich im Grünen gelegenes Umwelt-Haus. Es bietet ganzjährig interessante und informative Ausstellungen und Veranstaltungen zum Thema „Nachhaltiger Lebensstil" an. Der großartige Kräuter- und Obstgarten, Kletterbäume und etliche Skulpturen machen schon den Außenbereich zu einem sehenswerten Ausflugsziel. Das Umwelt-Haus liegt nur wenige Hundert Meter nördlich vom Ausgangspunkt, direkt an der B48.

Unser
Highlight

48
Mosisberg
Jägerhübel
484
Ramschel
Erhardsbuche
Preußenstein
Bastenfels
Wilhelm-Löw-Eiche
Saukopf
360
Mosisklause
469
405
Löffelsbrett
Dt.-Franz.-Touristikroute
Langeck
421
Flachsbrunnen
320
Mühlenberger Ebene
Häusel
Fassenteich
525
Hinterer Blosenberg
424
Großeck
552
Langes Tal
Hofstätten
298
Vorderer Blosenberg
Albersweiler
342
565
Hofberg
Sieben Buchen
Hortenkopf
481
606
Stammberg
543
Wald
Annweiler
Forsthaus Annweiler
506
439
Eiterberg
Fausthansen-eck
Holländer Klotz
Geiskopf
471
241
Stadtwald
Weißenberg
Dt. Alleenstraße
607
Naturpark
Luitpoldturm
Schneiderwoog
368
Kälberteich
Hahnenhütte
Kirschfels
Luitpoldstein
465
Wernagel
Gr.Lehnteich
Windsloch
Dreiherrenstein
397
530
Kullmannstal
224
Zwieselkopf
Hermersbergerhof
Rindenbühl
Kaltenbach
446
406
Niedertal
Staatsforst
479
280
252
48
Pfälzerwald
364
Kunzental
Nasse Ebenung
214
308
370
Meisenhalde
Katzenkopf
553
Langeck
Hahnental
Bei den drei Felsen
Staufelkopf
462
Wilgartsburg
384
Breiteneck
Rappenkopf
Göckelberg
412
204
223
435
Kleiner Horberg
Hinterweidenthal
0 500 m
Ruheforst
Großer Breitenberg
Am Kopf
456
419
10

Aussichtsreiche Felsentour zwischen Hermersbergerhof und Annweiler

DAUER	6h 45min
LÄNGE	19,8 km
HÖHENMETER	755 hm
SCHWIERIGKEIT	MITTEL
MIT ÖPNV ERREICHBAR	nein

Das erwartet dich ...

Mit dem Luitpoldturm und dem Kirschfelsen erwarten uns gleich zwei tolle Aussichtspunkte. Dorthin führen uns breite Wald- und Forstwege, schmälere Waldpfade und auch einige kurze, asphaltierte Abschnitte. Der Pfad im Anstieg zum Kirschfelsen ist ein wenig verwachsen. Vorsicht beim Abstieg – dort warten einige steile Passagen!

Aussichtstour 16

Start & Ziel & Anreise

Unser Ausgangspunkt ist der Parkplatz „Am Zwiesel" an der B48. Mit dem PKW erreichen wir ihn von Annweiler am Trifels über die Bundesstraße. Der Parkplatz befindet sich ca. 4 km hinter Rinnthal, auf der B48 Richtung Hochspeyer. Auf die Abzweigung zum Forsthaus Annweiler achten. Ein weiterer Wanderparkplatz befindet sich an der Fischerhütte ASV Annweiler. Dafür folgen wir der Straße am Holzlagerplatz „Am Zwiesel" vorbei, gut einen Kilometer ins Kaltenbachtal.

Tourenbeschreibung

An der Infotafel beim Parkplatz „Am Zwiesel" richten wir uns zunächst nach dem Schild „Hermesbergerhof". Wir spazieren über eine Holzbrücke und biegen gleich nach Waldeintritt mit der rot-weißen Markierung rechts ab. Ein ausgeholzter Pfad leitet uns an einer Höhle vorbei, dann steigt er über dem Kaltenbach und der Straße zum Forsthaus Annweiler an. Die Triftweg-Markierung führt uns auf einem breiten Kiesfahrweg, dann biegen wir rechts ab und gelangen über eine Wiese hinunter zu einem Holzsteg.

Es geht über den Bach hinüber und an der Fischerhütte vorbei. Das asphaltierte Sträßchen leitet uns kurz nach links bis an eine Wegteilung. Wir halten uns abermals links, um auf einem Kiesweg weiter am Bachlauf entlangzuschlendern. Nach einer weiteren Bachüberquerung wandern wir mit dem Bachlauf nach rechts. Wir steigen bergan und überwinden ein paar Felsstufen, dann stehen wir an einem

Forstfahrweg. Pfade und Forstwege bringen uns nun stetig erst über den Waldhang, dann in den Wald empor. Dabei richten wir uns nach der Markierung Hermesbergerhof. An einer Wegspinne und einem gemauerten Häuschen wandern wir weiter geradeaus, vorbei am Wegpunkt „Im großen Heideneck" und gleich danach an einem 2003 angelegten Hain mit schöner Raststelle. Nur wenige Meter später machen wir nach links einen Abstecher zum Triflesblick.

Zurück auf der Route wandern wir weiter geradeaus bis nach Hermesbergerhof. Wir schlendern durch den kleinen Ort, am Landgasthof Luitpoldsturm vorbei. Am Ortsende schwenken wir nach rechts und verlassen den Asphalt nach rechts Richtung Luitpoldturm. Ein zuletzt wurzeliger Pfad führt uns wieder zur Straße und zum Dreiherrenstein. Wir lassen die Straße hinter uns und folgen einem wurzeligen Pfad sanft hinauf zum Luitpoldstein, an dem sich ein Parkplatz und auch ein paar Rastbänke befinden. Nach einem kurzen, asphaltierten Abschnitt wandern wir auf sandigem Weg weiter hinauf zum Luitpoldturm. Hier genießen wir erst einmal die tolle Rundumsicht, bevor wir uns mit der blau-roten Markierung auf den Weiterweg machen.

Wir spazieren am Turm vorbei und über einen grasigen Weg in den Wald. Es geht leicht bergab und über einen Pfad. Dann schlendern wir links entlang der Straße zu einem großen Parkplatz am Holländerklotz. Ein paar Meter nach dem Parkplatz folgen wir der ersten Möglichkeit rechts auf einen Forstweg. Wir wandern an mehreren Grenzsteinen vorbei. Beim letzten biegen wir rechts ab und gehen sanft auf und ab auf einem breiten Weg, der bald immer schmäler wird. Die blau-rote Markierung führt uns zu einer Kiesstraße am Wegpunkt Blosenberg. Wir verlassen sie kurz darauf nach links hinunter nach Hofstätten. Über die Hohl- und die Ortsstraße schwenken wir links in den Dammweg und verlassen den Ort über Wiesen leicht ansteigend Richtung Wald. Wir schlendern am Festplatz samt einer großen Hütte vorbei und treten wieder in den schönen Wald ein. Der Weg steigt erst an, dann fällt er immer stärker ab. Zuletzt führt er uns über eine Kuppe zum Forsthaus Annweiler. Im gemütlichen Biergarten auf der sonnenverwöhnten Terrasse können wir eine kleine Pause einlegen.

Wir spazieren mit der Markierung Nr. 3 weiter Richtung Kirschfels. Die Route führt durch den Wald, über eine kleine Lichtung und danach rechts hinab. Ein grasiger, teils verwachsener Pfad umrundet den Kirschfels. Hier steht eine spektakuläre, hölzerne Aussichtstribüne bereit, von der aus wir das herrliche Panorama genießen können. In Kehren wandern wir den Waldhang hinab. Dem kreuzenden Forstfahrweg folgen wir nach rechts, dann biegen wir bei einer Hütte links ab. Nur 100 Meter später biegen wir wieder rechts ab und traversieren den Waldhang hinunter. Ein schmaler Pfad leitet uns zum Ende hin auf und ab, an einer Aussichtsbank vorbei und dann steil hinunter zum Parkplatz „Am Zwiesel".

17

N
Weigandsbr.
Heidenbrunner Tal
Königsberg
421
Vorgeschichtliche Steinwälle
Eremitage
Hünenstein
39
246
Breite Loog
Neustädter Stadtwald
Hohberg
512
Heidenloch
207
Zigeunerfelsen
Langes Eck
455
Königsmühle
362
Hermannfels
Höllischtal
Kalter Brunnen
Kaltenbrunnerhütte
Nollenkopf
Bischofsweiher
Platte
561
Windloch
Finstertal
Kaltenbrunner Tal
Tiefental
Hirschtal
296
Speierheld
Hellerhütte (PWV)
474
378
Hirschtalqu.
Kühungerquelle
Sternberg
511
Jakobshütte
Teufelskehl
Hohe Loog
Bergstein
Sternbergquelle
Hohe-Loog-Haus (PWV)
618
Michelsqu.
Alte Ringwa
Stadtwald
567
532
Studerbildschacht
Zwergberg
Sühnekreuz
Studerbild
582
Burgschänke
(Ruine Maxbu
Studerbildkopf
479
Oberscheid
Bildstein
Sommerseite
Klausental
Alte Steig
Totenkopfhütte (PWV)
Suppenschüsselqu.
Hambacher Schlo
514
Totenkopf
Taubenkopf
Sommerberg
558
673
502
Wetterkreuz
Rothsohlberg
Kalmithaus (PWV)
Kalmit
225
NSG
Johannesbr.
Hüttenhohl
Klausentalhütte (PV
Kronfelsen
Kalmitstraße
603
Wetterkreuzberg
430
244
Langenkopfqu.
Felsenmeer
Schafkopf
617
309
Totenkopf-Höhenstraße
Alsterweile
Wolselquelle
Hüttenberg
Breitenberg
Kirchquelle
545
Rasthaus a. d. Fichten (PWV)
335
Wolsel
H
Haus a. Weinberg
17
Sandwiesenweiher
Wetzbr.
Hüttenbr.
Wappenschmiede
St. Martin
Morschenberg
Frankenbr.
586
574
St. Martiner Hütte
Schwalbenfelsen
212
Hochberg
Bellachinibr.
Frauenbr.
Naturfreundehaus am Steigerkopf
396
Edenkobener Hütte (PWV)
Mariengrotte
Sankt Ottilia
334
Kropsburg
Hüttenbrunnen
583
Innungsstein
NSG
Weerlinsenbr.
Schraußenberg
Hundsbr.
Halschberg
Bismarckplatz
560
Edenkobener
314
Stadtwald
Schenkenbr.
Kohlplatz
Friedensdenkmal
Kesselberg
545
663
466
Querenberg
Hirschwasser
B
Wappenschmieden
EDENKOBE
Waldhaus
Nellohütte
Vordermühle
ehem. Kloster
Hotel Prinzrege
Meisenbr.
200
Triefenbach
Rosengärtchen
Kammertbau
Sieben Quellen
591
557
Rietburgbahn
Amicitiahütte
Villa Ludwigshöhe
Frankenberg
Ruine Rietburg
Ludwigshöhe
"Schöner Punkt"
Rietaniahütte
Alte Rebschule
Blättersberg
Kastenberg Rebschule
Luitpoldslinde
300
Modenbach
Weyher in der Pfalz
Ludwigsturm
Dt. Weinstraße
258
0 500 m
Rhodt unter Rietburg
256
Neuer Brunnen
Jehannesbr.
NSG
Schweizer Haus (PWV)

Auf den Kalmit

Zum höchsten Punkt im Pfälzerwald

DAUER	5h
LÄNGE	16,5 km
HÖHENMETER	650 hm
SCHWIERIGKEIT	MITTEL
MIT ÖPNV ERREICHBAR	nein

Das erwartet dich ...

Bei dieser Wanderung erklimmen wir den höchsten Punkt des Pfälzerwaldes. Mit 673 Metern erhebt er sich über den Weinort Maikammer und ist damit ein Teil seines Gemeindewaldes. Unterwegs führen uns breite Wald- und Forstwege und schmälere Waldpfade. Vorsicht ist hier geboten, teilweise sind sie recht steil, felsig und wurzelig. In Ortsnähe passieren wir kurze asphaltierte Abschnitte. Mit dem Kalmithaus erwartet uns als erste und älteste Wanderhütte der Region eine urgemütliche Einkehr.

17 Waldtour

Start & Ziel & Anreise

Unser Ausgangsort ist St. Martin. Von hier sind es nur wenige Minuten zum radweg. Mit dem PKW geht's aus nördlicher und südlicher Richtung über die A65 bis zur Ausfahrt Edenkoben. Von hier aus fahren wir über Edenkoben und die L514 nach St. Martin. Der Parkplatz liegt im Riedweg, bzw. im Kropsbachweg beim Consulat des Weines. Vom Hauptbahnhof in Neustadt an der Weinstraße fährt der Bus Nr. 501 nach St. Martin.

Tourenbeschreibung

Wir starten beim Consulat des Weines in St. Martin. Der Riedweg und die Hornbrückestraße bringen uns nach rechts zur Maikammerer Straße. Hier folgen wir der grün-weißen Markierung links herum und spazieren von der Tanz- in die Emserstraße. Sie geht in die Einlaubstraße über und leitet am Ende des Ortes als Kiesweg weiter. Nach dem Waldeintritt passieren wir den Bellachini-Weiher und wandern auf schmalem Pfad knapp oberhalb des Kropsbaches. Nach dem Hollerbrunnen queren wir den Bach, dann richten wir uns an der Straße nach der grün-weißen Markierung. Links der Straße steigt der Pfad an einem Holzgeländer an. Am Ende des Waldes treffen wir auf eine Straße und dem Parkplatz beim Rasthaus an den Fichten.

Wir überqueren den Parkplatz und folgen einem schmalen Pfad nach links in den Wald hinauf. Der Weg wird steiler und führt uns mit der Beschilderung des Auerochsenweges zu einem Sattel mit der St. Martiner Schutzhütte. Sanft steigt der nun breite Forstweg mit der grün-weißen Markierung durch den lichten Wald hinauf zur Fronbaumhütte. Wir biegen scharf rechts ab und folgen dem schwarzen Punkt zu einer Straßenkreuzung hinab. Linkerhand geht's dann zum Wanderparkplatz Hüttenhohl.

Die weiß-grüne Markierung schickt uns hier rechts auf einen schmalen Pfad in den Wald hinauf. Nach einem Stein mit der Gravur „Felsenmeer" wandern wir hinauf zur Hüttenberghütte, die uns mit einem schönen Aussichtspunkt erwartet. Die Route führt uns scharf nach links weiter. Dann geht's relativ flach am abfallenden Waldhang entlang. Die Felsen mehren sich, nicht umsonst befinden wir uns hier im „Felsenmeer". An seinem Ende spazieren wir durch eine Senke, dann steigt der wurzelige Pfad wieder an. An einer Verzweigung halten wir uns links hinauf zu einem Parkplatz. Wir queren ihn und folgen ein paar Steinstufen in den Wald hinauf. Wenig später sehen wir links von uns den Sendemast. Jetzt sind es nur noch ein paar Meter zur Ludwigshafener Hütte und zum Kalmitturm samt Haus.

Nach einer gemütlichen Einkehr machen wir uns auf den Rückweg. Wir steigen eine Treppe hinab. Nach dem Gefallenen-Denkmal wird der Pfad steiler und überquert einen kreuzenden Waldweg. Kehren leiten uns den Waldhang hinab zur Kalmitstraße. Wir überqueren sie, schwenken jedoch gleich bei der nächsten Verzweigung nach links auf einen Abstecher zum Taubenkopf. Sein felsiger Gipfelkopf gilt mit 604 m als höchste Erhebung des Weinortes Diedesfeld an der Weinstraße.

Wir kehren zur Abzweigung zurück und halten uns an die grün-weiße Markierung. Sie leitet uns rechts hinab, um eine Linkskehre und zur Straße. Wir folgen ihr ca.100 Meter nach links, dann unterqueren wir sie durch einen Tunnel. Der Weg wird breiter und führt uns mit der grün-weißen Markierung am Waldhang entlang stets bergab. Rechts unter uns werden wir von einer kleinen Schlucht mit Bach begleitet. An der Straßenkehre mit Parkplatz halten wir uns rechts auf einen schmaleren Pfad. Wir überqueren den Bach, dann schlendern nach links an seinem Ufer entlang. Nach der Abzweigung Pfälzer Keschdeweg endet der Wald. Über eine Wiese geht's zu einem Sträßchen und dem Alster-Brunnen. Wir biegen rechts ab, überqueren einen Bach und folgen dem Rebsortenweg sanft hinauf durch die Weingärten.

Oben auf der Kuppe erwartet uns ein fantastischer Blick zum Hambacher Schloss. Ein paar Minuten später stoßen wir auf die Häuser von St. Martin. Über die Jahnstraße spazieren wir zur Totenkopfstraße. Hier halten wir uns links und folgen dann der versteckten Finsterlandstraße. Sie bringt uns zurück zum Ausgangspunkt in der Maikammerer Straße.

18

Stadtwald
561
Hellerhütte (PWV) 474
Jakobshütte
Teufelskehl
Stadtwald
Finstertal
Sternberg
511
Kühungerquelle
378
Hirschtalquelle
Speierheld
Hohe Loog
Hohe-Loog-Haus (PWV)
618
Sternbergquelle
567
Bergstein
284
Alte Ringwälle
532
Studerbild
582
Zwergberg
Bildstein
Sommerseite
Sühnekreuz
Burgschänke
Ruine Maxburg
Hambacher Schloss
Oberscheid
Alte Steig
514
Totenkopfhütte (PWV)
Totenkopf
558
Taubenkopf
Klausental
Sommerberg
502
Wetterkreuz
225
673
Kalmithaus (PWV)
Kalmit
NSG
Klausentalhütte (PWV)
Rothsohlberg
Hüttenhohl
Johannesbr.
Kronfelsen
Suppenschüssel
430
603
Kalmitstraße
Wetterkreuzberg
244
Schafkopf
617
Totenkopf-Höhenstraße
Felsenmeer
Hüttenberg
309
Alsterweiler
Woissquelle
Breitenberg
545
Kirchquelle
Rasthaus a. d. Fichten (PWV)
335
Wolsel
Sand-wiesenweiher
Wetzbr.
Gasthaus zur Kalmit
Morschenberg
Haus a. Weinberg
Wappenschmiede
Maikammer
586
St. Martiner Hütte
Schwalbenfelsen
212
18
Naturfreundehaus am Steigerkopf
Hochberg
Frauenbr.
Obere Mühle
Obere Ölmühle
Edenkobener Hütte (PWV)
Mariengrotte
396
Sankt Ottilia
334
St. Martin
Kropsburg
Hüttenbrunnen
NSG
Innungsstein
583
Schraußenberg
207
Halschberg
560
Edenkobener
Bismarckplatz
314
Stadtwald
Kesselberg
663
Kohlplatz
466
Querenberg
Friedensdenkmal
Museum f. Wein
Wappenschmieden
NSG
Waldhaus
Vordermühle
Nellohütte
ehem. Kloster
Hotel Prinzregent
200
Kammerbau
Hotel Pfälzer
Rosengärtchen
Sieben Quellen
591
Rietburg
Frankenberg
Amicitiahütte
Rietburgbahn
Villa Ludwigshöhe
Ludwigshöhe
EDENKOBEN
Ruine Rietburg
"Schöner Punkt"
Alte Rebschule
Rietaniahütte
Kastenberg Rebschule
Luitpoldslinde
Blättersberg
Weyher in der Pfalz
Haus
Ludwigsturm
258
Rhodt unter Rietburg
Dr.-Alleenstraße
Dt. Weinstraße
Neuer Brunnen
256
Edesheim
Edes-heimer
Schweizer Haus (PWV)
NSG
Mariengrotte
Linsenberg
Buschmühle
199
Josephkapelle
Dreimärker
Lambertskopf
544
Forsthaus Wolfseck
Hainfeld
Erlenmühle
Modenbach
Wald
Burrweilermühle
0 500 m
Mittelmühle
175
Eckel
Burrweiler
Teufelsfelsen
Wetterkreuz
St. Anna-Hütte (PWV)
232
Deutsche Weinstraße

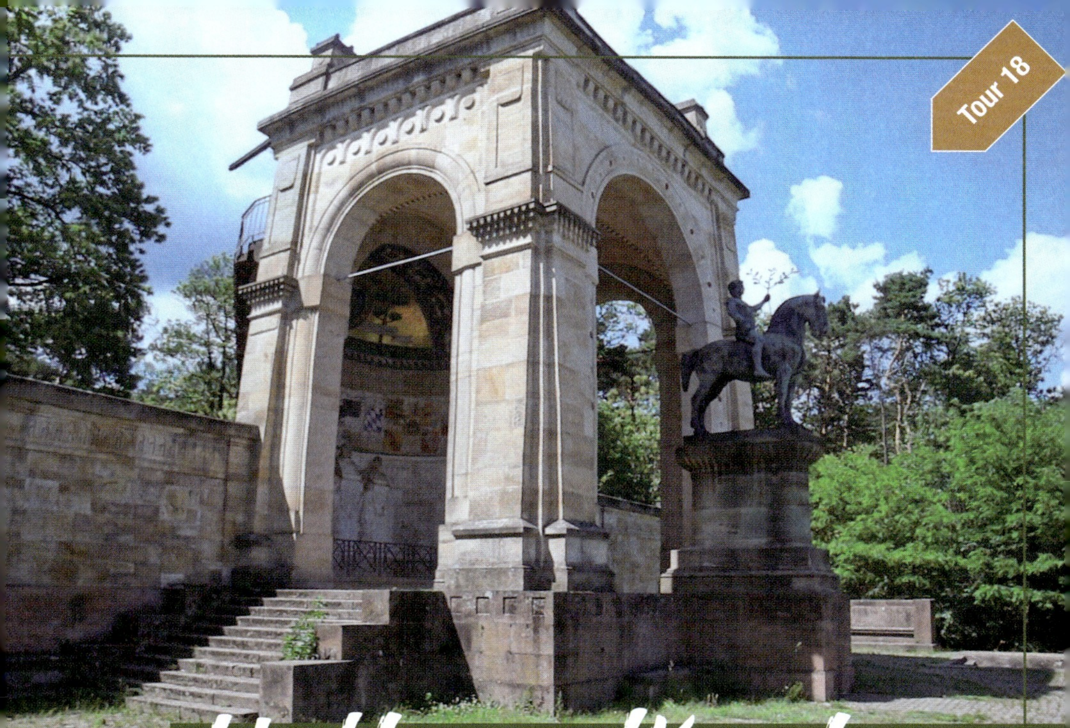

Tour 18

18

Naturtour

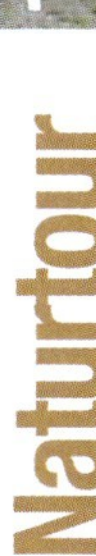

Hochberg und Kropsburg

Aussichtsreiche Natur- und Kulturrunde

DAUER	4h 45min
LÄNGE	15 km
HÖHENMETER	625 hm
SCHWIERIGKEIT	MITTEL
MIT ÖPNV ERREICHBAR	ja

Das erwartet dich ...

Kehrenreiche Waldpfade führen uns auf den Dichterhain. Mit ihm wurde 1929 zu Ehren dreier Pfälzer Dichter, die sich um St. Martin verdient gemacht haben, ein Denkmal errichtet. Danach führen uns breite Forst- und Waldwege, und auch einige Pfade und asphaltierte Abschnitte zur Kropsburg, an der uns eine gemütliche und kulinarisch ausgezeichnete Einkehr erwartet. Unterwegs genießen wir immer wieder herrliche Ausblicke auf die scheinbar endlosen Wälder des Pfälzerwaldes.

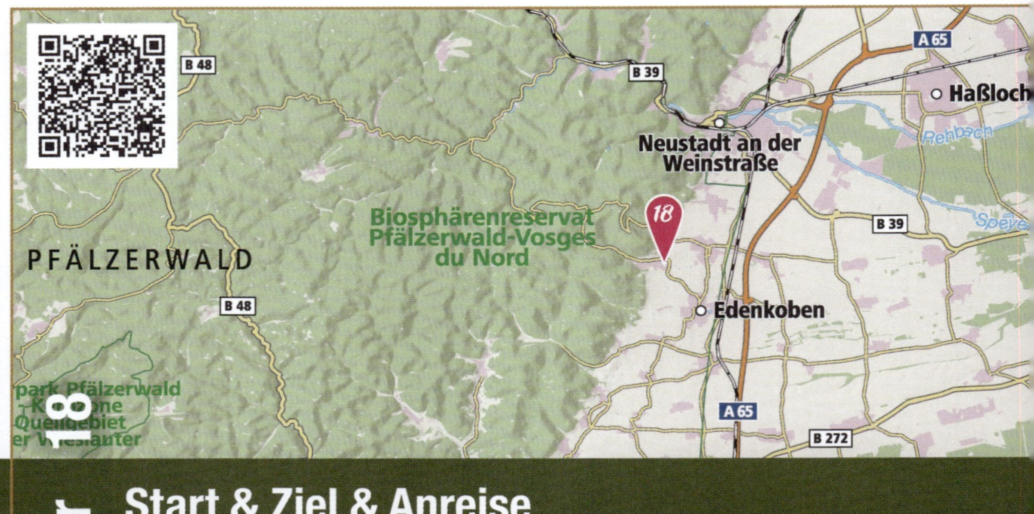

Naturtour 18

Start & Ziel & Anreise

Unser Ausgangsort ist St. Martin. Mit dem PKW geht's aus nördlicher und südlicher Richtung über die A65 bis zur Ausfahrt Edenkoben. Von hier aus fahren wir über Edenkoben und die L514 nach St. Martin. Der Parkplatz liegt im Riedweg, bzw. im Kropsbachweg beim Consulat des Weines. Vom Hauptbahnhof in Neustadt an der Weinstraße fährt der Bus Nr. 501 nach St. Martin. Von hier aus sind es nur wenige Minuten zu Fuß zum Riedweg.

Tourenbeschreibung

Vom Consulat des Weines spazieren wir über den Riedweg und die Hornbrückestraße nach rechts zur Maikammerer Straße. Hier folgen wir der grün-weißen Markierung nach links und spazieren von der Tanz- in die Emserstraße. Sie geht in die Einlaubstraße über und leitet am Ende des Ortes als Kiesweg weiter. Nach dem Waldeintritt passieren wir den Bellachini-Weiher, an dem wir scharf links abbiegen. Mit dem Weinsteig-Zeichen steigen wir steil auf einem Pfad bergan. Wir überqueren einen breiteren Weg, lassen den Bellachini-Brunnen hinter uns und schwenken dann scharf nach links zu einer Schutzhütte. Noch vor der Hütte geht's nochmals links und in steilen Kehren den Waldhang hinauf. Von Felsen begleitet erreichen wir den Dichterhain. Hier wurde das Relief dreier Pfälzer Dichter in den Fels gehauen: Lina Sommer, Fritz Claus und August Heinrich.

Der Weg beschreibt eine Linkskehre und steigt dann sanft zu einer weiteren Kehre am St. –Ottilia-Kreuzweg an. Rechts leiten uns ein paar Stufen zu einem Kreuz und der St.-Ottilia-Statue hinauf. Wir passieren sie und richten uns nach der Markierung Nr. 1 Richtung Hochberggipfel. Wir steigen mäßig bergan, vorbei an den Schornsteinfelsen, an denen wir einen herrlichen Blick genießen. Dann schwenken wir nach links und erreichen den Gipfel des Hochbergs, das Steinerne Köppel.

Ein unmarkierter, aber doch gut sichtbarer Pfad schlängelt sich am Steingipfelhaufen vorbei durch den Fels hinab. An einer Wegverzweigung halten wir uns scharf rechts, dann traversieren wir am sanft abfallenden Waldhang moderat hinunter. Wir kreuzen einen Forstfahrweg und richten uns nach dem schmalen Pfad. Er leitet uns zu einem breiteren Forstweg, der uns schließlich zur Hesselbachhütte bringt. Die Markierung schickt uns in einem spitzen Winkel nach links. Sanft steigen wir durch den Wald hinab bis zur Wegposition Friedensdenkmal. In einem kurzen Abstecher nach rechts erreichen wir das Denkmal und die Waldgaststätte und genießen einen Augenblick das herrliche Panorama auf der Aussichtsplattform.

Zurück an der Verzweigung gehen wir nach rechts, am Parkplatz vorbei und in den Wald. Nach einer Linkskehre passieren wir die Position Westlicher Bismarckplatz und steigen weiter geradeaus hinauf. Zehn Minuten später flacht der Weg ab. Bei der Position Hundsbrunnen halten wir uns links. Die Nummer 1 leitet uns in den Wald hinauf. Nach der Abzweigung zum Schornsteinfelsen fällt der Weg leicht ab, dann stehen wir an der bereits bekannten Position St.-Ottilia-Kreuzweg.

Wir lassen uns von dem felsigen Kreuzweg nach rechts führen. Es geht steil hinab. Nach einem kurzen Abstecher nach links zur Mariengrotte folgen wir dem Stationenweg weiter bergab, bis wir den Asphalt erreichen. Nach links geht's in wenigen Schritten zur Kropsburg. Noch vor dem Eingang zur Burg schlendern wir auf dem grob asphaltierten Weg hinunter nach St. Martin. Nach einem überdachten alten Wagen mit Weinfässern führt uns ein gepflasterter Weg an Reben entlang zu den ersten Häusern. An der Emserstraße stoßen wir wieder auf unseren Hinweg. Auf bekannter Route schlendern wir zum Consulat des Weines zurück.

19

Waltersberg
Drenselberg
524
557
Frankenberg
Amicitiahütte
591
Ruine Rietburg
"Schöner Punkt"
Rietaniahütte
Blättersberg
279
Nonnental
Ruine Modeneck
Modenbacherhof
300
Wochenend-
häuser
442
Hühnerberg
Rambergschenke
Ruine Ramburg
Ramberger Waldhaus (PWV)
256
Neuer Brunnen
Ludwigsturm
Weyher in der Pfalz
NSG
Schweizer Haus (PWV)
Mariengrotte
Edes-
heimer
Wald
Ramberg
Bürstenbindermuseum
Roßberg
Dreimärker
Lambertskopf
544
Forsthaus Wolfseck
Buschmühle
Modenbach
Burrweilermühle
328
Ruine Neuscharfeneck
Wochenendhäuser
Mariengrotte
Kalkofenberg
565
Sanatorium Eußerthal
Burrweiler
Teufelsfelsen
Wetterkreuz
St. Anna-Hütte (PWV)
232
Teufelsberg
St. Anna-Kapelle
Landauer Hütte (PWV)
309
Hubberg
383
Annaberg
Hütte Trifelsblick (PWV)
Dt. Ofenmuseum
NSG
Dernbach
196
Dernbacher Haus
Orensberg
Eischkopf
387
Hist. Walddusche
Sanatorium Badstraße
Gleisweiler
Papiermuseum
474
Eichberg
422
221
Orensfelsen
Hainbachtal
NSG
189
Frankweilermühle
Ringelsberghütte (PWV)
Vogelstockerhof
240
248
Ringelberg
Frankweiler
ehemalige Schießstände
450
245
175
Rehköpfchen
Langenscheiderhof
St. Johann
NSG
Wochenend-
häuser
NSG
221
Haus Hoecker
226
Schneckenberg
Röthenhof
Am Rothenhof
Deutsche Weinstraße
Neumühle
Queich
Geilweilerhof
Hübelberg
Am Bahnhof Albersweiler
Rebzuchtstation
QUEICH-
HAMBACH
Gut Hohenberg
Albersweiler
161
Johanneshof
Siebeldingen
Marienfelderhof
NSG
10
157
Ziegelhütte
451
Birkweiler
Kanalmühle
Queich
Kindingermühle
10
Hohenberg
556
Rauhberg
Am Wald
Wüstung
Servlingen
Kolpinghaus
Dt. Alleenstraße
Dt. Weinstraße
344
Ranschbach
211
202
Ranschbach
0 500 m
318
530
ARZHEIM

Burgentour 19

Auf den Orensberg

Keltische Relikte und mittelalterliche Ruinen

DAUER	4h 15min
LÄNGE	14 km
HÖHENMETER	655 hm
SCHWIERIGKEIT	MITTEL
MIT ÖPNV ERREICHBAR	ja

Das erwartet dich ...

Breite Wald- und Forstwege führen uns auf den Orensberg und zu den Orensfelsen. Auf ihnen befindet sich eine Felskanzel mit herrlichem Rundblick über den südlichen Pfälzerwald und Blick über Annweiler auf die Ruinen Münz, Annebos und Trifels sowie einenweiten Blick in die Rheinebene. Gerade im Bereich der Felsen wandern wir über schmale, teils steilere Waldpfade. Mit der Landauer Hütte haben wir eine tolle Einkehr unterwegs.

Burgentour 19

Start & Ziel & Anreise

Unsere Runde beginnt in St. Johann bei Albersweiler. Von Landau in der Pfalz fahren wir über die B 10 nach Siebeldingen. Von hier aus geht es auf der Weinstraße über Albersweiler zum Ausgangsort. Parkmöglichkeiten gibt es am Ortseingang. Ein alternativer kleiner Parkplatz befindet sich am Ende der Schlossstraße. Vom Hauptbahnhof Landau in der Pfalz geht's mit der Regiobahn im Stundentakt nach Albersweiler.

Tourenbeschreibung

In St. Johann spazieren wir über die Schlossstraße am Schloss Löwenstein vorbei und bei den letzten Häusern hinauf zum Ende des Asphalts. Beim Wanderparkplatz halten wir uns links auf einen schmalen Pfad Richtung Orenfelsen. Die Route zieht sich recht steil am Waldhang empor. Nach einem kreuzenden breiten Weg erreichen wir ein asphaltiertes Sträßlein. Wir folgen ihm kurz nach links bis zu ein paar Sitzbänken. Hier biegen wir rechts auf einen Pfad ab. Er ist mit der Nummer 1 gekennzeichnet. Mit einem schönen Blick hinüber zur Trifels und teils etwas ausgesetzt geht es über Felsplatten am Hang entlang. Wir stoßen auf den Keschdeweg und verlassen ihn in einer Kurve geradeaus. Die Nr. 1 leitet uns sanft hinauf zu einer Wegkreuzung, an der wir halb rechts Richtung Orensfelsen abbiegen. Wenig später stehen wir am Naturfreundehaus Kiesbuckel.

Richtung links wandern wir auf einem ansteigenden Pfad in den Wald hinauf. Nach ein paar Stufen treffen wir auf einen kreuzenden Pfad. Hier halten wir uns rechts und wandern nun relativ lang in sanftem Anstieg am Waldhang entlang. Wir überqueren mehrere Forstwege, dann halten wir Ausschau nach dem Weinsteig-Zeichen. Es schickt uns gemeinsam mit dem schwarzen Punkt scharf nach links. Ein breiter Weg steigt an, die Felsen am Wegesrand mehren sich. Über ein paar letzte Stufen erreichen wir den Orensfelsen, eine mit einem Geländer gesicherte Aussichtskanzel.

Wir biegen vor den Felsen rechts ab, kommen auf eine Lichtung mit ein paar Aussichtsliegen und einer herrlichen Fernsicht. Nach dem als Fluggelände markierten Bereich steigt der breite Weg wieder an. Auf dem Scheitelpunkt gehen wir rechts kurz zum Orensberg, an dem uns ein Opferstein mit Blutrinne erwartet. Zurück an der Abzweigung halten wir uns rechts. Bei der nächsten Weggabelung steigen wir links hinab zum Zimmerplatz. Hier wartet auch schon die Landauer Hütte auf uns – ein schönes Plätzchen, um gemütlich einzukehren. Vorher besuchen wir jedoch noch die Ruine Neuscharfeneck. Ein breiter Forstweg führt links an der Landauer Hütte vorbei und in einer Viertelstunde zur nahen Burg.

Nach einer Einkehrpause wandern wir von der Landauer Hütte auf dem zweiten Weg links durch den Wald hinab. Zunächst etwas steiler führt uns die rot-weiße Markierung hinunter, über einen Forstweg hinüber und dann auf breiterem Pfad weiter bergab. Nach einem gefassten Brunnen folgen wir einem Bachlauf, dann biegen wir links auf einen Pfad ab. Er führt uns zur ausgeschilderten Historischen Walddusche.

Wir schlendern am linken Bachufer entlang auf leicht abfallendem Kiesweg. An der nächsten Weggabelung geht's links wieder leicht bergan. Nach dem Landhaus Hainbach treffen wir auf ein asphaltiertes Sträßchen. Wir biegen scharf rechts ein, schlendern an einem Haus vorbei und wandern durch eine Senke. Nach Querung des Hainbaches halten wir uns nach einem kurzen Anstieg links. Auf der Straße Steigerter Hof und der Ringelbergstraße wandern wir am Waldrand entlang Richtung St. Johann. Der Kiesweg macht eine scharfe Linkskehre, dann spazieren wir auf einem grasbewachsenen Weg weiter geradeaus. Unser Weg führt uns zwischen Wald und Reben hindurch und hinab zu einem gepflasterten Weg. Nach dem Hotel Berghof schlendern wir auf der Schlossstraße zu unserem Hinweg. Auf den letzten Metern zurück machen wir dann noch einen Abstecher nach links zu den Grabungen bei der mittelalterlichen Kirche von St. Johann.

444
Krappenfelsen
Schwörstein
Bürstenbindermuseum
Neubrunnen
Hainbachbrunnen
Forellenzuchtanstalt
Kaltenbrunnen
218
Lauberstal
518
Schweinswoog
Beutelsberg
Sanatorium
Eußerthal
437
Weihertal-
halde
220
Dürrental
Kneipenkopf
Walterskopf
462
Hubberg
383
Prestenberg
411 Sommerfels
Dernbach
196
232
Klosterkirche
Kleiner Eischkopf
Eischkopf
387
Meinstl
472
Eußerthal
408
Langberg
Langental
189
Vogelstockerhof
Kehrenkopf
Sommerfelsen
Waldeck
175
Franzosenkopf
397
Hasselkopf
463
254
Gräfenhauser-Tal
Kammstein
GRÄFENHAUSEN
Semmerstal
Mettenbacherhof
250
Rothenhof
Am Rothenhof
Queich
Jung-Pfälz-Hütte
Dingentalkopf
493
Rinnthal
188
Schmalbühler
Felsen
Großer Adelberg
338
QUEICH-
HAMBACH
Gut Hohenberg
426
Dt. Alleenstraße
Am Adelberg
Buchholzfelsen
SARNSTALL
Kl. Adelberg
484
Turnerheim
10
20
226
Schützenhaus
ANNWEILER
am Trifels
Hohenberg
556
Kaiserkanzel
318
Rimbach
Rödelstein
48
238
Kurpark
183
Staatsforst
Haus Vieregg
Sonnenberg
Burg Trifels
344
Rothenberg
Steinbruch
Klingelberg
Wachtfelsen
386
206
Knochenmühle
Ruine Anebos
Annweiler
530
Wernersberg
BINDERSBACH
Ruine Scharfenberg
(Münz)
Föhrlenberg
243
Klettererhütte
361
279
238
Ebersberg
462
Leinsweiler
Feriendorf
Sonnenberg
Wasgaublick
Staatsforst
Rehberg
Rehbergturm
Wetterberg
513
Am Tisch
Mittelberg
Hämmelberg
300
Annweiler
Wollmesheimer
Foßbühl
0 500 m
Kl.-Hahnstein
Schletterberg
355
St.Paulusstift
Völkersweiler
Wald
48

Aussichtstour 20

Zu den Krappenfelsen

Aussichtstour zur Annweiler Burgendreifaltigkeit

DAUER	3h 15min
LÄNGE	10 km
HÖHENMETER	385 hm
SCHWIERIGKEIT	MITTEL
MIT ÖPNV ERREICHBAR	ja

Das erwartet dich ...

Auf dieser Runde wandern wir auf breiten Forst- und Waldwegen. Aber auch schmale und manchmal steile Pfade säumen den Weg. Mit dem Krappenfelsen erwartet uns ein toller Aussichtspunkt am Pfälzer Weinsteig; herrliche Blicke über Trifels, die immergrünen Wälder des Pfälzerwaldes und in die Rheinebene sind garantiert.

Aussichtstour 20

Start & Ziel & Anreise

Unser Ausgangsort ist Annweiler am Trifels in der Bahnhofstraße. Sowohl von Westen wie auch von Osten erreichen wir den Ort über die B 10, über Pirmasens bzw. Landau in der Pfalz. Parkmöglichkeiten gibt es beim Bahnhof. Vom Hauptbahnhof. Landau geht's stündlich mit der Regiobahn nach Annweiler am Trifels.

Tourenbeschreibung

Vom Bahnhof in Annweiler spazieren wir auf der Bahnhofstraße zur Tunnelstraße. Auf ihr überqueren wir die Bahngleise, dann führt uns ein schmaler Pfad nach rechts, am Waldrand entlang. Schon bald treffen wir auf eine Weggabelung. Unsere Route leitet uns scharf links über ein paar steile Kehren den Waldhang empor. Über einen asphaltierten Abschnitt passieren wir einen Fußballplatz und das Turnerjugendheim.

Weiter geht's mit Augenmerk auf den Grimmeisenpfad mit dem Weinsteig-Zeichen. Wir verlassen den breiten Weg und wandern kehrenreich steil hinauf und auf schmalem Pfad am Waldhang entlang. An einer Steintreppe stoßen wir auf den Krappenfelsen. Es geht ein Stückchen nach rechts, dann leitet uns die Weinsteig-Markierung nach links. Wir steigen auf einem Pfad an, verlassen ihn jedoch rasch wieder nach rechts. Der Weg wird breiter und flacher. Nach einer Linkskurve traversiert er den Waldhang, bis er uns sanft hinab zur Holderquelle bringt. Wir wandern geradeaus weiter, an einer Unterstandshütte und einigen Infoschildern vorbei. Sie geben uns ein paar spannende Informationen über das Biosphärenreservat Pfälzerwald. Bald geht's an der Jung-Pfalz-Hütte mit großem Kinderspielplatz vorbei. Ein von Felsen gesäumter Waldpfad führt uns nach links und anschließend hinab. Er ist als Wildsauweg markiert. Nach der Unterquerung einer Stromtrasse schlendern wir an ein paar Grenzsteinen vorbei, dann schwenkt die Route an einer Kreuzung nach rechts Richtung Gräfenhausen. Einige Kehren leiten uns über einen weichen Waldpfad steil abwärts. Im Talgrund halten wir uns rechts und in sanftem Auf und Ab am Waldhang entlang. Treppen bringen uns schließlich zu unserer Linken etwas steiler hinunter. Dem breiten Weg unten folgen wir nach rechts. Unter uns sehen wir bereits die Häuser und den Sportplatz von Gräfenhausen.

Das Weinsteigzeichen führt uns auf einer asphaltierten Straße in den Ort hinab. Nach der Holderquelle verlassen wir Gräfenhausen wieder über die Hügelstraße und die Mettenbacher Straße. Beim Friedhof vorbei geht's rasch links hinab zur Straße. Diese queren wir, dann halten wir uns auf dem straßenbegleitenden Rad- und Fußweg nach rechts. Nachdem wir Mettenbacherhof verlassen haben, überqueren wir vor der Kurve die Straße und halten uns rechts auf einen Waldweg. Er steigt an, bei der nächsten Verzweigung geht es links weiter. Ein grasiger Pfad bringt uns aus dem Wald hinaus, biegt um eine Rechtskehre, um dann wieder in den Wald einzutauchen. Der gelbe Strich führt uns an den Waldrand auf einen breiteren Weg. Nach dem Rettungsstollen Barbarossatunnel geht der Kiesweg in Asphalt über. Bei den ersten Häusern schwenkt die Route nach links, quert die Gleise und führt uns über die Bahnhofstraße zum Ausgangspunkt zurück. Nach rechts haben wir noch die Möglichkeit, den historischen, sehr sehenswerten Ortskern von Annweiler zu besuchen.

Autoren Tipp

Annweiler am Trifels ist ein idyllischer Ort mit einem wunderschönen, historischen Stadtkern. Zahlreiche, gut erhaltene Fachwerkhäuser prägen das Ortsbild. Der Ortskern steht mit dem Gerberviertel sowie dem Jüdischen Friedhof unter Denkmalschutz. Das alte Mühlrad und die Gasse „Schipkapass" im Gerberviertel haben eine besondere Geschichte: Die Gerber waren im 16. und 17. Jahrhundert für den wirtschaftlichen Aufstieg der Stadt verantwortlich. Sehr schön wird dies im Museum unterm Trifels erzählt.

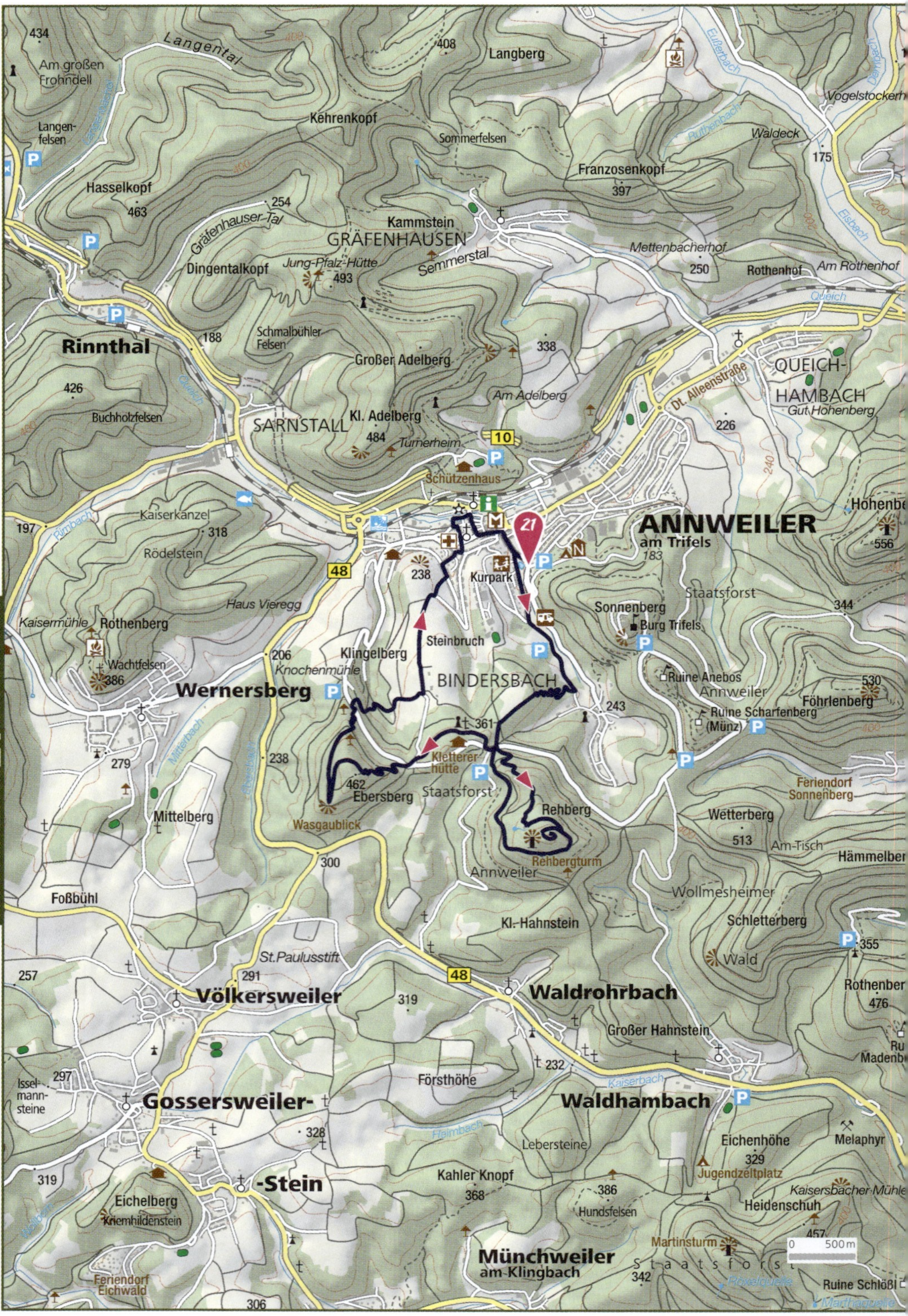

21

ANNWEILER am Trifels

Rinnthal
Wernersberg
Völkersweiler
Gossersweiler-
-Stein
Waldrohrbach
Waldhambach
Münchweiler am Klingbach
GRÄFENHAUSEN
SARNSTALL
BINDERSBACH
QUEICH-HAMBACH

Am großen Frohndell
434
Langental
Langenfelsen
Hasselkopf
463
Kehrenkopf
408
Langberg
Sommerfelsen
Franzosenkopf
397
Vogelstockerh
Waldeck
175
Kammstein
Gräfenhauser Tal
254
Dingentalkopf
Jung-Pfalz-Hütte
493
Semmerstal
Mettenbacherhof
250
Rothenhof
Am Rothenhof
188
Schmalbühler Felsen
Großer Adelberg
338
426
Buchholzfelsen
Kl. Adelberg
484
Turnerheim
Am Adelberg
Dt. Alleenstraße
226
Gut Hohenberg
10
Schützenhaus
Kaiserkänzel
318
197
Rödelstein
48
238
Kurpark
183
Hohenbe
556
Haus Vieregg
Kaisermühle
Rothenberg
Sonnenberg
Burg Trifels
Staatsforst
344
Wachtfelsen
386
206
Knochenmühle
Klingelberg
Steinbruch
Ruine Anebos
Annweiler
530
Föhrlenberg
Ruine Scharfenberg (Münz)
243
361
279
238
Kletterer-hütte
462
Ebersberg
Staatsforst
Rehberg
Feriendorf Sonnenberg
Wetterberg
513
Am Tisch
Mittelberg
Wasgaublick
Rehbergturm
Annweiler
Hämmelber
300
Wollmesheimer
Foßbühl
Kl. Hahnstein
Schletterberg
355
Wald
St. Paulusstift
257
291
48
319
Rothenber
476
Großer Hahnstein
Madenb
297
Isselmannsteine
Försthöhe
232
Kaiserbach
Haimbach
Leberstein
Eichenhöhe
329
Melaphyr
328
Kahler Knopf
368
386
Jugendzeltplatz
Kaisersbacher Mühle
319
Eichelberg
Kriemhildenstein
Hundsfelsen
Heidenschuh
457
Martinsturm
Staatsforst
342
0 500 m
Feriendorf Eichwald
306
Ruine Schlößl
Eußerbach
Dernbach
Ruthenbach
Eisbach
Queich
Rimbach
Mitterbach
Modenbach

Tour 21

Burgentour 21

Asselstein und Rehberg

Auf dem Richard-Löwenherz-Weg

DAUER	4h
LÄNGE	12,8 km
HÖHENMETER	608 hm
SCHWIERIGKEIT	MITTEL
MIT ÖPNV ERREICHBAR	ja

Das erwartet dich ...

Die Runde führt uns über breite Wald- und Forstwege. Gelegentlich müssen wir auch steilere Aufwärtspassagen über schmale Pfade bewältigen. Auf dem schönen, aus Buntsandstein errichteten Rehbergturm erwartet uns ein begeisternder 360°-Rundumblick auf den Pfälzerwald. Mit stolzen 577 Metern ist der Rehberg der höchste Gipfel im deutschen Teil des Wasgsaus. Ein weiteres imposantes Ziel ist der Asselstein, der Kletterer von nah und fern an seine Felsen lockt.

Burgentour 21

Start & Ziel & Anreise

Wir beginnen die Rundwanderung in Annweiler am Trifels in der Burgstraße. Parkmöglichkeiten gibt es direkt an der Markwardanlage. Sowohl von Westen wie auch von Osten erreichen wir den Ort über die B 10, über Pirmasens bzw. Landau in der Pfalz. Parkmöglichkeiten gibt es beim Bahnhof. Vom Hauptbahnhof. Landau geht's stündlich mit der Regiobahn nach Annweiler am Trifels.

Tourenbeschreibung

Grandiose Aussichtspunkte und geschichtsträchtiges Ambiente verspricht uns diese Runde durch die herrlichen Wälder des Trifelslandes. So umrunden wir zunächst vom Kurpark aus den Schwanenweiher nach links. Am Ende des Parks geht's an der Straße nach links Richtung Minigolfanlage und bald auf einem Feldweg geradeaus. Im Wald steigt der Weg dann an und führt uns zum Hotel Kurhaus Trifels. Hinter dem Hotel leitet uns die Route scharf nach rechts. wir wandern steil den Waldhang hinauf Richtung Kletterhütte. Allmählich verschmälert sich der Pfad, ein Zickzackweg bringt uns weiter empor. Wir lassen die Abzweigung zum Jehlestein rechts liegen und verlassen oben den Wald wieder. Zu unserer Rechten öffnet sich eine weite Lichtung. Wir spazieren flach am Waldrand entlang, einen markanten Felsen im Blick. An der nächsten Weggabelung halten wir uns links, gleich darauf führt uns die Löwenherz-Markierung nach rechts. Wir steigen bergan, queren eine Straße und folgen dann ein paar Stufen links zum

Rehberg-Parkplatz empor. Nach einem spannenden Felsen schwenken wir rechts herum, dann gelangen wir über einen schmäleren Pfad zur Rehbergquelle. Auf breiterem Weg geht's weiter. Wir steigen leicht an, dann verlassen wir ihn nach links auf einen schmäleren Pfad. Der Weg wird steiler. Die Route beschreibt einen Rechtsbogen um den Bergrücken, dann biegen wir scharf rechts ab. Nach links gelangen wir weiter zum Rehbergturm hinauf. Nach dessen Besteigung über die enge Wendeltreppe kehren wir zur Abzweigung zurück.

Die Löwenherz-Markierung führt uns rechts sanft hinab. Wieder an der Straße und am Rehberg-Parkplatz halten wir uns links, über die Straße hinüber und zur Klettererhütte. Hier folgen wir der Beschilderung Richtung Asselstein. Es geht nach links bis zum Fuß des beeindruckenden Kletterfelsens und vorbei am NS-Denkmal. Dann folgen wir dem breiten Forstweg ein paar Meter zurück und gelangen so wieder zur Straße. Wir überqueren sie rechts versetzt und folgen einem Pfad, der sich in Serpentinen den Waldhang hinaufzieht. Nach zwei markanten Felsblöcken stoßen wir auf einen breiteren Weg. Er führt uns flach nach rechts um eine deutliche Rechtskehre und zur Aussichtsstelle Wasgaublick.

Hier verlassen wir den leicht abfallenden Weg und wandern auf dem mit einem Geländer gesicherten Pfad zu einer kleinen Holzhütte samt Picknickplatz. Von der Willi-Achtermann-Hütte genießen wir den Blick auf alle drei Annweiler Burgruinen. Wir halten uns rechts und am Geländer entlang hinab. Die Löwenherz-Markierung schickt uns scharf nach links auf einen schmalen Pfad, der sich in Serpentinen durch den Wald hinabschlängelt. Dann passieren wir linker Hand die Andachtsstätte Einsiedelei. Kurz vor der Straße treffen wir auf einen Friedwald und den Prof.-Georg-Biundo-Brunnen. Hier geht's über die Straße, dann wandern wir weiter durch den Friedwald leicht bergab. Am Parkplatz halten wir uns rechts, gleich darauf biegen wir links ab und steigen in engen Serpentinen und über ein paar Stufen steil den Berg hinunter. Unten führt uns der breite Forstfahrweg nach rechts. Nach einer Linkskehre steigt der Weg wieder an, wenig später verlassen wir den Wald. Abwärts wandernd erreichen wir einen asphaltierten Wegabschnitt. Wir steigen stärker bergab und verlassen ihn in einer Kehre. Weiter geht's auf einem Feldweg steil hinab zu ein paar Häusern.

An der Straße Brunnenring gehen wir nach rechts und am Kindergarten halten wir uns links. Ein schmaler Fußpfad bringt uns in die Spitalstraße und hinunter zum Gasthof am Alten Wasserrad. Wir folgen der Gerbergasse nach rechts, dann begleitet uns die Queich. Wir queren sie in die Mühlgasse und spazieren zum Rathausplatz. Die Hauptstraße führt uns in einem Linksschwenk zur Burgstraße. Sie bringt uns schließlich nach rechts wieder zurück zum Kurpark.

22

Hasselkopf
463
254
Gräfenhauser Tal
Wiligartsburg
Göckelberg
204
223
Dingentalkopf
Jung-Pfalz-Hütte
493
Am Kopf
419
Rinnthal
188
Schmalbühler Felsen
Steinberg
209
10
Quelch
Jugendzeltplatz
426
Buchholzfelsen
SARNSTALL
Kl. Adelb
484
Hotel am Hirschhorn
Wilgartswiesen
Felsentisch
Rindsberg
Großer Rauhberg
377
313
Schafwoogweiher
197
Rimbach
Kaiserkanzel
318
Rödelstein
48
Kl. Ferkelstein
Kleiner Rauhberg
371
Hauensteiner-mühle
Spirkelbach
Höllenberg
455
Haus Vieregg
Kaisermühle
Rothenberg
206
Knochenmühle
FEWO Kaisermühle
207
Wachtfelsen
386
Wernersberg
295
Auf der Kipp
261
209
Heischberg
413
Weidental
279
238
Ebersberg
462
Wasgaublick
Jugendzeltplatz
Lug
22
402
Hornstein
Mittelberg
Grotte
236
Nesselberg
300
Hülsenberg
Foßbühl
277
313
St. Paulusstift
257
291
Hühnerstein
Schwanheim
Völkersweiler
288
Dimbach
Dimberg
418
Hockerstein
264
Issel-mann-steine
297
Gossersweiler-
Im Schlund
Wasgauhütte
Kuhhunger-felsen
422
249
Hockköpfel
447
328
Bodmertal
Rötzenberg
-Stein
319
Häuselstein
Immersberg
463
Haselstein
Darstein
Eichelberg
Kriemhildenstein
318
Feriendorf Eichwald
Oberschlettenbach
Kippenkopf
306
266
Hahnenhof
243
Ruine Lindelbrunn
Lindelbrunn
Rothenberg
314
0 500 m
Wild- und Wanderpark Südliche
309
Wochenend-häuser
Preußenschanze

Tour 22

Kammtour 22

Geiersteine

Aussichtsreich am felsigen Kamm entlang

DAUER	2h
LÄNGE	7 km
HÖHENMETER	270 hm
SCHWIERIGKEIT	LEICHT
MIT ÖPNV ERREICHBAR	ja

Das erwartet dich ...

Breite Wald- und Forstwege führen uns ebenso über diesen Premiumwanderweg wie schmale und wurzelige Pfade. Er besticht durch Vielfältigkeit und Abwechslungsreichtum. Kleine und große, bizarre Felsformationen warten in leuchtend roten Farben auf uns. Vom Hornstein und von den Geiersteinen haben wir herrliche Ausblicke auf die Waldlandschaft um Trifels und bis in die Weinregion der Südlichen Weinstraße oder die kleinen Dörfer des Pfälzerwaldes wie Lug mit seinem imposanten Friedrichsfelsen.

Start & Ziel & Anreise

Los geht's im Örtchen Lug. Mit dem Auto fahren wir auf der B 10 über Pirmasens nach Hauenstein. Hier wechseln wir auf die Landstraße nach Lug. Der Parkplatz befindet sich an der Gemeindehalle in der Hauensteiner Straße. Von Hauenstein fährt der Bus Nr. 529 nach Lug.

Tourenbeschreibung

Schmale Pfade und weiche, federnde Waldwege lassen uns beschwingt in den Pfälzerwald eintauchen. Die vielen verschiedenen Felsformationen der Buntsandsteinfelsen versetzen uns dann vollends in eine Zeit der Märchen und Mythen. Doch zunächst schlendern wir die Hauensteiner Straße hinab. Rechtshaltend passieren wir den Dorfbrunnen, dann queren wir die Hauptstraße und gehen rechts an der Kirche vorbei in die Mühlstraße. Hinter dem Gotteshaus halten wir uns links in die Bergstraße. Wenig später geht's mit der Geiersteine-Markierung scharf rechts.

Wir nehmen die Abzweigung auf einen schönen Waldweg, dann flacht der Forstweg ab, um nach einer Linkskehre wieder deutlich anzusteigen. Dann wird er schmäler und wurzeliger, quert einen Schotterweg und bringt uns an eine Verzweigung. Über uns erheben sich die imposanten Felsen des Hornsteins. Wir wandern unterhalb der Felsen weiter, vom breiten Weg rechts auf einen schmalen Pfad. Nach ein paar Stufen steigen wir im Wald bergan. Vor den Fesen halten wir uns links, dann passieren wir eine Aussichtsbank und wandern einen schmalen, kehrenreichen Pfad hinauf.

Nach einem weiteren, imposanten Felsen geht's noch immer in Kehren weiter hinauf. Auf der Anhöhe flacht der Weg ab. Weitere tolle Felsen säumen unsere Route. An einer Weggabelung schicken uns die Wanderschilder geradeaus Richtung Geiersteine. Ein oranges Zeichen lenkt uns in wenigen Schritten zu einem Aussichtspunkt.

Zurück an der Abzweigung biegen wir rechts Richtung „Runder Hut" ein. Immer wieder erblicken wir Felsen am Wegesrand. Nach einer Rastbank reißen die Felswände ab. Wir spazieren fast eben auf einem Kamm dahin und genießen die Aussicht zu unserer Linken. An einem alleinstehenden Felsklotz halten wir uns unterhalb vom Grat rechts. Wir queren den Berghang und erreichen nach einer Linkskehre eine Gabelung. Nach rechts besuchen wir den „Runden Hut".

Zurück an der Verzweigung führt uns das Geiersteine-Logo nach links auf einen breiten Forstweg. Wir wandern sanft hinab, bis wir an der Verzweigung mit dem Hinweg stehen. Die Route leitet uns rechts hinunter. Der Waldweg macht eine deutliche Linkskehre, dann schlendern wir steiler abwärts, bis wir erneut auf unseren Hinweg stoßen. Auf bekanntem Weg spazieren wir zurück nach Lug.

23

Stadtwald
Weißenberg
607
Luitpoldturm
Luitpoldstein
Dreiherrenstein
530
Schneiderwoog
Hahnenhütte
465
Wernagel
Windsloch
368
Kälberteich
Kirschfels
Gr.Lehnteich
Zwieselkopf
397
Dt. Alleenstraße
Hermersbergerhof
Kullmannstal
Rindenbühl
446
224
Langwiesenk
406
Scheidtal
479
Staatsforst
Niedertal
Bauern
364
280
252
Kurzental
Nasse Ebenung
308
Meisenhalde
Meisenbach
Katzenkopf
553
370
214
Langeck
Hahnental
Bei den Fels
Staufelkopf
462
Breiteneck
412
384
Rappenkopf
223
Wilgartsburg
Göckelberg
204
Hinterweidenthal
Kleiner Horberg
435
Ruheforst
Kleiner Breitenberg
456
Wasgau-Blick
Großer Breitenberg
383
Steinberg
209
10
Am Kopf
419
286
Schwemmwasserkopf
Spirkelbacher
Wald
407
238
NSG
Wilgartswiesen
Hotel am Hirschhorn
23
Jugendzeltplatz
Felsent
Rindsb
Ruine Falkenburg
Am Esel
Großer Rauhberg
377
313
10
256
Erbenbuckel
Hauenstein Waldesruh
Neufeld
Kleiner Rauhberg
371
Spirkelbach
Kl.Ferkels
Höllenberg
455
Biedenberg
382
324
Hauensteiner-mühle
Felsentor
Zum Ochsen
Hauenstein
207
Hauensteiner Hof
295
Auf der Kipp
Dt. Schuh- u. Pfälzisches Sportmus.
Kahler Felsen
Weimersberg
376
261
209
360
Vierbuchen
Burgfelsen
Jugendzeltplatz
Backelstein
Grotte
236
Nesselberg
Lug
Hornst
370
Hülsenberg
Im Deistel
447
277
236
265
Stephanstal
461
Winterberg
Hoher Kopf
313
Stephansturm
Mittelschach
Hühnerstein
Schwanheim
Wetzsteinfelsen
Queichquelle
288
Dimbac
0 500 m

23

Breitenberg

Im Wilgartswiesener Naturschutzgebiet

DAUER	3h 15min
LÄNGE	10,5 km
HÖHENMETER	390 hm
SCHWIERIGKEIT	LEICHT
MIT ÖPNV ERREICHBAR	ja

Das erwartet dich ...

Die Runde ist geprägt von herrlicher Wald- und Naturlandschaft rund um das Naturschutzgebiet Wilgartswiesen. Ein Teil der Wanderung führt über den Wilgartswiesener Biosphären-Pfad, der uns schmale, manchmal auch steile Pfade beschert. Ein weiteres Zuckerl auf der an sich schon herrlichen Waldtour sind die tollen Weitblicke vom Breitenberg oder vom Wasgau-Blick.

Naturtour 23

Start & Ziel & Anreise

Unser Ausgangspunkt liegt in Wilgartswiesen am Bahnhof. Er liegt direkt an der B 10, über die wir mit dem Auto aus östlicher Richtung von Trifels, aus westlicher Richtung von Pirmasens, anreisen. Parkmöglichkeiten gibt es direkt beim Bahnhof oder in der Hauptstraße im Ort. Öffentlich erreichen wir Wilgartswiesen ganz bequem mit der Regiobahn von Pirmasens oder Trifels.

Tourenbeschreibung

Wir spazieren in Wilgartswiesen die Bahnhofstraße hinunter. Die Markierung Burgentour führt uns beim Rathaus links in die Schulstraße. An ihrem Ende biegen wir links auf einen grob betonierten Weg ab. Der Müllpfad leitet uns durch ein Zauntor links auf einen schmalen Fußpfad. Über den gepflasterten Falkenburgermühle-Weg geht's dann weiter bis zur Vorfahrtsstraße. Dort halten wir uns rechts, queren einen Bach und die Hauptstraße und folgen der Tiergartenstraße.

Nach der Infotafel zur Falkenburg halten wir uns links. Ein asphaltierter Weg bringt uns steiler empor in den Wald. Auf schmalem Pfad kreuzen wir den Rundweg zur Falkenburg. Dann folgen wir der Burgentour um eine Linkskehre und steil hinauf. An ein paar Felsen führen uns Stufen noch weiter hoch. Nach ein paar Steinstufen betreten wir letztendlich das Burgeninnere, von wo aus wir die aussichtsreichen Ruinenreste von Falkenburg erklimmen.

Wir steigen die Treppen wieder hinunter und schlendern an den Felsen entlang kurz zurück. Dann biegen wir an deren Ende links ab und folgen der Burgentour-Markierung auf schottrigem Weg steil hinab. Wir passieren noch eine Linkskehre, dann richten wir uns nach dem „F" und der Beschilderung zum Wasgau-Blick. Wir treten aus dem Wald hinaus, gehen über Wiesen und biegen kurz vor der Straße rechts ab. Das Wegschild „Breitenberg" schickt uns wieder in den Wald. Wir folgen einem Pfad hinauf, der sich stetig der Autostraße links über uns annähert. Bei einem Parkplatz mit Infotafel treffen wir schließlich auf sie.

Links über die Straße geht's auf einen Abstecher zu ein paar ausgeschilderten historischen Gleisen. Sie markieren eine Altstraße der Kelten, Römer und des Mittelalters. Deutlich sind noch die Spurrillen zu erkennen. Ein paar Meter entfernt befindet sich eine Infotafel. Von hier aus genießen wir herrliche Blicke auf den Pfälzerwald.

Zurück am Parkplatz folgen wir dem „F" über einen breiten Weg zum Wasgau-Blick. Ein schmaler Pfad führt rechts zu einer Aussichtsbank. Eine Viertelstunde später erreichen wir die Schutzhütte Breitenberg. Hier halten wir uns links mit dem „F" Richtung Wilgartswiesen und schlendern hinunter bis zu einem asphaltierten Weg beim Wasserhäuschen. Nur wenig später können wir linker Hand eine gemauerte Wolfsgrube besichtigen. Ein Infoschild weist uns darauf hin.

Das asphaltierte Sträßchen bringt uns in Kehren weiter hinab. Wir spazieren an kleineren Felsen vorbei, dann schlendern wir oberhalb eines Sportplatzes entlang. Der als Helmut-Wölfl ausgeschilderte Weg bringt uns schließlich zurück zur Herrengasse. Über die Hauptstraße geht's beim Rathaus vorbei und über die Bahnhofstraße zurück nach Wilgartswiesen.

Autoren Tipp

Im Naturschutzgebiet Tiergarten in Wilgartswiesen gibt es eine Vielzahl seltener und geschützter Blumen und Pflanzen, unter anderem einige Orchideenarten sind hier heimisch. In und um ein Feuchtbiotop ist eine große Zahl seltener Amphibien, Insekten und Vogelarten zu finden. Das fast 36 Hektar große Gebiet wurde 1984 unter Naturschutz gestellt. Ihm kommt auch eine besondere geowissenschaftliche Bedeutung als Woogtal und als Zeugenberg zu.

24

Wilgartswiesen
NSG
Ruine Falkenburg
Am Esel
238
Felsentisch
Rindsberg
Großer Rauhberg
377
313
Schafwoogweiher
197
Rimbach
256
Neufeld
Erbenbuckel
Kl. Ferkelstein
Kleiner Rauhberg
371
Hauensteiner-mühle
Spirkelbach
Rothenbe
324
Höllenberg
455
Kaisermühle
Felsentor
Zum Ochsen
Hauenstein
FEWO Kaisermühle
Wachtfelsen
386
207
Hauensteiner Hof
Dt. Schuh- u. Pfälzisches Sportmus.
295
Auf der Kipp
Heischberg
413
Kahler Felsen
Weimersberg
376
261
209
Weidental
Burgfelsen
Jugendzeltplatz
Queich
Backelstein
Grotte
370
Lug
402
Hornstein
236
Nesselberg
Stephanstal
Hülsenberg
447
Foßbühl
277
265
Hohler Kopf
313
257
Hühnerstein
Schwanheim
Stephansturm
Queichquelle
288
Mittelschachten
Hockerstein
Dimbach
Dimberg
418
271
Dicke Eiche (PWV)
405
264
Isselmannsteine
297
Im Schlund
402
Sorgenberg
473
Wolfshorn
Wasgauhütte
Kühhungerfelsen
422
249
Hockköpfel
447
Bodmertal
Rötzenberg
Staatsforst
Bärenbrunner Hütte
Darstein
24
Häuselstein
319
Immersberg
Eichelberg
386
Dahn
276
Bärenbrunnerhof
463
Haselstein
318
Feriend. Eichwa
Dahner
Oberschlettenbach
431
Heßlerberg
Kippenkopf
266
Hahnenhof
243
Ruine Lindelbrunn
Lindelbrunn
Bärenbrunnermühle
240
Löffelsberg
445
Bühlhofschänke
266
Preußenschanze
428
309
Wochenendhäuser
Vogelskopf
443
Rödelstein
Herren-Staatsforst
229
Puhlstein
Felsenland
259
258
wald
Busenberg
275
Trekking Camp
253
Vorderweidenthal
288
0 500 m
Weißensteinerhof
Dt.-Franz. Touristikroute
427
Tannenwald
Wochenendhäuser
Hirschberg
346

24 Naturtour

Rimbach-Steig

Genussreiche Höhenwanderung

DAUER	6h 30min
LÄNGE	17,5 km
HÖHENMETER	535 hm
SCHWIERIGKEIT	SCHWER
MIT ÖPNV ERREICHBAR	ja

Das erwartet dich ...

Der Rimbach-Steig ist ein gleichermaßen schöner wie anspruchsvoller Wanderweg über die Höhenzüge rund um die beiden Wasgaudörfer Schwanheim und Darstein. Naturbelassene, oft schmale Wege und Pfade führen zu imposanten Felsformationen und pittoresken Aussichtspunkten. Sie liegen teils am Weg, teils sind sie über ausgeschilderte Stichwege erreichbar. Trittsicherheit ist sicherlich an manch ausgesetzten Pfadspuren von Vorteil. Unterwegs muss man auch kurze Drahtseilpassagen bewältigen.

Naturtour 24

Start & Ziel & Anreise

Wir starten in Darstein. Wir fahren mit dem Auto auf der B 10 nach Haunenstein. Von hier geht's weiter auf der Landstraße über Lug und Schwanheim nach Darstein. Parkmöglichkeiten gibt es an der Hauptstraße gegenüber der Ringstraße. Von Annweiler fährt der Bus Nr. 525 nach Darstein-Ortsmitte.

Tourenbeschreibung

Wir folgen in Darstein der Ringstraße nach rechts den Schildern zum Häuselstein. Am Ende der Häuser stoßen wir an die Ecke des Waldrandes. Ein teilweise geteerter Weg führt uns in den Wald hinein. In einer Linkskurve schwenken wir nach rechts und stoßen kurz nach einer Weggabelung ans Ende des breiten Weges. Hier folgen wir einem schmalen Pfad nach links. Er bringt uns in Serpentinen den Waldhang hinauf. Zehn Minuten später besuchen wir nach rechts einen ersten Aussichtspunkt am Immersberg.

Wir wandern am bewaldeten Hang entlang und gelangen zu einem gemütlichen Rastplatz – dem Plätzl am Dreiländereck. Die Route schickt uns in Kehren wieder hinab, vorbei an eindrucksvollen Felsformationen. An ihrem Ende flacht der Weg ab und wir erreichen den Aussichtspunkt Häuselstein. Wir erreichen ihn über einen schmalen Pfad unterhalb einiger Felsen. Wir halten uns rechts am Geländer entlang. Steil steigen wir in Kehren hinunter zu einem breiteren Waldweg. Wir biegen rechts ab, verlassen ihn jedoch wieder an einer Linkskehre nach rechts, auf schmälerem Waldpfad zum Weimersberg.

Der Rimbachweg zweigt links ab und führt uns hinab. Nach mehreren Felsen biegen wir an einigen aufeinanderliegenden Felsen links ab und steigen einen kehrenreichen Pfad hinunter zum kreuzgeschmückten Aussichtspunkt am Hockerstein. Hier bewältigen wir einen kurzen ausgesetzten Abschnitt, der mit Drahtseilen versehen ist. Dann leitet der Hauptweg in steilen Kehren weiter abwärts. Bei einem Felsen halten wir uns rechts und wandern, ein paar Häuser im Blick, weiter hinunter bis zur Schwanheimer Lourdesgrotte.

Der Stationenweg bringt uns zur Ringstraße. Hier biegen wir rechts ein. Am Ortsende geht's über einen geteerten Landwirtschaftsweg weiter. Wir verlassen ihn vor einer Linkskurve und halten uns links über die Wiese. Am Rimbach passieren wir einen Holzsteg, dann steigen wir zur Straße hinauf. Nachdem wir sie gequert haben führt uns ein breiter Weg in sanftem Anstieg in den Wald hinauf. Bald zweigen wir rechts ab. Ein schmälerer Waldweg traversiert relativ flach am Waldhang entlang, dann leitet er uns nach einer scharfen Linkskehre in schmalen Kehren zu den Nesselbergfelsen empor. Hinter den lang gezogenen Felsen erreichen wir den Kamm und wandern auf recht ausgesetztem Weg am Hang entlang zum Aussichtspunkt. Vorsicht, hier besteht akute Absturzgefahr.

Wir folgen dem Rimbachsteig noch vor dem Aussichtspunkt rechts hinab, über eine Wiese und zur Straße. Wir queren sie, passieren eine Schutthalde und folgen den Markierungen über mehrere Richtungswechsel. Vor einer lichten Stromtrasse biegen wir scharf rechts ab und wandern über einen schmalen Waldpfad kehrenreich und steil bergauf. Oben flacht der Weg ab. Rechtshaltend erreichen wir den markanten Hühnersteinfelsen, den wir in einer Linkskehre, teils steil, umrunden. Eine Metallleiter führt hinauf zum Aussichtsfelsen. Dann geht's an dem alten Grenzzeichen, der Alten Looch, vorbei und über mehrere Grenzsteine zum Hahnenstein. Von hier aus ist es nur noch ein Katzensprung zum höchsten Punkt unserer heutigen Runde – dem Wolfshorn auf 470 Metern.

Gleich darauf verlassen wir den breiten Weg nach links und wandern auf schmalem Pfad weiter. Es geht an der Abzweigung zum Kühungerfelsen vorbei und rasch hinab zur Wasgauhütte. Wir spazieren am schönen Waldhang entlang, umrunden den Talschluss und danach den Haselsteinfelsen. An einer Wiesenlichtung halten wir uns links, erst am Waldrand entlang und dann wieder durch den Wald, bis wir an der Kochelsteinhütte stehen. Das letzte Stück geht's sanft bergab, an einer Gabelung rechts und zurück nach Darstein.

25

Staufelkopf 462
Breiteneck 412
384 Rappenkopf
Hahnental
Göckelbe
Hornbach 275
223
Hinterweidentha
Kleiner Horberg
435
Ruheforst
Großer Breitenberg 383
Steinberg
209
456 Kleiner Breitenberg
Spirkelbacher
286 Schwemmwasserkopf
Wilgartswiesen
Hotel am Hirschhorn
407
238
NSG
Wald
Ruine Falkenburg
Am Esel
Großer Rauhberg 377
244
10
An der Hirtenbach
256
Erbenbuckel
Hauenstein Waldesruh
Neufeld
Farreneck
Kleiner Rauhberg 371
324
Hauensteiner-mühle
Spirkelbac
Biedenberg 382
Zum Ochsen
Felsentor
25
Hauenstein
350
Hauensteiner Hof
295 Auf der Kipp
Dt. Schuh- u. Pfälzisches Sportmus.
Vierbuchen
Kahler Felsen
261
360
Burgfelsen
Weimersberg 376
Jugendzeltplatz
Am Stockwoog
Paddelweiher
370
Backelstein
Grotte
Lug
236 Nesselberg
Stephanstal
Hülsenberg
Im Deistel
236
447
265
313
461 Winterberg
Hoher Kopf
Trögenberg
Stephansturm
Hühnerstein
Schwanheim
Mittelschachen
Quelchquelle
Wetzsteinfelsen
Rappenfelsen
246
271
Hockerstein
Dicke Eiche (PWV) 405
Im Schlund
Die kleine Blume
402
Wasgauhütte
Sorgenberg 473
Kühhunger-felsen
249
Hockköpfel 447
Erfweiler
Wolfshorn
422
Hegerturm
Staatsforst
Bärenbrunner Hütte
Bodmertal
Häuselste
Eichelberg
Dahn
Haselstein
Darstein
215
386
276 Bärenbrunnerhof
318
Schafstein
Burgengruppe Altdahn
Dahner
216 Kahlenberg
399
Mittelberg
Fischwoog-Mühle
431
Oberschlettenbach
Heßlerberg
Kippenkopf
315
Schindhard
Hahnenhof
243
215
Bärenbrunnermühle
REICHENBACH
240
Löffelsberg 445
Bühlhofschänke
0 500 m
Preußenschanze
Felsenland
347
266
428
309

25 Waldtour

Schusterpfad

Felsenweg ums Schuhdorf Hauenstein

DAUER	6h
LÄNGE	17,5 km
HÖHENMETER	725 hm
SCHWIERIGKEIT	SCHWER
MIT ÖPNV ERREICHBAR	ja

Das erwartet dich ...

Auf bequemen Wegen und schmalen Pfaden erleben wir heute auf dem Hauensteiner Schusterpfad unterschiedlichste Anforderungen an das Wandern. Über breite Wald- und Forstwege geht's hin bis zu schmalen, steilen und felsigen Pfaden. Sie sind an manchen Stellen auch ausgesetzt, Trittsicherheit sollten wir also schon mitbringen. Die Route ist bestens mit einem leuchtend gelben Wegzeichen ausgeschildert. Besondere Blicke über den Wasgau erlauben Nedingfelsen und Kreuzfelsen.

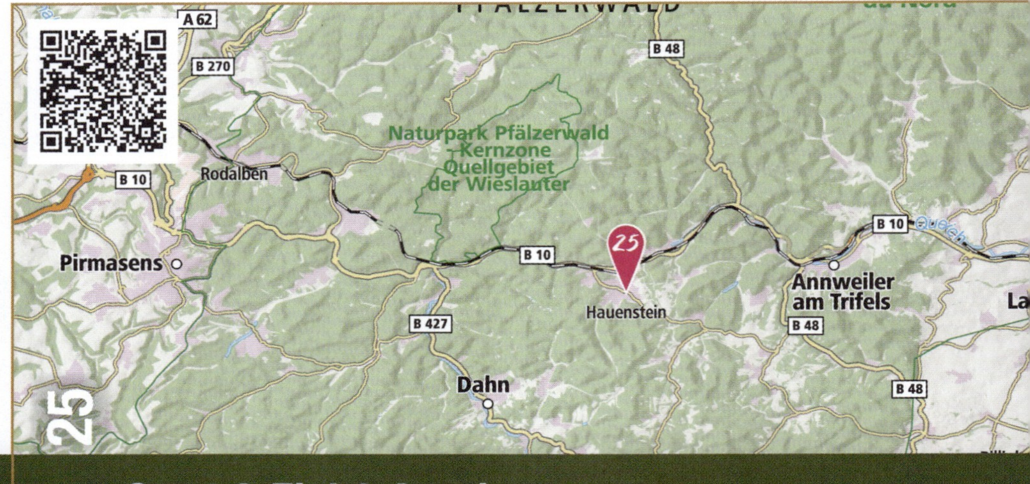

Waldtour 25

Start & Ziel & Anreise

Unser Ausgangsort ist Hauenstein. Mit dem PKW fahren wir aus westlicher wie östlicher Richtung über die B 10. Parkmöglichkeiten befinden sich direkt beim Schuhmuseum Hauenstein. Mit dem Zug geht's stündlich vom Bahnhof Landau in der Pfalz oder vom Bahnhof Pirmasens nach Hauenstein-Bahnhof.

Tourenbeschreibung

Wir starten beim Deutschen Schuhmuseum in Hauenstein. Zunächst führt uns unser Weg rechts die Hornstraße hinauf. An der Straße Am Weimersberg biegen wir links ab bis zur Weißenburger Straße. Rechtshaltend passieren wir bald die Sitzbänke beim Ankerskreuz. Hier leitet uns der Schusterpfad in Kehren hinauf zum Aussichtspunkt Kreuzfelsen. Gleich darauf geht's auf einen Abstecher nach rechts zur Position Kahler Felsen, dann passieren wir die Abzweigung zum Dörreinfelsen. Ein weiterer Abstecher führt uns – ebenfalls nach rechts – zur Fliehburg Backelstein. Eine Holzbrücke und steile Stufen über den Fels bringen uns zur eingezäunten Aussichtsplattform. Nach einem genussvollen Rundumblick über die schier unendlichen Wälder gehen wir zurück zur Abzweigung. Nach rechts wandern wir auf einem Pfad auf und ab an einigen Felsen vorbei. Die Route geht in einen breiteren Waldweg über und führt uns zur Schützhütte Weimersborn.

Nach gut zehn Minuten schwenken wir nach links und folgen nun einem steinigen Weg. Er steigt immer wieder an und leitet uns zum Aussichtsfelsen Hühnerstein, den wir über eine Sicherheitsleiter besteigen können. Weiter geht der Weg, am Grenzzeichen Altes Looch vorbei zur Verbindung mit dem Rimbachsteig. Rechtshaltend folgen wir dem breiten Forstweg, bis wir rechts zur schon sichtbaren Wanderheim Dicke Eiche abbiegen. Die Markierung des Schusterpfades schickt uns vor der Hütte nach links. In einem Rechtsbogen stoßen wir dann auf einen lichten Platz mit dem Naturdenkmal Dicke Eiche.

Unser Weg schlängelt sich sanft auf und ab, stets am Waldrand entlang. Einem kreuzenden Weg folgen wir nach rechts, dann fällt der Weg zum Winterkirchl ab. Wir wandern an der Position Großes Stefanstal vorbei, dann passieren wir den Max-Meyer-Stein und die Jungwald-Schutzhütte mit herrlichem Trifelsblick. Gleich danach verlassen wir den breiten Forstweg. Wir spazieren links über einen Waldpfad mit der Markierung „Höhenweg Vier Buchen" in den Wald. Am Forstweg schwenken wir nach rechts, überschreiten ein felsigeres Wegstück und stehen schließlich an der Wegspinne „An den Vier Buchen", an der uns eine kleine Schutzhütte erwartet.

Der Schusterpfad leitet uns nach rechts, an einem Brunnen mit frischem Wasser vorbei. Nach einer Linkskehre schickt er uns auf einen schmalen Pfad am Waldhang entlang. Wir schlendern am Hochbehälter vorbei und auf dem Pfad sanft abwärts. Nach rechts haben wir die Möglichkeit auf einen Abstecher zu einem Aussichtsfelsen, dann geht's hinab zur Autostraße. Auf der anderen Straßenseite führen Stufen zu einem Pfad hinauf. Er leitet uns mit toller Sicht über den Hauenstein am oberen Waldrand und an einigen Felsen entlang. Wieder hinab zur Straße gelangen wir zum Einstieg am Neding. Serpentinen begleiten uns zu einigen Felsen hinauf. Nach dem Felsentor erreichen wir den Grat und gelangen linkshaltend zum Nedingfelsen samt schönen Kreuz.

Wir gehen ein paar Meter zurück, dann führt die Route geradeaus über den flachen Gratrücken. Schon bald biegen wir rechts ab und steigen in Serpentinen hinunter zu einer Kreuzung. Hier schwenken wir nach rechts und wandern weiter hinab auf ein paar Häuser zu. Wir queren die Landauer Straße, dann geht's auf einem Pfad wieder hinauf. In einer Linksdrehung passieren wir einige Häuser, dann spazieren wir über freies Feld. An einer Bank knicken wir rechts ab, schlendern an einem Straußengehege vorbei und erreichen in einer Rechtskurve wieder Häuser. Am Vogelgehege folgen wir dem Sträßchen links zur Weißenburger Straße. Dort halten wir uns kurz rechts, dann treffen wir wieder auf den Hinweg. Über „Am Weimersberg" schlendern wir zurück nach Hauenstein zum Deutschen Schuhmuseum.

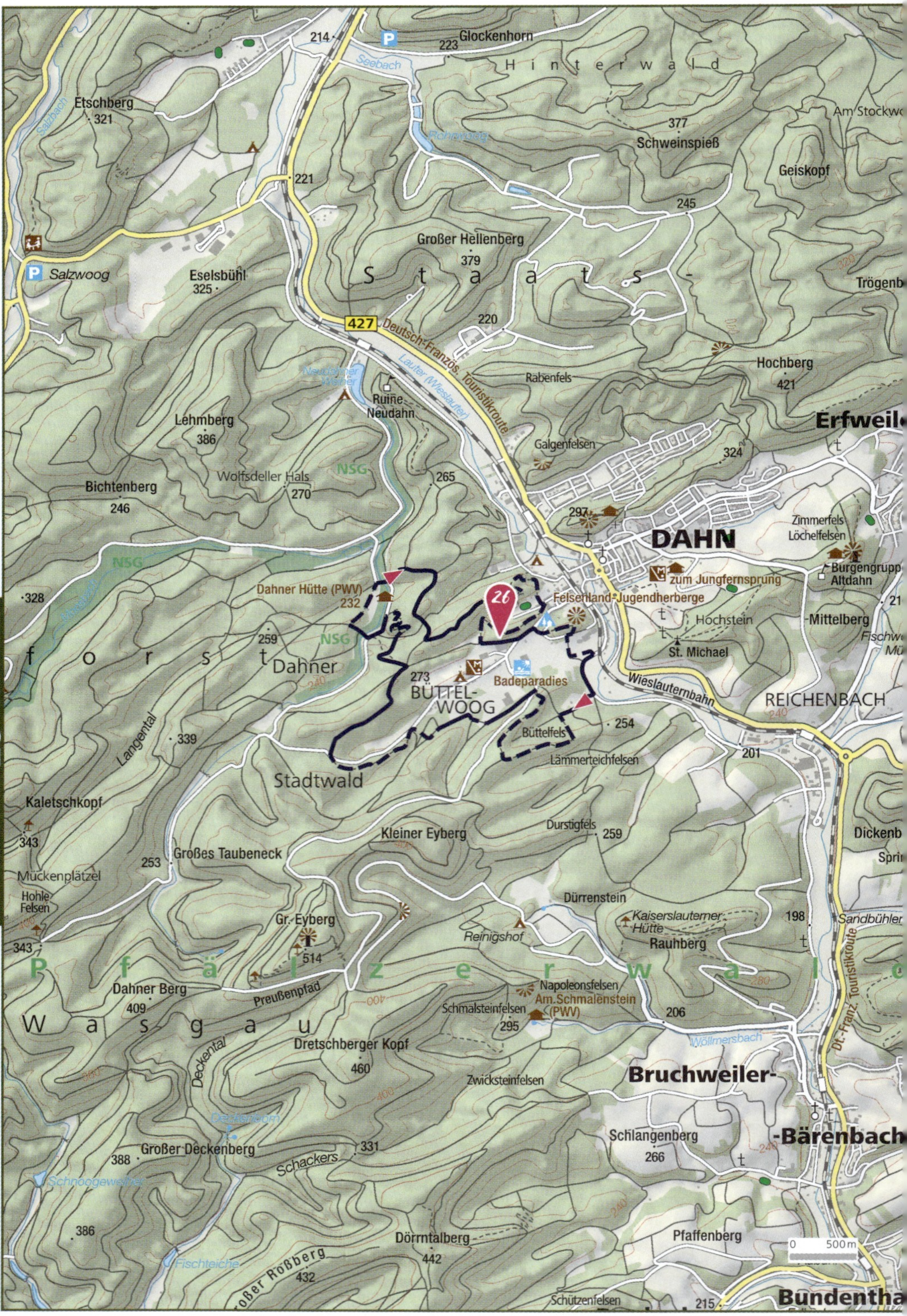

26

214
Glockenhorn
223
Hinterwald
Seebach
Etschberg
321
Salzbach
Am Stockwo
377
Schweinspieß
Geiskopf
221
245
Salzwoog
Eselsbühl
325
Großer Hellenberg
379
Staats-
Trögenb
427
Deutsch-Franzos. Touristikroute
220
Lauter (Wieslauter)
Hochberg
421
Neudahner Weiher
Ruine Neudahn
Rabenfels
Lehmberg
386
Erfweile
Galgenfelsen
324
Bichtenberg
246
Wolfsdeller Hals
270
NSG
265
297
DAHN
Zimmerfels
Löchelfelsen
Burgengrupp
Altdahn
NSG
328
Dahner Hütte (PWV)
232
26
zum Jungfernsprung
Felsenland-Jugendherberge
21
Hochstein
Mittelberg
259
NSG
St. Michael
Fischwe
forst
Dahner
273
BÜTTEL-
WOOG
Badeparadies
Wieslauternbahn
REICHENBACH
Langental
339
Büttelfels
254
201
Lämmerteichfelsen
Stadtwald
Kaletschkopf
343
Kleiner Eyberg
Durstigfels
259
Dickenb
Großes Taubeneck
253
Mückenplätzel
Spri
Hohle Felsen
Dürrenstein
Kaiserslauterner Hütte
198
Sandbühler
Gr. Eyberg
Reinigshof
Rauhberg
343
514
Pfälzerwald
Dahner Berg
409
Preußenpfad
Napoleonsfelsen
Am Schmalenstein (PWV)
Schmalsteinfelsen
295
206
Wasgau
Wöllmersbach
Dt.-Franz. Touristikroute
Dretschberger Kopf
460
Deckental
Zwicksteinfelsen
Bruchweiler-
Deckenborn
-Bärenbach
Schlangenberg
266
388
Großer Deckenberg
331
Schackers
Schnoogeweiher
386
Pfaffenberg
Dörrntalberg
442
0 500 m
Fischteiche
Großer Roßberg
432
Schützenfelsen
215
Bundentha

Felsenpfad Dahn

Felsenspektakel und grandiose Aussichtskulisse

DAUER	4h
LÄNGE	13 km
HÖHENMETER	535 hm
SCHWIERIGKEIT	MITTEL
MIT ÖPNV ERREICHBAR	ja

Das erwartet dich ...

Bizarre Steingebilde und eine abwechslungsreiche Routenführung auf schmalen Pfaden erwarten uns auf dem Dahner Felsenpfad. Dazwischen schieben sich atemberaubende Fernsichten. Der Dahner Felsenpfad ist als Premiumwanderweg zertifiziert und erwartet uns mit 15 spektakulären Stationen. Teils sind die Pfade wurzelübersät, können bei Nässe also recht rutschig werden. An felsigen Passagen dienen Geländer zur Sicherung.

Felsentour 26

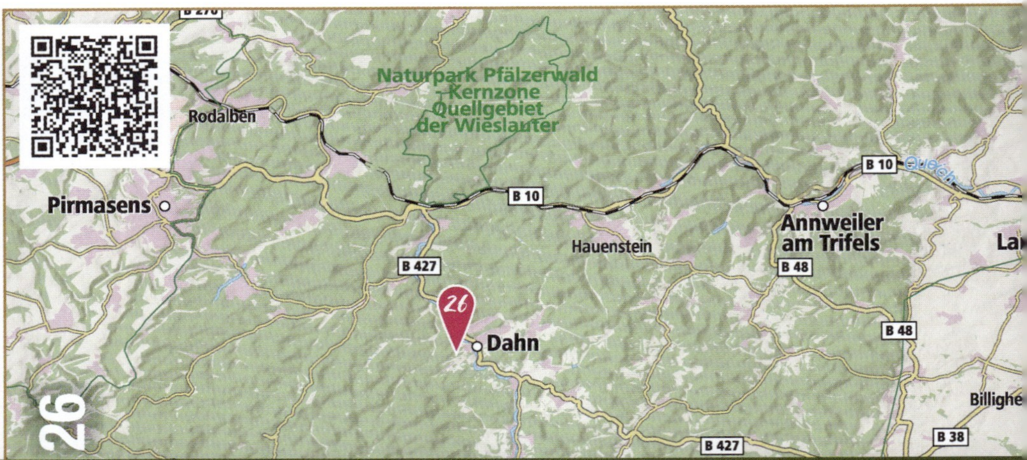

Start & Ziel & Anreise

Unsere Rundwanderung beginnt in Dahn. Von Landau fahren wir mit dem Auto auf der B 10 in westlicher Richtung bis Kandel-Nord und anschließend auf der B 427 bis Dahn. Parkmöglichkeiten gibt es beim Campingplatz Büttelwoog. Vom Hauptbahnhof Landau geht's mit der Regiobahn nach Hinterweidenthal. Hier steigen wir in den Bus Nr. 252 nach Dahn um. Alternativ erreichen wir den Ort von Pirmasens mit dem Bus Nr. 250.

Tourenbeschreibung

Wir starten beim Campingplatz Büttelwoog in Dahn. Es geht vorbei am Hotel Felsenland und links über die Hasenbergstraße hinauf zu den markanten Felstürmen mit dem schönen Namen „Braut und Bräutigam". Kurz davor biegen wir rechts in „Am Wachtfelsen" ein. Gleich darauf halten wir uns nochmals rechts über den Parkplatz der Jugendherberge. Ein ansteigender Waldpfad führt uns zum Wachtfelsen hinauf. Über die Metallleitern steigen wir zur Aussichtsplattform hinauf. Sie ist mit Geländern abgesichert und ermöglicht einen herrlichen Panoramablick.

Wir wandern vorbei an ein paar Felsen weiter durch den herrlichen, lichten Wald, bis uns die Route nach rechts über ein paar Kehren auf einen breiten Landwirtschaftsweg hinabschickt. Ein paar Meter später schwenken wir nach links, spazieren über Wiesen und vor einem Bächlein links. Ein asphaltiertes Sträßchen leitet uns an der Position „Im Kaltenbächl Wieslautertal" nach rechts. Bei der nächsten

Gelegenheit biegen wir jedoch schon wieder links zur Position Lämmerteich ab. Noch einmal nach links folgen wir einem schmalen Pfad zu einem Felsen hinauf. Wir gehen rechts an seiner Flanke entlang. Linker Hand führt uns ein Abstecher hinauf auf den Lämmerfelsen mit der gemütlichen Albert-Eisel-Bank.

Weiter geht's an den Felsen entlang, auf dem Kamm mit herrlichen Talblicken und in einem Rechtsbogen an weiteren Felstürmen vorbei. Die Route steigt hinab zu den Büttelfelsen. Ein malerischer Felspfad führt durch eine Felsspalte hindurch. Rechts erblicken wir eine Leiter. Sie führt zur Büttelfels-Aussicht hinauf. Nach dem kurzen Abstecher wandern wir auf wurzeligem Pfad in einer Linkskehre abwärts. Er quert oberhalb vom Hotel Eyberg den Waldhang. Nach einigen Wiesenlichtungen spazieren wir auf einem gut markierten Forstweg weiter, bis wir schließlich wieder auf einem Waldpfad landen. Er führt uns zum Ungeheuerfelsen.

Nach einer riesigen, lang gezogenen Felswand gelangen wir in einer Rechtskehre zum Rothsteig-Brunnen. Dann geht's sanft hinauf zur Weggabelung Steinhohl. Wir schwenken auf dem Felspfad nach links, an einem Meer von Steinmanderln vorbei und auf einem versicherten Steig rechts steil hinauf. Wir wandern am Rosskegel- und dem Schlangenfels vorbei und wieder hinab zu einer auffälligen grünen Rastbank vor dem Mooskopf. Nach weiteren pittoresken Felsen wie dem Schusterbänkel oder dem Hirschfelsen geht's kehrenreich und Geländer versichert hinunter und in einem Rechtsschwenk zu einem breiten Forstweg bei der Position Kühwoog. Über den Seibertsbach hinüber, dann leitet uns eine Rechtskehre hinauf zur Dahner Hütte. Hier steht schon eine Infotafel über das NSG Moosbachtal bereit.

Über den Zufahrtsweg erreichen wir die Position Seibersbach. Hier begleiten uns ein paar Kehren und Stufen steil hinauf zum Elwetritsche-Felsen. Wir wandern noch weiter hinauf und kommen dann relativ flach zur Position Schwalbenhalde/ Weihers Ebene. Ein breiter Waldweg führt uns rechts zur Felsarena vom Pfaffdellfels. Wir umrunden sie über einen wurzeligen Pfad in einem Linksbogen und steil hinab. Am Schwalbenfelsen steigen wir dann durch einen Felsdurchschlupf hinauf zu einer Aussichtsbank.

Nach dem Schillerfelsen führt die Route in einer Rechtskurve hinab und flach weiter am Fußballplatz vorbei. Dann steigt der Weg wieder an, über eine Rechtskehre und Stufen mit Seilsicherung zum herrlich gelegenen Pfaffenfelsen. Von dort steigt der Pfad zu einer Kuppe hinab. Wir biegen scharf links ab und spazieren zum Waldrand und dem Campingplatz Büttelwoog hinunter. Nur wenige Schritte später stehen wir wieder an unserem Ausgangspunkt.

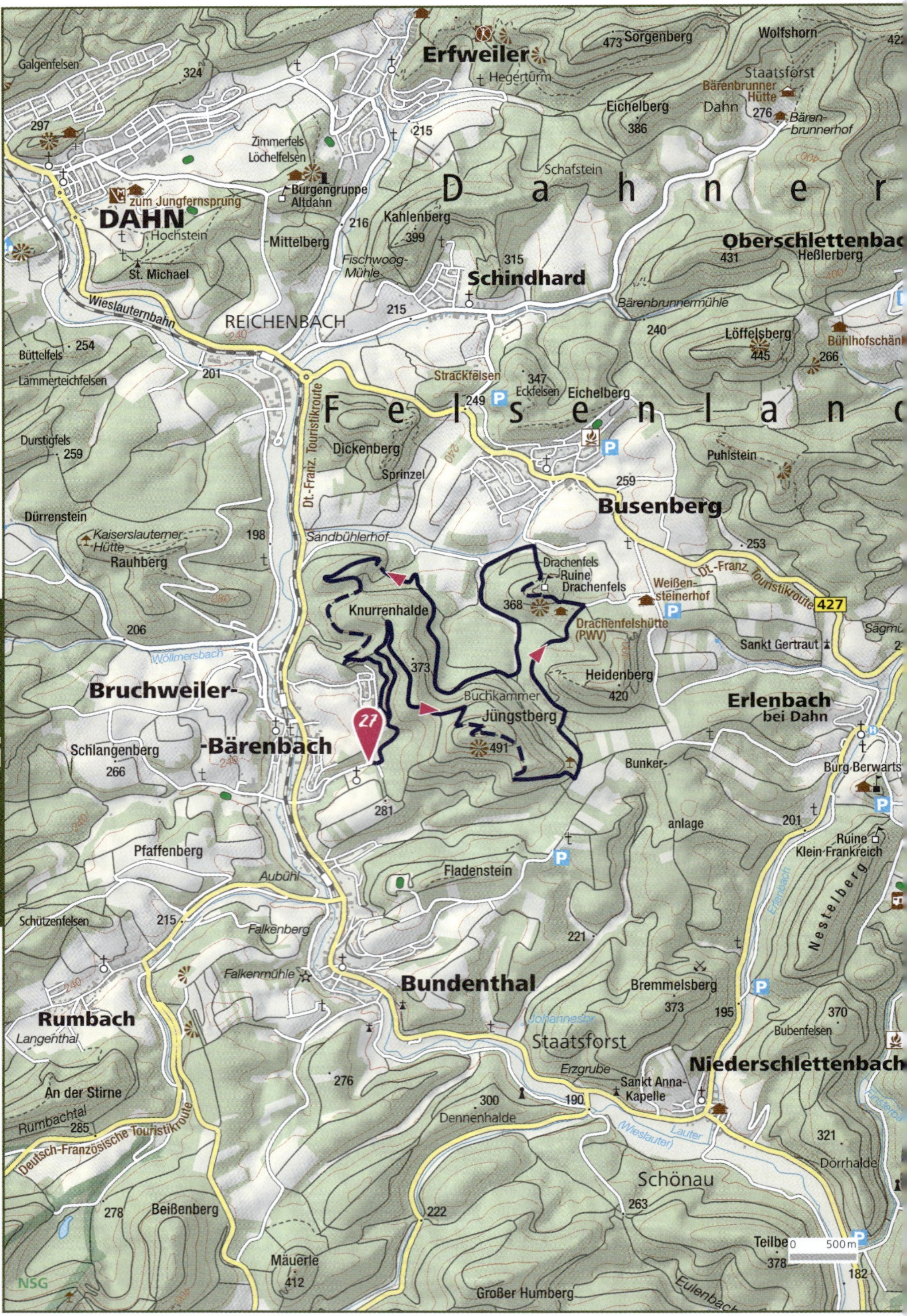

27

Erfweiler
Hegertürm
473 Sorgenberg
Wolfshorn
Galgenfelsen
324
Staatsforst
Bärenbrunner Hütte
Dahn
276 Bären-brunnerhof
Eichelberg
386
297
215
Zimmerfels
Löchelfelsen
Schafstein
zum Jungfernsprung
Burgengruppe Altdahn
Dahner
DAHN
Hochstein
216
Kahlenberg
399
Oberschlettenbach
431
Heßlerberg
Mittelberg
St. Michael
Fischwoog-Mühle
315
Schindhard
Wieslauternbahn
Bärenbrunnermühle
REICHENBACH
215
240
Löffelsberg
445
266
Bühlhofschänke
Büttelfels 254
Lämmerteichfelsen
201
Strackfelsen
347
Eckfelsen
Eichelberg
249
Felsenland
Durstigfels
259
Dickenberg
Sprinzel
Puhlstein
259
Busenberg
Dürrenstein
Kaiserslauterner Hütte
198
Sandbühlerhof
Rauhberg
Dt.-Franz. Touristikroute
253
Drachenfels
Ruine Drachenfels
368
Weißen-steinerhof
427
Knurrenhalde
Drachenfelshütte (PWV)
206
Wöllmersbach
Sankt Gertraut
373
Heidenberg
420
Bruchweiler-
-Bärenbach
Buchkammer
Jüngstberg
Erlenbach bei Dahn
Schlangenberg
266
491
Bunker-anlage
Burg Berwartstein
281
201
Ruine Klein-Frankreich
Pfaffenberg
Aubühl
Fladenstein
Nestelberg
Schützenfelsen
215
Falkenberg
221
Falkenmühle
Bundenthal
Bremmelsberg
373
195
370
Rumbach
Langenthal
Johannesbach
Staatsforst
Bubenfelsen
Erzgrube
Sankt Anna-Kapelle
Niederschlettenbach
An der Stirne
276
300
Dennenhalde
190
Rumbachtal
285
Deutsch-Französische Touristikroute
Lauter (Wieslauter)
321
Dörrhalde
Schönau
278
Beißenberg
222
263
Teilberg
378
0 500 m
182
Mäuerle
412
NSG
Großer Humberg
Eulenbach

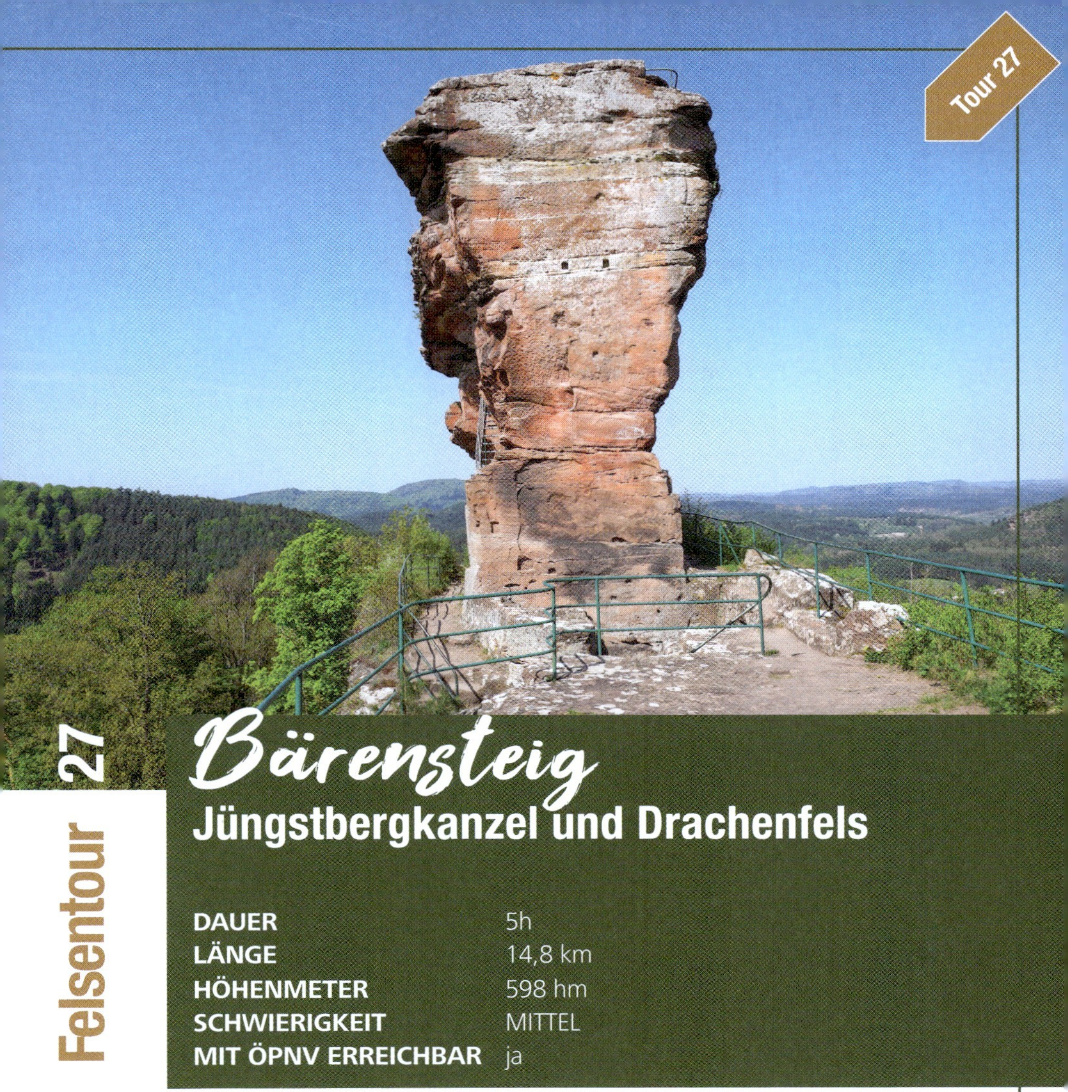

Tour 27

27 Felsentour

Bärensteig

Jüngstbergkanzel und Drachenfels

DAUER	5h
LÄNGE	14,8 km
HÖHENMETER	598 hm
SCHWIERIGKEIT	MITTEL
MIT ÖPNV ERREICHBAR	ja

Das erwartet dich ...

Auf dem Premiumwanderweg Bärensteig erwarten uns sagenhafte Ausblicke, abwechslungsreiche Landschaften und attraktive Aussichtspunkte. Dabei führen uns breite Wege, oftmals auch schmale Pfade, die mit steilen und felsigen Abschnitten warten. Hier ist gerade im Herbst bei Regen und rutschigem Laub Vorsicht geboten. Mit der Drachenfelshütte erwartet uns eine gemütliche Einkehrhütte.

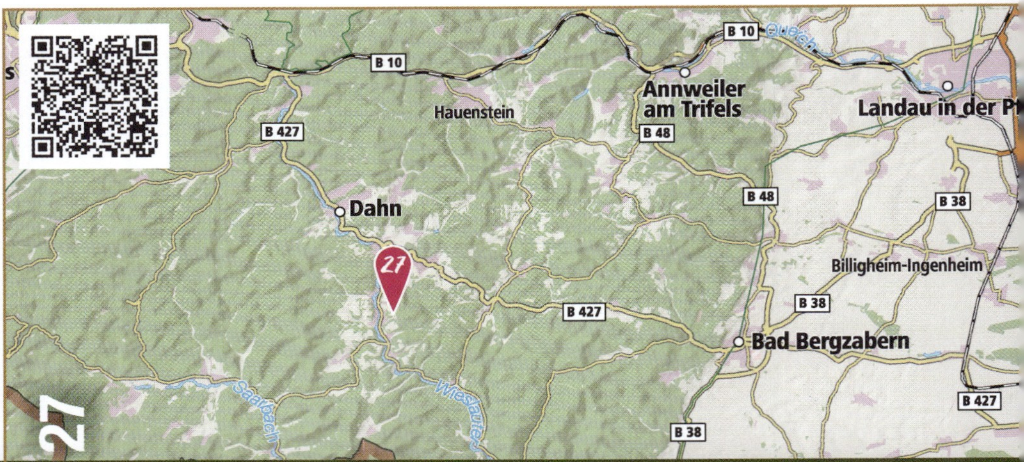

Felsentour 27

Start & Ziel & Anreise

Unser Ausgangspunkt ist der Wanderparkplatz beim Friedhof bei Bruchweiler-Bärenbach. Den Ort erreichen wir über die B427 von Dahn oder Bad Bergzabern. Beim Kreisverkehr bei Reichenbach zweigen wir auf die Landstraße nach Bruchweiler-Bärenbach ab. Über „Im Wahrzeichen" erreichen wir den Friedhof. Von Mai bis Oktober fahren die Ausflugszüge „Bundenthaler" und „Felsenland Express" ins Dahner Felsenland.

Tourenbeschreibung

Wir spazieren vom Bruchweiler-Bärenbacher Waldfriedhof links in gemütlichem Anstieg in den Wald. An der ersten Gabelung beim Wegschild Leimbüschel halten wir uns rechts auf breitem Forstfahrweg am Hang entlang hinauf. Bei der Wegverzweigung „Am Drei-Eichen-Plätzl" biegen wir auf einen kreuzenden Fahrweg nach rechts ein. Nach einer Sitzbank schwenken wir nach links. Wir beachten die Abzweigung auf den Jüngstberg-Tour-Weg nicht, sondern wandern flach zum Aussichtspunkt Drachenfelsblick. Er liegt nur 100 Meter links von der Route, der Weg dorthin ist ausgeschildert.

Weiter geht's über einen Pfad scharf rechts in den Wald hinauf. Wir kreuzen einen Forstweg, drehen dann kurz nach links, dann führt er nach rechts immer steiler bergan. Die Route macht noch einmal einen Rechtsschwenk, dann stehen wir unter den Felsen des Jüngstbergs und kurz darauf am Aussichtsturm. Über eine Eisenleiter erreichen wir seine Plattform.

Die Markierung des Bärensteiges schickt uns nach links, an Felsen vorbei, dann fällt der Weg steiler ab und leitet uns in einer Kurve zu einem lichten Platz mit Aussichtsliege. Ein breiter Waldweg bringt uns links am Hang entlang zur Schutzhütte Jüngstberg. Hier schwenken wir mit dem Wanderzeichen nach links. Zunächst recht wurzelig steigt ein schöner Pfad im Wald bergan. Dem nächsten Forstfahrweg folgen wir dann geradeaus zu einem Parkplatz und der Drachenfelshütte. Wir gehen mit dem Asphaltsträßchen nach links, dann halten wir uns auf einem Waldpfad rechts hinauf zur beeindruckenden Burgruine Drachenfels.

Am Ende der Burganlage steigen wir über Steinstufen hinab. In einem Rechtsschwenk passieren wir den Kletterfelsen und folgen dem Pfad abwärts durch den Wald. Bei einem links einmündenden Pfad halten wir uns rechts und folgen kurz danach der Abzweigung nach links auf schmalem Waldpfad ans Ende des Waldes. Wir wandern mit dem asphaltierten Sträßchen nach rechts. Nach einem Weiher verlassen wir den Asphalt und halten uns links, an Fischteichen vorbei und an einer Wiesenlichtung entlang. An der folgenden Kreuzung biegen wir rechts ab und wandern auf breiterem Weg sanft bergan. Bald geht's nach links zur Knurrenhalde, dann leitet die Route über eine große Rechtskehre auf einen allmählich abfallenden Forstweg zur Wegposition Ungerteich.

Nur wenige Meter später halten wir uns links und wandern über einen kehrenreichen Pfad hinauf. Oben beachten wir die Umleitungsbeschilderung: Sie schickt uns um den Felsen herum und dann rechts an ihm vorbei. Wieder auf dem Originalsteig erreichen wir einen freien Platz. Hier halten wir rechts auf einen Felsen mit Sitzbank zu. Auf der anderen Seite geht's im spitzen Winkel an den Felsen entlang zurück. Rechtshaltend steigen wir steiler durch den Wald hinab. Wir passieren die Wegposition Engenteich und gelangen zu einem Sattel. Ein Abstecher nach links führt uns zur Lourdesgrotte.

Der Bärensteig führt nach rechts weiter über einen schmalen Pfad hinab. Bei der Position Heidenbühl folgen wir einem Pfad scharf nach links. Er bringt uns in einer Spitzkehre und immer steiler hinauf. Noch einmal bewältigen wir eine scharfe Wegkurve, dann schlendern wir zunächst sanft bergab. Nach einem Felsen stoßen wir auf einen breiten Forstweg, der uns nach links führt. Rechts unter uns erblicken wir schon die ersten Häuser. Wir steigen nochmals kurz an, dann stehen wir wieder an der Gabelung Leimbüschel, die wir schon vom Hinweg kennen. Nur ein paar Minuten später sind wir wieder zurück am Wanderparkplatz.

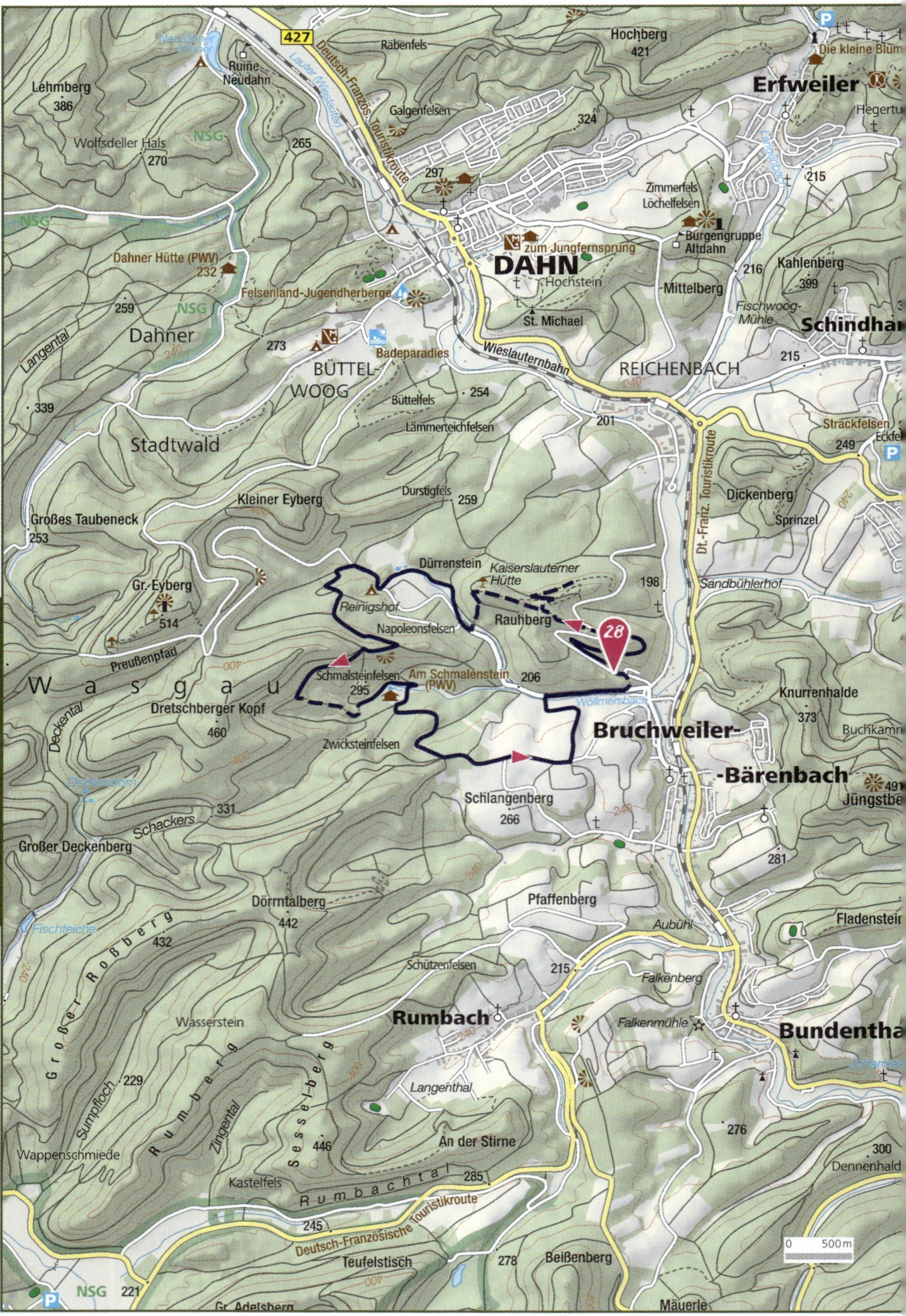

427
Deutsch-Französ. Touristikroute
Rabenfels
Hochberg
421
Erfweiler
Die kleine Blum
Hegertu
Neudahner Weiher
Lauter (Wieslauter)
Lehmberg
386
Ruine Neudahn
Galgenfelsen
324
Wolfsdeller Hals
270
NSG
265
215
297
Zimmerfels
Löchelfelsen
NSG
Dahner Hütte (PWV)
232
zum Jungfernsprung
Burgengruppe Altdahn
DAHN
Hochstein
216
Kahlenberg
399
Mittelberg
Felsenland-Jugendherberge
NSG
259
St. Michael
Fischwoog-Mühle
Schindhar
Dahner
273
Badeparadies
Wieslauternbahn
215
Langental
BÜTTEL-WOOG
REICHENBACH
Büttelfels
254
339
Lämmerteichfelsen
201
Strackfelsen
Eckfel
249
Stadtwald
Kleiner Eyberg
Durstigfels
259
Dickenberg
Dt.-Franz. Touristikroute
Großes Taubeneck
253
Sprinzel
Dürrenstein
Kaiserslauterner Hütte
Gr. Eyberg
198
Sandbühlerhof
Reinigshof
Rauhberg
514
Napoleonsfelsen
28
Preußenpfad
Schmalsteinfelsen
Am Schmalenstein (PWV)
206
W a s g a u
295
Knurrenhalde
Wöllmersbach
Dretschberger Kopf
373
Deckental
Bruchweiler-
460
Buchkamm
Zwicksteinfelsen
-Bärenbach
491
Jüngstbe
Deckenborn
Schlangenberg
266
331
Schackers
281
Großer Deckenberg
Dörrntalberg
Pfaffenberg
442
Fladenstein
Fischteiche
432
Aubühl
Großer Roßberg
Schützenfelsen
215
Falkenberg
Rumbach
Falkenmühle
Bundentha
Wasserstein
Johannes
Sumpfloch
229
Rumberg
Langenthal
Zingental
Sesselberg
276
446
An der Stirne
300
Wappenschmiede
Dennenhald
Kastelfels
285
Rumbachtal
245
Deutsch-Französische Touristikroute
0 500 m
Teufelstisch
278
Beißenberg
NSG
221
Gr. Adelsberg
Mäuerle

28 Felsentour

Napoleon-Steig

Naturpfade und Felsenlabyrinthe

DAUER	3h 45min
LÄNGE	11,5 km
HÖHENMETER	425 hm
SCHWIERIGKEIT	MITTEL
MIT ÖPNV ERREICHBAR	ja

Das erwartet dich ...

Mitten durch den Pfälzerwald wandern wir auf dem Napoleon-Steig. Der Premiumwanderweg führt auf naturbelassenen, teils steilen Waldpfaden, die kehrenreich über die schönen Waldhänge führen. An den felsigen Stellen ist Trittsicherheit geboten! Während der Saison wartet jeden Mittwoch und Sonntag mit der Pfälzerwaldhütte „Am Schmalstein" eine gemütliche Einkehr auf uns.

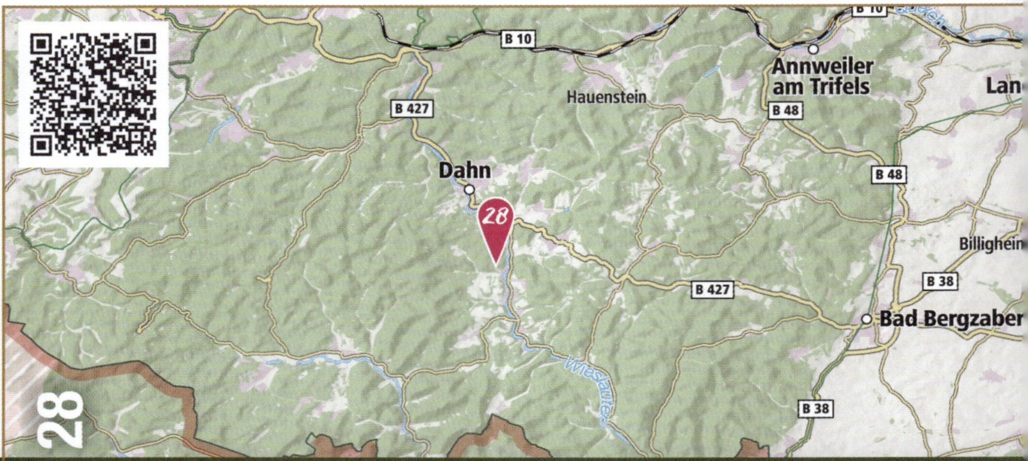

Felsentour 28

Start & Ziel & Anreise

Unser heutiger Ausgangspunkt ist der Wanderparkplatz hinter dem Däumlingswerk bei Bruchweiler-Bärenbach. Den Ort erreichen wir über die B 427 von Dahn oder Bad Bergzabern. Beim Kreisverkehr bei Reichenbach zweigen wir auf die Landstraße nach Bruchweiler-Bärenbach ab. Im Ort rechts über die Dorfstraße und weiter in die Fabrikstraße. Über „Im Wahrzeichen" erreichen wir den Friedhof. Von Mai bis Oktober fahren die Ausflugszüge „Bundenthaler" und „Felsenland Express" ins Dahner Felsenland.

Tourenbeschreibung

Los geht's in Bruchweiler-Bärenbach am großen Wanderparkplatz beim Däumlingswerk. Wir folgen einem schmalen Pfad nach rechts in den Wald. Am nächsten kreuzenden Forstweg biegen wir rechts ab und erreichen nach zwei steileren Abschnitten die Position Wöllmersberg. Hier überqueren wir einen weiteren Forstweg und stehen schon am beeindruckenden Retschelfelsen.

Ein Pfad leitet uns unter dem Felsen entlang. Wir passieren eine weitere, recht lange Felswand und stoßen nach einer Spitzkehre auf einen kleinen Felskopf, der nur auf wenigen Pfeilern steht. Auf dem Gratrücken schwenken wir flach nach rechts, dann wandern wir unter einem ausladenden Felsdach und einem Felsfenster hindurch. Die lang gezogene Felsmauer an unserer Seite ist auch als Eisenbahnzug bekannt. Auf der anderen Seite der markanten Felswand spazieren wir zurück zur Verzweigung. Wir gehen um eine Rechtskehre und passieren weitere Felsen, dann treffen wir auf die Kaiserlauterer Hütte.

Wir wandern links an der Hütte und einem Felsen vorbei. Die Route schickt uns danach scharf nach links über felsige Stufen und in Kehren bergab. Nach einem kleinen Felsenfenster erreichen wir den Talgrund und einen Forstweg. Wir folgen ihm nach rechts am Waldrand entlang. Zu unserer Linken beginnt eine große Lichtung. An einem Wegkreuz halten wir uns links und schlendern weiter am Waldsaum entlang. An einem kleinen grünen Häuschen halten wir uns links, spazieren über ein paar Wiesen und einen Holzsteg zur Weggabelung Reinigshofquelle.

Nun knicken wir scharf nach rechts und wandern weiter am Waldrand entlang. Am Ende der Lichtung halten wir uns rechts und treffen auf die Wegspinne Fällmersbachhalde. Wir wenden uns nach links bald über einen etwas steileren Waldhang hinauf. Der zuerst breite Weg verschmälert sich zu einem Pfad. Kurz vor einer Kuppe schwenken wir nach rechts und erreichen über einen teils steilen Pfad eine Verzweigung, an der eine schöne Aussichtsbank steht. Nach links machen wir einen schnellen Abstecher zum imposanten schon sichtbaren Napoleonfelsen.

Der Weiterweg fällt allmählich ab und bringt uns um eine Linkskehre zum Dretschbergfelsen. Wir gehen zwischen den Felsen hindurch und folgen einem Pfad den Waldhang hinab. Nach mehreren Kehren stoßen wir auf einen flachen Forstweg, der uns rechts herum zur Pfälzerwaldhütte „Am Schmalstein" begleitet. In einem Rechtsschwenk umrunden wir die große Lichtung, dann halten wir uns links. Der Weg steigt immer steiler zur Wegkreuzung Käskammer/Kiesbuckel an.

Über ein teils schlecht asphaltiertes Sträßchen treten wir aus dem Wald und schlendern weiter über aussichtsreiche Wiesen. Nach einer Kuppe biegen wir links ab und folgen einem Feldweg, der von Büschen und Bäumen gesäumt wird. Zuletzt geht es steil hinab zu einem kleinen Waldstück. Nach einer Links-Rechts-Kehre queren wir einen Bach und erreichen die Straße. Wir folgen ihr nach rechts entlang des Wöllmersbachs. Nach dem Ortseingang und den ersten Häusern halten wir uns links auf einen Pfad am Hang entlang hinauf. Er führt uns in einer Linkskehre zur Fabrikstraße und zum Parkplatz zurück.

29

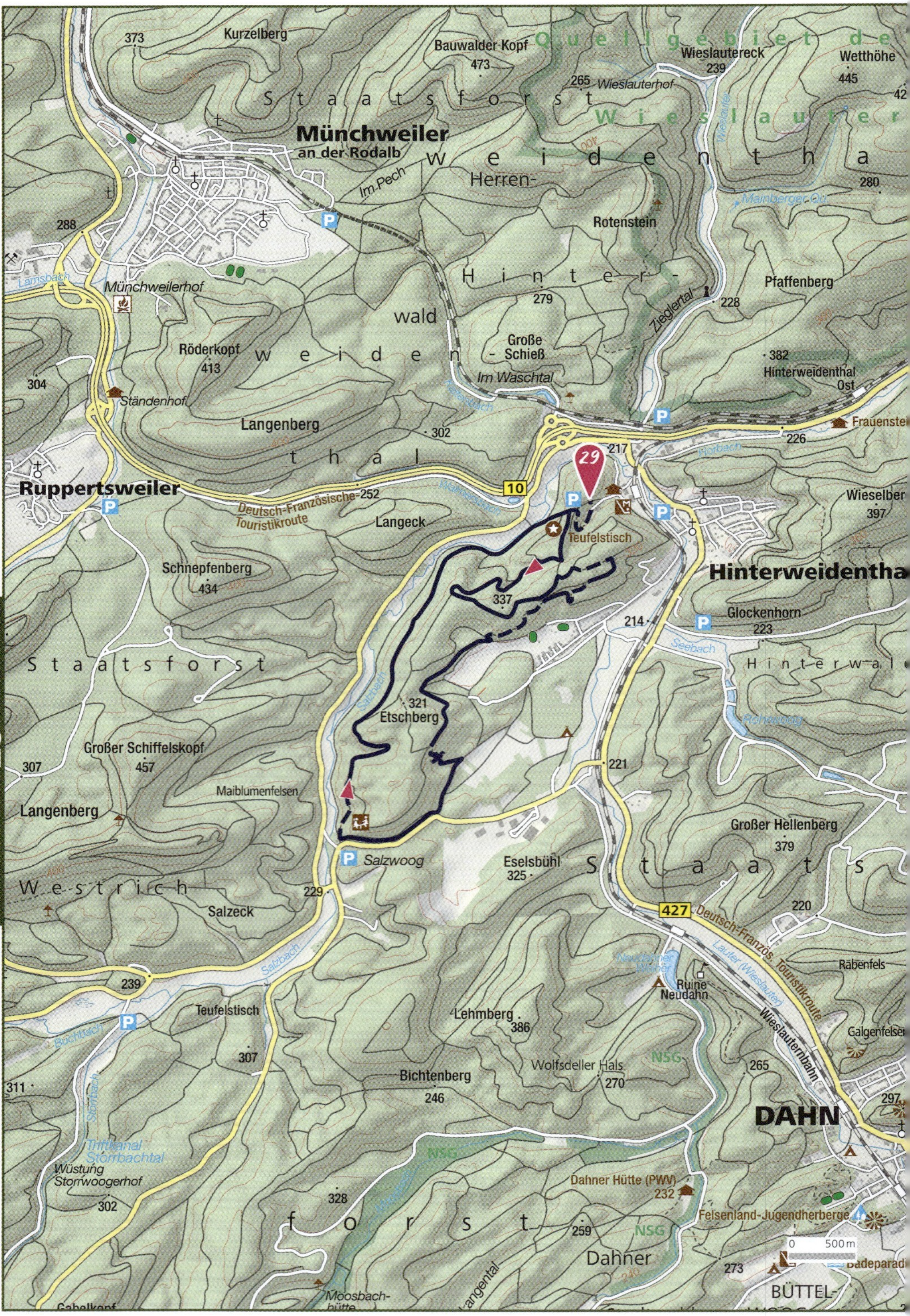

Kurzelberg
373
Bauwalder Kopf
473
Quellgebiet der Wieslauter
Wieslautereck
239
Wetthöhe
445
265 Wieslauterhof
Staatsforst
Münchweiler
an der Rodalb
Im Pech
Weidenthal
Herren-
Hinter-
wald
weiden-
thal
Rotenstein
Mamberger Qu.
280
288
Lambach
Münchweilerhof
279
Zieglertal
228
Pfaffenberg
Röderkopf
413
Große Schieß
Im Waschtal
382
Hinterweidenthal Ost
304
Ständenhof
Langenberg
302
217
226
Frauenste
Ruppertsweiler
10
Deutsch-Französische Touristikroute
252
Wieselber
397
Langeck
Teufelstisch
Hinterweidenthal
Schnepfenberg
434
337
214
Glockenhorn
223
Seebach
Staatsforst
Hinterwal
321
Etschberg
Salzbach
Großer Schiffelskopf
457
307
Maiblumenfelsen
221
Langenberg
Großer Hellenberg
379
Salzwoog
Eselsbühl
325
Westrich
229
Salzeck
Staats
220
427
Deutsch-Französ. Touristikroute
Rabenfels
Neudahner Weiher
Ruine Neudahn
Lauter (Wieslauter)
Wieslauternbahn
239
Salzbach
Teufelstisch
Buchbach
Lehmberg
386
Galgenfelsen
307
Wolfsdeller Hals
270
NSG
265
311
Bichtenberg
246
Storrbach
DAHN
297
Triftkanal Storrbachtal
Wüstung Storrwoogerhof
302
NSG
Dahner Hütte (PWV)
232
Felsenland-Jugendherberge
328
forst
259
NSG
Dahner
0 500 m
273
Badeparadi
Moosbach-hütte
Gabelkopf
Langental
BÜTTEL-

29 Felsentour

Teufelstisch-Tour

Sagenwälder bei Hinterweidenthal

DAUER	4h
LÄNGE	12,5 km
HÖHENMETER	440 hm
SCHWIERIGKEIT	LEICHT
MIT ÖPNV ERREICHBAR	ja

Das erwartet dich ...

Breite Wald- und Forstwege wechseln sich mit schmalen Waldpfaden ab. Diese steigen teils in kurzen, steilen Kehren hinauf und hinunter. Mit dem Teufelstisch erwartet uns einer der markantesten Felsen in der Pfalz. Der 14 Meter hohe Pilzfelsen erinnert tatsächlich an einen Tisch. Der Hinterweidenthaler Teufelstisch zählt zu den landschaftlichen Wahrzeichen der Pfalz.

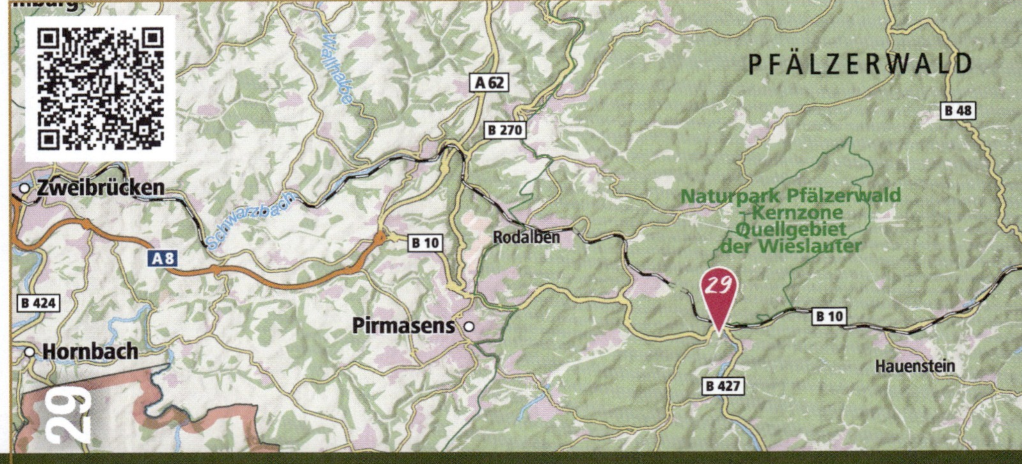

Felsentour 29

Start & Ziel & Anreise

Unser Ausgangspunkt liegt in Hinterweidenthal. Der Ort liegt direkt an der B 10 zwischen Pirmasens und Annweiler am Trifels. Der Parkplatz befindet sich in der Straße „Im Handschuhteich" direkt beim Erlebnispark. Von Pirmasens fährt stündlich die Regiobahn nach Hinterweidenthal. Vom Bahnhof sind es nur 400 Meter zu Fuß zum Ausgangspunkt.

Tourenbeschreibung

Wir wandern vom Parkplatz beim Erlebnispark hinauf zu dem bereits gut erkennbaren Teufelstischfelsen hoch über den Bäumen. Nach ein paar Metern schwenken wir links über ein paar Holztreppen hinauf zum Teufelstisch, der uns mit seiner markanten Felsform in den Bann zieht. Der wurzelige Pfad steigt weiter an. Oben führt er dann am Kamm entlang. Hier haben wir die Möglichkeit, nach rechts einen Abstecher zur ausgeschilderten Teufelsküche zu unternehmen. Dort stoßen wir auf einen weiteren, spannenden Felsen: die Teufelsschmiede.

Unsere Route führt uns nach rechts und auf einem Waldweg hinab. Einem breiten Waldweg mit der Markierung Nr. 6 folgen wir nach links. Er beschreibt eine Linkskurve, dann schwenken wir links unter einer Stromtrasse hindurch und weiter auf einem schmäleren Waldpfad. Er bringt uns zu einem umzäunten Aussichtspunkt, der „Schönen Aussicht".

Ein weiterer Linksbogen führt uns auf und ab durch den herrlichen, hochstämmigen Wald. Am Schnittpunkt zu unserem Hinweg folgen wir der Teufelstisch-Markierung in den Wald. Sanft führt sie uns teils in Kehren am Waldhang hinab. Unten stoßen wir auf einen breiten Forstweg. An der Rastbank biegen wir auf ihm nach rechts sanft hinauf. Schließlich verlassen wir wenig später den breiten Weg und folgen links einem schmalen Waldpfad. Nach einigen Kehren steigt er recht steil am Waldhang hinunter. Wir erreichen einen Brunnen mit Sitzbank und Gedenkstein – die Schwammbornquelle.

Kurz folgen wir dem breiten Forstweg, dann halten wir uns rechts und folgen der Route bis kurz vor die Straße. Erneut halten wir uns rechts, auf schmalem Pfad und etwas erhöht parallel zur Straße. Wir wandern am Ortsschild Salzwoog und an einem kleinen Friedhof jenseits der Straße vorbei und erreichen bei der Straßenkurve einen Picknickplatz. Rechts herum geht's in den Wald hinauf, erst steiler über Stufen, dann auf schmalem Pfad immer bergwärts, bis wir die Position Etschberg erreichen.

Die Route beschreibt eine deutliche Linkskehre, dann stehen wir an der Verzweigung mit dem Weg Nr. 6, beim Forstweg oberhalb vom Salzbachtal. Wir halten uns weiter links auf dem flachen Teufelstischweg. Eine Viertelstunde später neigt sich der Weg hinab, macht eine Rechtskehre und führt uns parallel zum unter uns dahinplätschernden Salzbach. An der nächsten Verzweigung verlassen wir den breiten Weg und halten uns auf einen schmalen Waldpfad bergan. An der Abzweigung zum Teufelstisch gehen wir kurz geradeaus, dann biegen wir rechts ab. Wir passieren eine Brücke und die Riesenrutsche und spazieren auf geplätteltem Weg hinab durch den Erlebnispark Teufelstisch. Nach einem Tunneldurchgang geht's zurück zum Parkplatz beim Erlebnispark.

Autoren Tipp

Der Erlebnispark Teufelstisch bei Hinterweidenthal bietet viele Attraktionen für die ganze Familie. Das Felsenmeer betont die Sichtachse zum Teufelstisch und beinhaltet den geologischen Lehrpfad. Mit der Seilbahn können die Kids im Geschwindigkeitsrausch durch die Luft schwingen, der Wasserspielplatz bietet Planschvergnügen an heißen Tagen. An der Minigolfanlage haben auch Erwachsene ihren Spaß. Im Winter hat der Erlebnispark geschlossen.

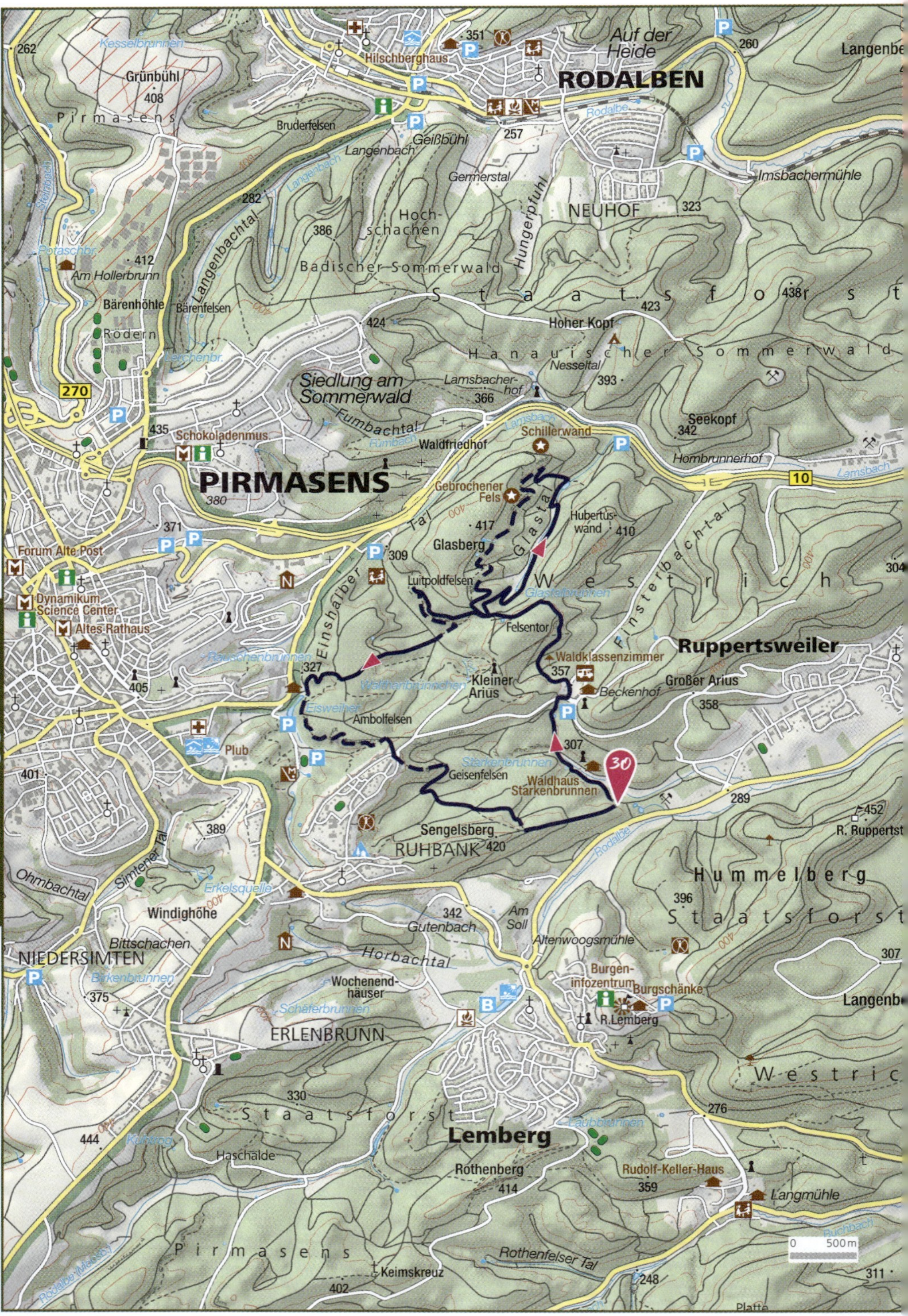

RODALBEN
Auf der Heide
Hilschberghaus
351
260
Langenbe
Kesselbrunnen
262
Grünbühl
408
Pirmasens
Bruderfelsen
Geißbühl
257
Rodalbe
Imsbachermühle
Langenbach
Germerstal
282
Langenbachtal
Hoch-schachen
Hungerpfuhl
NEUHOF
323
386
Badischer Sommerwald
Potaschbr.
412
Am Hollerbrunn
Bärenhöhle
Bärenfelsen
Staatsforst
438
423
Hoher Kopf
424
Rodern
Lerchenbr.
Hanauischer Sommerwald
Nesseltal
393
270
Siedlung am Sommerwald
Lamsbacher-hof
366
Fumbachtal
Fumbach
Waldfriedhof
Schillerwand
Seekopf
342
Hornbrunnerhof
Lamsbach
435
Schokoladenmus.
PIRMASENS
380
Gebrochener Fels
10
417
Hubertus-wand
410
371
Forum Alte Post
Glasberg
Glastal
309
Westrich
304
Luitpoldfelsen
Glasfelsbrunnen
Finsterbachtal
Dynamikum Science Center
Altes Rathaus
Einsalber Tal
Felsentor
Waldklassenzimmer
Ruppertsweiler
Rauschenbrunnen
327
405
Waldfrieden brunnen
Kleiner Arius
357
Beckenhof
Großer Arius
358
Eisweiher
Ambolfelsen
Plub
307
30
401
Starkenbrunnen
Geisenfelsen
Waldhaus Starkenbrunnen
289
452
R. Ruppertst
389
Sengelsberg
RUHBANK
420
Rodalbe
Ohmbachtal
Simtener Tal
Erkelsquelle
Hummelberg
396
Staatsforst
Windighöhe
342
Gutenbach
Am Soll
Altenwoogsmühle
Bittschachen
NIEDERSIMTEN
Horbachtal
Burgen-infozentrum
Burgschänke
307
Langenb
Birkenbrunnen
375
Wochenend-häuser
R.Lemberg
Schäferbrunnen
ERLENBRUNN
Westric
276
330
Staatsforst
Laubbrunnen
Lemberg
444
Kurlaing
Haschalde
Rothenberg
Rudolf-Keller-Haus
414
359
Langmühle
Buchbach
0 500m
Pirmasens
Rothenfelser Tal
311
Keimskreuz
248
402
Platte

Tour 30

30 Waldtour

Felsenwaldtour

Vor den Toren Pirmasens

DAUER	4h
LÄNGE	13,3 km
HÖHENMETER	470 hm
SCHWIERIGKEIT	MITTEL
MIT ÖPNV ERREICHBAR	nein

Das erwartet dich ...

Viele bizarre Sandsteinformationen erwarten uns östlich von Pirmasens im Felsenwald. Auf breiten Wald- und Forstwegen folgen wir dabei dem Premiumwanderweg, der uns den felsendurchsetzten Wald mit seinen schönsten Winkeln präsentiert. Die Pfade, die uns leiten, sind oft recht steil und kehrenreich. Eine Einkehr gibt es nur zu Beginn beim Beckenhof. Also Brotzeit nicht vergessen, zwischen den pittoresken Felsgebilden bieten sich schöne Rastmöglichkeiten.

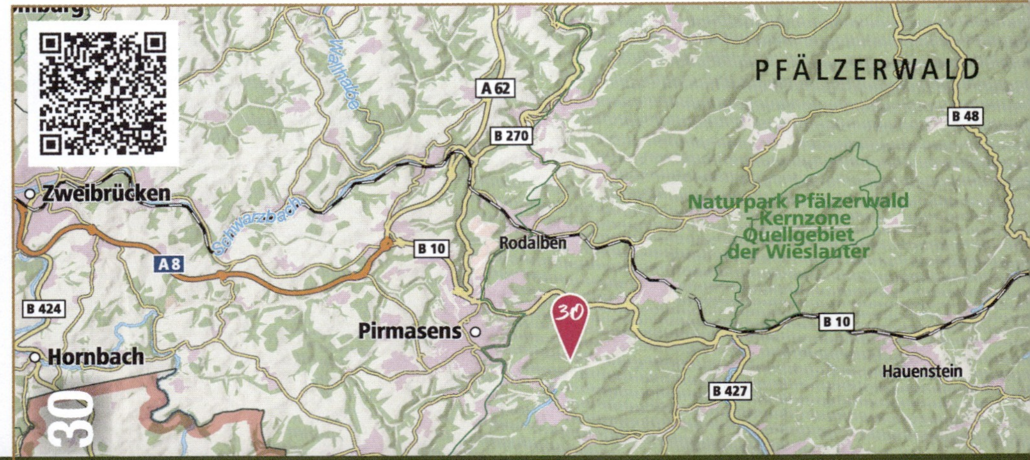

Waldtour 30

Start & Ziel & Anreise

Unser Ausgangspunkt ist der Wanderparkplatz Starkenbrunnen. Mit dem Auto fahren wir über die B 10 bis Pirmasens. Von hier aus weiter auf der Landstraße Richtung Lemberg. Am Kreisverkehr kurz vor dem Ort nehmen wir die linke Ausfahrt und fahren weiter auf der K 36 Richtung Ruppertsweiler. Der Parkplatz befindet sich nach ca. eineinhalb Kilometern auf der linken Seite. Eine Anfahrt mit öffentlichen Verkehrsmitteln ist nicht möglich.

Tourenbeschreibung

Vom Parkplatz Starkenbrunnen gehen wir zunächst nach rechts auf einen schmalen Pfad. Wir queren einen Schotterweg und folgen dem breiten Waldpfad geradeaus. Zu unserer Rechten passieren wir an einer Wiesenlichtung das mittlerweile geschlossene Waldhaus Starkenbrunnen. Der Weg verschmälert sich und steigt zu einer asphaltierten Straße an. Rechts erreichen wir den imposanten Beckenhof. Wir spazieren rechts am Hauptgebäude vorbei und halten uns danach links auf einen Waldpfad.

An einer Kreuzung folgen wir dem breiten Kiesweg nach links, dann dreht der Weg nach rechts und steigt sanft bergan. An der folgenden Gabelung linkshaltend erreichen wir das Felsentor. Dann schwenkt die Route scharf nach links und zieht hinauf bis an eine Forststraße. Wir folgen ihr nach links, schwenken jedoch ein wenig später rechts auf einen Waldweg. Er führt hinab und rechts um den Talschluss herum. Nach einer Linkskehre stehen wir vor den kleinen Wasserbecken der Glastalquelle.

Wir schlendern über die Lichtung, dann halten wir uns links auf einem ansteigenden Weg und bei einer scharfen Linkskehre zur Schillerwand. Ein herrlicher Pfad leitet uns an den Felsen vorbei, durch den Gebrochenen Felsen hindurch und in sanften Kurven am Hang entlang. Die Route führt rechts hinab zum Gebetbuch, einem gekippten Felsen, der einem aufgeschlagenen Buch ähnelt.

Zurück an der Verzweigung spazieren wir nach rechts am Waldrand entlang. Bei der folgenden Weggabelung schickt uns die Markierung scharf nach rechts hinab. Dann flacht der Weg ab, steigt noch einmal an und schlängelt sich wieder bergab zum Kugelfelsen. Der Felsenpfad biegt vorher scharf rechts in engen Kehren hinab ab und zum Eisweiher. Wir halten uns links bis zum Weiherende. Hier geht's links hinauf in den Wald. Wir passieren im Anstieg ein paar Felsen, dann fällt der Weg ab. Nach einem kreuzenden Waldweg steigen wir zwischen Felsen empor zum Mordloch, wo wir auf einen breiten Forstweg treffen.

Nach rechts passieren wir bald über ein Asphaltsträßchen und die Bushaltestelle Platte. Dann führt ein Kiesweg leicht bergan zum Geisenfelsen. Nach einer Rechts-Links-Kehre erreichen wir den Kanzelfelsen. Vor ihm geht's links hinab, über einen grasigen Waldweg, dann einen schmalen Pfad abwärts. Wenige Minuten später stehen wir wieder am Parkplatz Starkenbrunnen.

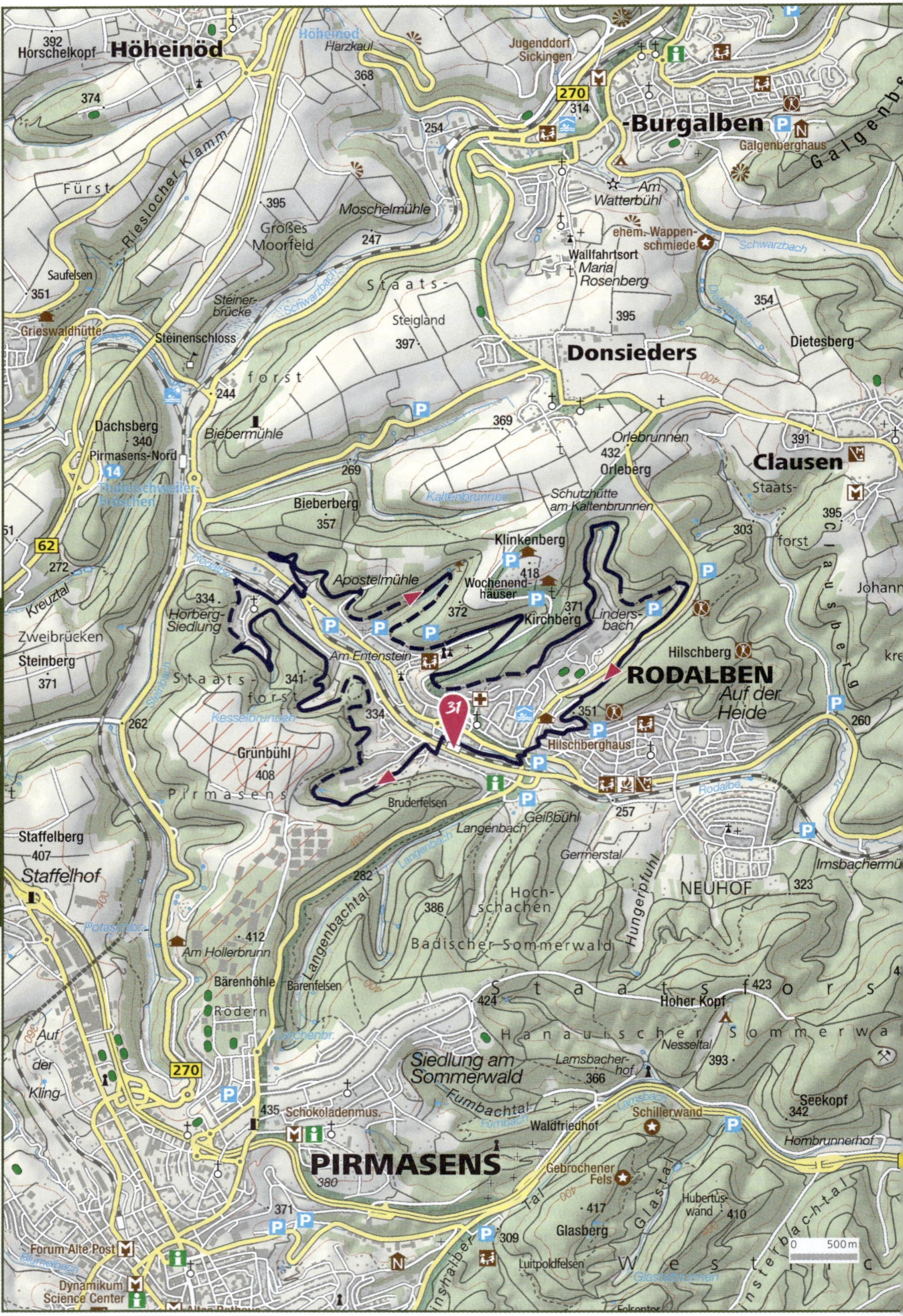

31

392 Horschelkopf
Höheinöd
Höheinöd Harzkaul
368
374
Jugenddorf Sickingen
270
314
Burgalben
Galgenberghaus
254
Fürst
Rieslocher Klamm
395
Großes Moorfeld
Moschelmühle
247
Am Watterbühl
ehem. Wappenschmiede
Schwarzbach
Wallfahrtsort Maria Rosenberg
Saufelsen
351
Grieswaldhütte
Steinerbrücke
Steinenschloss
Staats-
Steigland
397
forst
395
354
Dietesberg
Donsieders
244
Dachsberg
340
Pirmasens-Nord
14
Biebermühle
369
Orlebrunnen
432
Orleberg
391
Clausen
Staats-
269
Bieberberg
357
Kaltenbrunnen
Schutzhütte am Kaltenbrunnen
395
303
forst
Clausberg
62
272
Kreuztal
Zweibrücken
Steinberg
371
Klinkenberg
418
Wochenendhäuser
Apostelmühle
372
371
Kirchberg
Lindersbach
334
Horberg-Siedlung
Am Entenstein
Hilschberg
RODALBEN
Auf der Heide
Johann
Staatsforst
341
Kesselbrunnen
334
31
351
Hilschberghaus
260
262
Grünbühl
408
Pirmasens
Bruderfelsen
Langenbach
Geißbühl
257
Rodalbe
Staffelberg
407
Staffelhof
282
Langenbachtal
Germerstal
Imsbachermühle
NEUHOF
323
386
Hochschachen
Hungerpfuhl
Badischer Sommerwald
412
Am Hollerbrunn
Bärenhöhle
Bärenfelsen
Rödern
424
Staatsforst
423
Hoher Kopf
Hanauischer Sommerwald
Nesseltal
393
Auf der Kling
Siedlung am Sommerwald
Lamsbacherhof
366
270
Fumbachtal
435
Schokoladenmus.
Schillerwand
Seekopf
342
Waldfriedhof
Hombrunnerhof
PIRMASENS
380
Gebrochener Fels
371
417
Glastal
Hubertuswand
410
Glasberg
309
Forum Alte Post
Luitpoldfelsen
Westrich
Dynamikum Science Center
0 500 m

Tour 31

Felsentour 31

Rodalben – Felsenmeer

Auf dem Rodalber Felsenweg

DAUER	6h
LÄNGE	19,3 km
HÖHENMETER	653 hm
SCHWIERIGKEIT	MITTEL
MIT ÖPNV ERREICHBAR	ja

Das erwartet dich ...

Auf dieser Wanderung machen wir uns auf zu einem Rendezvous mit bizarren Felsen, die dem schönen Pfälzerwald hier ein recht mystisches Ambiente verleihen. Wir erkunden den ersten Abschnitt des Qualitätsweges „Rodalber Felsenwanderweg", der uns an unzähligen Buntsandsteinformationen vorbeiführt. Die vielen felsigen und wurzeligen Pfade können bei Nässe rutschig werden. Vorsicht ist auch an einigen steileren und abschüssigen Passagen geboten!

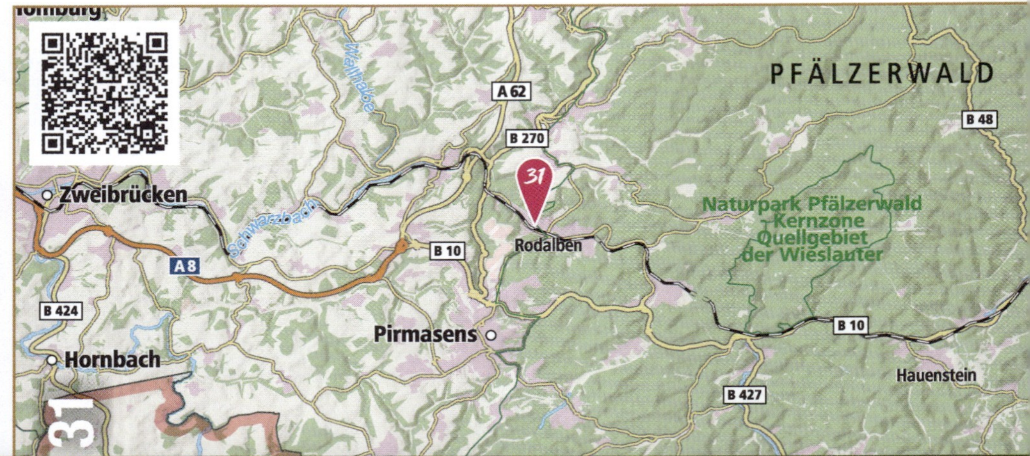

Felsentour 31

Start & Ziel & Anreise

Wir starten in Rodalben in der Bahnhofstraße. Mit dem PKW erreichen wir den Ort über die A62, Ausfahrt Pirmasens. Auf der B10 weiter nach Pirmasens, hier nehmen wir die Ausfahrt Rodalben/Husterhöhen und fahren auf der Landstraße L482 nach Rodalben. Parkmöglichkeiten befinden sich beim Bahnhof. Mit der Regiobahn geht's stündlich von Pirmasens Hauptbahnhof nach Rodalben.

Tourenbeschreibung

Der gesamte Rodalber Felsenwanderweg ist ein mannigfaltiger Rundwanderweg inmitten des Naturparks Pfälzerwald – er führt durch die Seitentäler der Rodalb und um die Ortslage von Rodalben. Er bietet spektakuläre Einblicke in die Felsenlandschaft der 200 Millionen Jahre alten Buntsandstein-Felsformationen, Höhlen, Feld- und Mischwaldpassagen. Einzigartige Ausblicke auf die malerischen Wälder, Berge und Täler versprechen ein vollendetes Naturerlebnis!

Am Rodalbener Bahnhof halten wir uns zunächst links, unter der Brücke eine Wendeltreppe hinauf und über die Brücke hinüber. Nach rechts stoßen wir auf die Bergstraße, die uns links aus dem Ort hinausführt; im Wald endet der Asphalt. Dafür leitet uns nun ein Waldweg zum Alten Bierkeller. Nach dem Schlangenbrunnen wandern wir auf schmalem und ausgesetztem Pfad in einer Rechtskehre am Waldhang entlang. Zu unserer Linken erblicken wir ein paar Felsen. Der Weg fällt ab und führt uns über ein kleines Felsendach zu den Kiesfelsen.

Kehren leiten uns hinunter und vor einem breiteren Weg halten wir uns links zum Felsenbunker am Köpfel samt Infotafel. Wir folgen dem Pfad weiter zur Alten Burg. Von diesem mächtigen Felsklotz haben wir nach rechts einen herrlichen Blick über Rodalben. Wir gehen einmal um den Burgberg herum, über den Vorwall der Befestigungsanlage und dann sanft den Waldhang entlang abwärts. Im Talschluss treffen wir erneut eine mächtige Felsformation – den Hettersbachfelsen.

Nach dem Entensteinfelsen stoßen wir in einer deutlichen Linkskehre zu den Horbergfelsen. Der Pfad steigt sachte hinab und rechts zu einer Forststraße. Das F-Zeichen schickt uns in den Wald hinauf und nach einer Rechtskehre erst leicht hinab, dann flach oberhalb der Häuser weiter. Kehren leiten uns hinunter zum Asphalt. Über den Petersberger Weg gelangen wir zur Horbergbrücke. Nach ihr folgen wir dem Eischweilerer Weg links hinauf. Nach dem Jugendheim Mühlkopf endet der Asphalt. Wir steigen weiter in den Wald hinauf, dann halten wir uns scharf rechts. Über den Waldhang geht's erneut an einigen Felsen vorbei. Einem asphaltierten Weg folgen wir ein paar Meter links hinauf, dann schwenken wir rechts und erreichen den beeindruckenden Zigeunerfelsen. Sein Gebilde ist eine langgezogene Felswand mit einer spannenden, überdachten Höhle.

Unsere Route mündet in einen breiten Forstweg. In einer scharfen Rechtskurve sehen wir links unter uns eine Kneippanlage und den Osterbrunnen samt Hütte. Ein schmaler Pfad leitet uns weiter zur nächsten Felsengruppe, den Maibrunnenfelsen. Nach dem Abzweig rechts zum Friedhof wandern wir am Waldrand entlang weiter. Wir biegen um eine Rechtskehre und spazieren hinab zur Straße. Wir überqueren sie und steigen wieder in Kehren bergan. An der nächsten Weggabelung besuchen wir links kurz die aussichtsreiche Kanzel.

Zurück an der Gabelung halten wir uns links. Oberhalb einiger Häuser wandern wir dann auf dem Felsenweg zu den Schweinefelsen. Rechts unter uns liegt der Fußballplatz. Über den Waldhang passieren wir die Geißendelle, dann halten wir uns rechts an Felsen vorbei. Steinig, wurzelig und kurvenreich leitet uns der abfallende Pfad am Hang entlang und bald wieder ansteigend zu den Lindersbachfelsen. Wir umrunden das Schützenhaus nach rechts, dann führt uns der schmale Waldpfad zur Straße hinauf. Zehn Minuten, nachdem wir sie überquert haben, stehen wir am Hilschberghaus. Ein geplätteter Weg leitet uns über ein paar Stufen hinunter. An der Ringstraße biegen wir nach rechts ab und spazieren über die Lohnbrücke und die Bahnhofstraße zurück zum Ausgangspukt.

32

Fürst
395
Großes Moorfeld
Moschelmühle
247
Saufelsen
Rieslocher Klamm
351
Grieswaldhütte
Thaleischweiler-Fröschen
Steinerbrücke
Schwarzbach
Staats-
Steigland
397
forst
Steinenschloss
244
Wallfahrtsort Maria Rosenberg
ehem. Wappenschmiede
Schwarzbach
354
Dietesberg
395
Donsieders
Dachsberg
340
Pirmasens-Nord
14
Thaleischweiler-Fröschen
Biebermühle
269
369
Orlebrunnen
432
Orleberg
391
Clausen
Staats-
forst
395
Claus berg
Kaltenbrunnen
Schutzhütte am Kaltenbrunnen
Bieberberg
357
351
62
272
Staatsforst
Rodalbe
Klinkenberg
418
Wochenendhäuser
303
Johann
Kreuztal
Zweibrücken
Steinberg
371
334
Horberg-Siedlung
Staats-
forst
Apostelmühle
372
371
Lindersbach
Kirchberg
Hilschberg
RODALBEN
Auf der Heide
Am Entenstein
341
334
32
Hilschberghaus
351
260
262
Kesselbrunnen
Grünbühl
408
Pirmasens
Bruderfelsen
257
Rodalbe
Geißbühl
Langenbach
Germerstal
Staffelberg
407
Staffelhof
282
Langenbachtal
386
Hochschachen
Hungerpfuhl
NEUHOF
Imsbachermühle
323
FEHRBACH
412
Am Hollerbrunn
Badischer Sommerwald
Brach
379
Bärenhöhle
Bärenfelsen
424
Staatsforst
423
Hoher Kopf
Rodern
Auf der Kling
Lerchenbr.
Hanauischer Sommerwald
Nesseltal
393
Siedlung am Sommerwald
Lamsbacherhof
366
270
Fumbachtal
Lamsbach
Seekopf
342
435
Schokoladenmus.
Waldfriedhof
Schillerwand
Hombrunnerhof
PIRMASENS
380
Gebrochener Fels
10
371
417
Hubertuswand
410
Glasberg
Glastal
Forum Alte Post
309
Tal
Luitpoldfelsen
Westrich
Finsterbachtal
Glasbergbrunnen
Dynamikum Science Center
Altes Rathaus
Einshalber
Felsentor
Waldklassenzimmer
Imserbühl
396
Klosterhof
405
327
Kleiner Arius
357
Beckenhof
Großer Arius
358
Eisweiher
Ambolfelsen
Ruppertsweiler
0 500 m
307
Plub
Waldhaus Stärkenbrunnen
401
Geisenfelsen
289

Bärenhöhle Rodalben

Größte Natursandsteinhöhle der Pfalz

DAUER	3h 45min
LÄNGE	11,8 km
HÖHENMETER	295 hm
SCHWIERIGKEIT	MITTEL
MIT ÖPNV ERREICHBAR	ja

Das erwartet dich ...

Mit der Bärenhöhle erwartet uns die größte natürliche Felsenhöhle der Pfalz; sie ist 40 Meter tief. Aus ihrem Inneren fließt ein Bächlein, das über eine Felsstufe einen natürlichen Wasserfall bildet. Breite Wald- und Forstwege begleiten uns dabei ebenso wie schmale, stellenweise wurzelige und felsige, manchmal auch etwas ausgesetzte Pfade. Vorsicht bei Nässe ist mit rutschigen Verhältnissen zu rechnen!

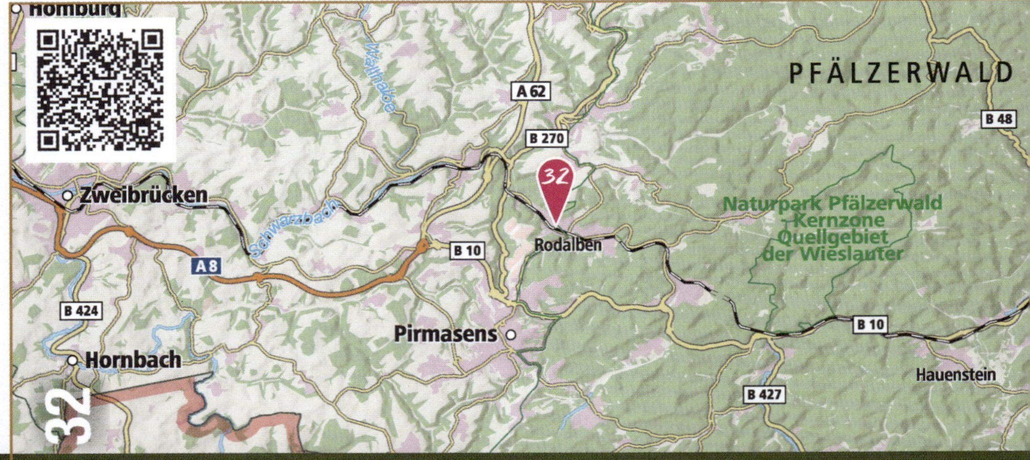

Start & Ziel & Anreise

Wir starten in Rodalben in der Bahnhofstraße. Mit dem PKW erreichen wir den Ort über die A62, Ausfahrt Pirmasens. Auf der B10 weiter nach Pirmasens, hier nehmen wir die Ausfahrt Rodalben/Husterhöhe und fahren auf der Landstraße L482 nach Rodalben. Parkmöglichkeiten befinden sich beim Bahnhof. Mit der Regiobahn geht's stündlich von Pirmasens Hauptbahnhof nach Rodalben.

Tourenbeschreibung

Wir folgen zunächst der Bahnhofstraße, bis wir an der Pirmasenser Straße rechts einbiegen. Über die Gleise und unter der Straßenbrücke hindurch geht's sanft hinauf. An der Geißbühl-Straße schwenken wir links und wandern übers Ende des Asphaltes hinaus am Waldrand entlang. Wenig später leitet die Route links in den Wald. Wir steigen weiter hinauf, biegen um eine Rechtskehre und folgen dann einem teils ausgesetzten Pfad durch den Wald. Bei der nächsten Rechtskehre stoßen wir auf die grünen Seibelsbachfelsen.

Weiter unten treffen wir auf die Dekan-Ehling-Hütte. Links an der Hütte vorbei folgen wir den spitzen Kehren hinunter zu einem breiteren Weg, bis wir an den Steigertfelsen stehen. Wir verlassen den Weg in der Linkskehre und folgen der Felsenweg-Markierung zu den Wüstlandgenbachfelsen. Im Talschluss überqueren wir nach rechts einen Bach. Bei der folgenden Weggabelung halten wir uns mit der Markierung links. Nach einer Rechtskurve schieben sich die mächtigen Langebachfelsen in unser Blickfeld. Nur kurze Zeit später haben wir dann auch die Obere Bärenhöhle erreicht.

Wir spazieren an der Höhle vorbei und ein paar Stufen hinauf. Ein Hangweg leitet uns an den Bärenfelsen und andern, feuchten Felsen vorbei. Wir passieren zweimal einen Brettersteg. Links über uns befindet sich die Straße, rechts unterhalb erkennen wir einen Bach neben einem breiten Fahrweg. Am Asphalt geht's nach links, über die Straße und mit einem schottrigen Waldweg zu einer Gabelung hinauf. Nach rechts öffnet sich der malerische Wald und beschert uns schöne Blicke über die Häuser von Rodalben. Linker Hand zweigt ein Pfad ab und bringt uns in einem kurzen Abstecher zum Aussichtspunkt Bruderfelsen.

Der Felsenwanderweg führt uns an den Baumbuschfelsen vorbei und über eine Linkskehre zum Alten Bierkeller. Wir halten uns rechts hinab zur Bergstraße. An der Baumbuschstraße schwenken wir nach rechts, an der Kirchstraße biegen wir links ab. Mitten auf der Marienbrücke leitet uns dann eine Wendeltreppe hinunter. Nur kurze Zeit später haben wir wieder den Bahnhof erreicht.

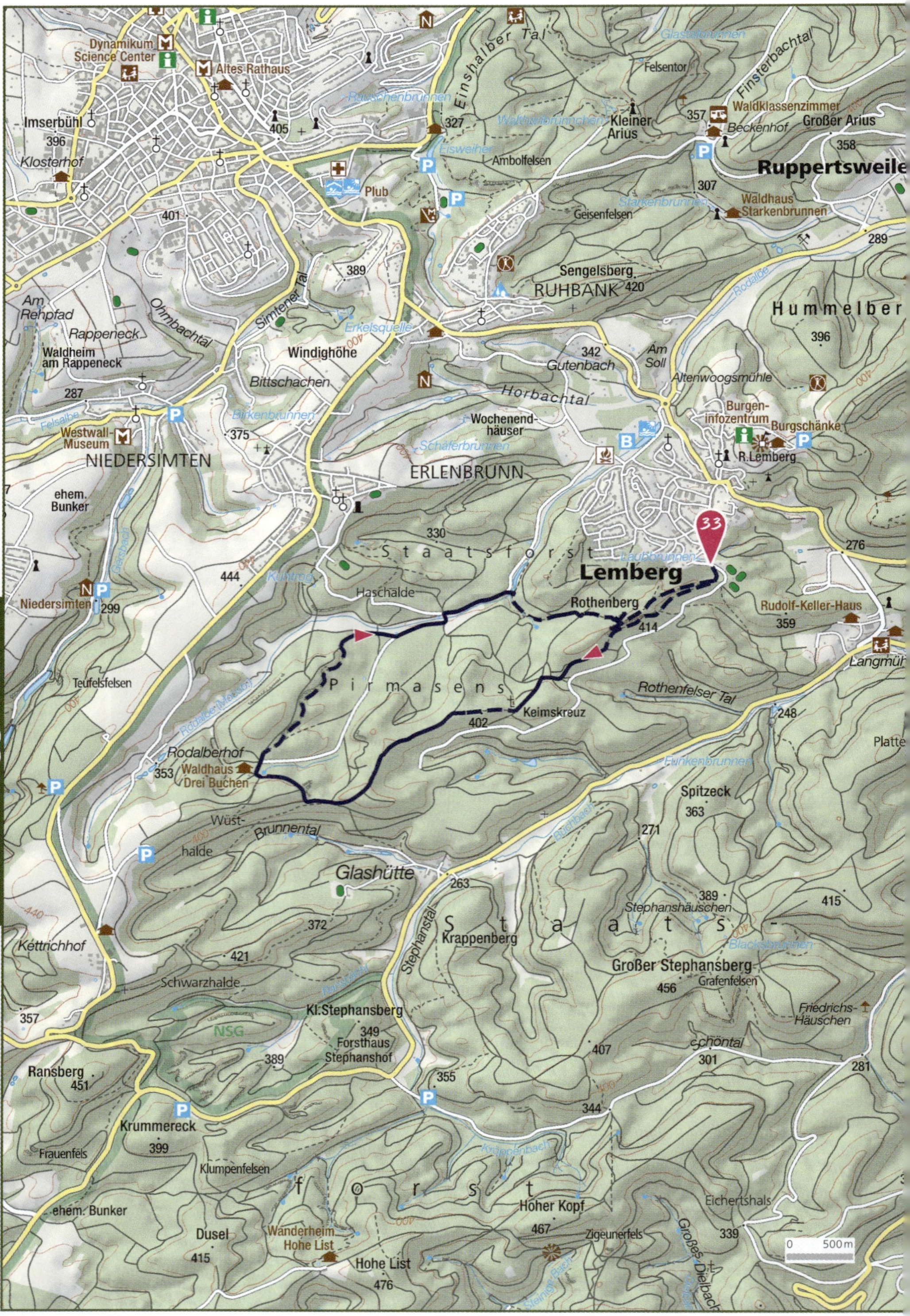

33

Dynamikum Science Center
Altes Rathaus
Imserbühl
396
Klosterhof
405
327
Einshalber Tal
Rauschenbrunnen
Waldhausbrunnen
Eisweiher
Ambolfelsen
Felsentor
Kleiner Arius
357
Waldklassenzimmer
Beckenhof
Großer Arius
358
Finsterbachtal
Glastalbrunnen
Ruppertsweile
307
Starkenbrunnen
Waldhaus Starkenbrunnen
Geisenfelsen
289
Plub
401
389
Sengelsberg
420
RUHBANK
Hummelber
396
Am Rehpfad
Rappeneck
Ohmbachtal
Simtener Tal
Erkelsquelle
Waldheim am Rappeneck
Windighöhe
342
Gutenbach
Am Soll
Altenwoogsmühle
Bittschachen
Horbachtal
287
Felsalbe
Birkenbrunnen
Wochenend-häuser
Schäferbrunnen
Burgen-infozentrum
Burgschänke
R.Lemberg
Westwall-Museum
375
NIEDERSIMTEN
ERLENBRUNN
ehem. Bunker
330
Staatsforst
Laubbrunnen
33
Lemberg
276
444
Kuhtrog
Haschalde
Rothenberg
414
Rudolf-Keller-Haus
359
Niedersimten
299
Langmühl
Teufelsfelsen
Pirmasens
Rothenfelser Tal
248
Keimskreuz
402
Platte
Rodalberhof
353
Waldhaus Drei Buchen
Funkenbrunnen
Spitzeck
363
Wüst-halde
Brunnental
271
Glashütte
263
372
Krappenberg
Stephanstal
389
Stephanshäuschen
415
Staats-
Blacksbrunnen
Kettrichhof
421
Großer Stephansberg
Grafenfelsen
456
Schwarzhalde
Kl.Stephansberg
349
Forsthaus Stephanshof
Friedrichs-Häuschen
357
NSG
389
407
Schöntal
301
281
Ransberg
451
355
344
Krummereck
399
Frauenfels
Klumpenfelsen
Kroppenbach
forst
Hoher Kopf
467
Eichertshals
ehem. Bunker
Dusel
415
Wanderheim Hohe List
Hohe List
476
Zigeunerfels
339
Großes Dielbach
0 500 m

Tour 33

33

Waldtour

Rothenberg-Weg

Sandsteinfelsen bei Lemberg im Rotalbtal

DAUER	3h
LÄNGE	9,8 km
HÖHENMETER	325 hm
SCHWIERIGKEIT	MITTEL
MIT ÖPNV ERREICHBAR	ja

Das erwartet dich ...

Spannende Naturerlebnisse gibt es auf dem Rothenberg-Weg zu entdecken. Der knapp 10 Kilometer lange Rundweg führt über naturbelassene Wald- und Felsenpfade, vorbei an idyllischen Bachläufen und bietet großartige Ausblicke vom Gipfel des Rothenbergs. Vorsicht auf den wurzeligen und steinigen Wegpassagen. Der Rundweg ist sehr gut ausgeschildert.

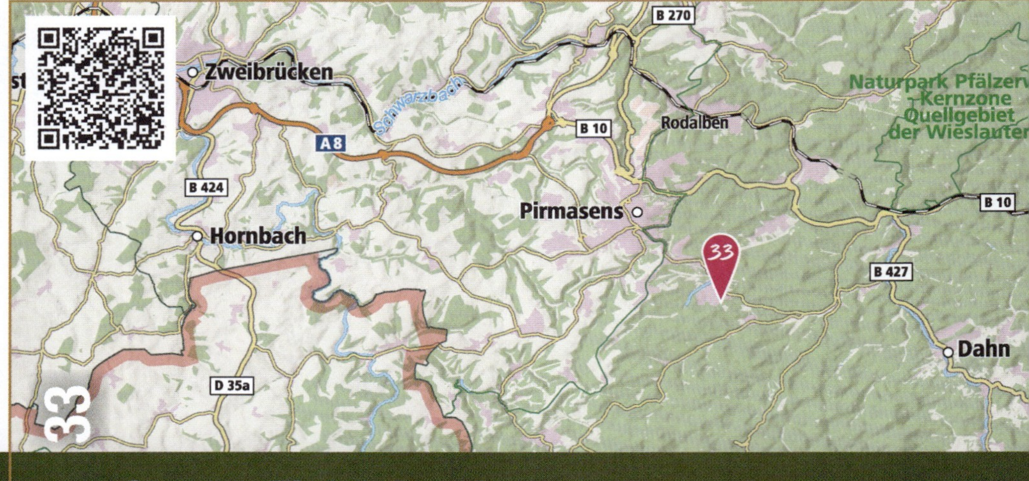

Waldtour 33

Start & Ziel & Anreise

Unser Ausgangspunkt liegt südlich von Lemberg, in der Laubbrunnenstraße. Von Pirmasens fahren wir auf der Landstraße L 486 Richtung Süden nach Lemberg. Im Ort rechts über die Glashütter Straße zur Laubbrunnenstraße. Parkplätze gibt es beim Sportplatz. Von Pirmasens fährt der Bus Nr. 250 Richtung Dahn über Lemberg-Ortsmitte.

Tourenbeschreibung

Wir richten uns am Parkplatz in Lemberg nach der Markierung Rothenberg-Weg auf einem Pfad in den Wald hinauf. Nach einer Rechtskehre gabelt sich der Weg. Wir halten uns rechts und folgen einem schmäleren Pfad bergan. Bald schlängelt sich der Pfad an einer imposanten Felswand vorbei und am Waldhang entlang. Immer wieder säumen dabei spannende Felsgebilde unseren Weg. An einem breiten Forstweg biegen wir rechts ab und halten uns an einer Gabelung links. Danach kreuzen wir an einer Unterstandshütte einen Forstweg und gelangen nach einem Linksschwenk an das hölzerne Keimskreuz.

Die Route führt uns nach dem Kreuz rechts auf einen schmalen Pfad. Wir steigen auf einen breiten Gratrücken hinauf und folgen der Markierung im lichten Wald durch kleinen Felsen. Schließlich erreichen wir das Waldhaus Drei-Buchen. Vor der Hütte halten wir uns rechts, bei der nächsten Wegkreuzung geht's nochmals rechts Richtung Rodalbal. Gleich darauf nehmen wir eine Abzweigung nach links. Zu unserer Linken erscheinen wieder ein paar Felsen. Der Weg schlängelt sich schmal und eben durch den Wald und bald hinab an eine Forststraße. Links öffnet sich eine Wiesenlichtung im Tal der Rodalbe.

Am Forstweg geht's nach rechts am Waldrand eben geradeaus. An einem Infoschild über Vögel queren wir eine Lichtung, am Asphalt halten wir uns rechts. An der Infotafel „Geheimnisse im Kleingewässer" lassen wir den Asphalt hinter uns. Ein schmaler Pfad führt uns nach rechts. Wir queren einen Bachlauf und biegen am Waldrand rechts ab. Mit der Wegmarkierung wandern wir sanft empor, bis wir bei Steinstufen scharf rechts abbiegen. Nach einer Hangtraverse biegen wir wieder über einige Stufen scharf links ab und erreichen den felsigen Grat. Wir spazieren zwischen den Felsen hindurch auf den Gratrücken und zum Aussichtspunkt Gottfriedsruhe.

Wir genießen nun das Wegstück durch den lichten Wald und zwischen einigen Felsüberhängen hindurch, an Höhlen vorbei, bis wir zum links ausgeschilderten Lemberg-Blick kommen. Nach tollem Ausblick geht's zurück zur Abzweigung und links auf den schmalen Pfad. Nach dem letzten Felsen steigen wir ein paar Steinstufen hinab, dann erreichen wir rechtshaltend ein mächtiges Felsdach und den Hinweg. Er bringt uns in wenigen Minuten zurück zum Parkplatz in Lemberg.

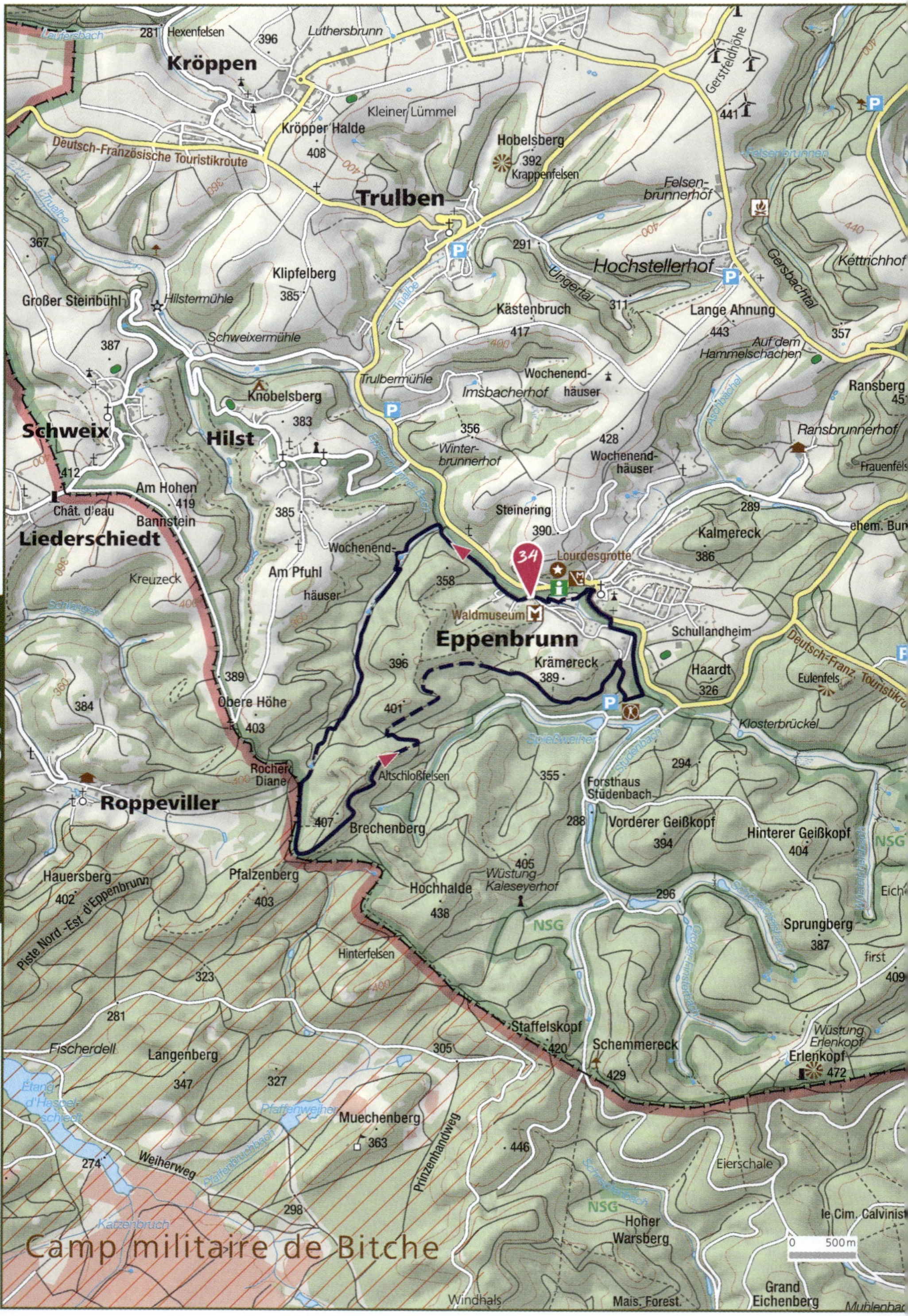

Hexenfelsen
Kröppen
Luthersbrunn
Kleiner Lümmel
Kröpper Halde
Hobelsberg
392
Krappenfelsen
Gerstfeldhöhe
441
Deutsch-Französische Touristikroute
Trulben
Felsenbrunnerhof
Felsenbrunnen
Kettrichhof
Gersbachtal
Hochstellerhof
Lange Ahnung
443
Auf dem Hammelschachen
357
Klipfelberg
385
Großer Steinbühl
Hilstermühle
Schweixermühle
Kästenbruch
417
Ungertal
291
311
Trulbermühle
Imsbacherhof
Wochenendhäuser
Knobelsberg
383
Schweix
Hilst
356
Winterbrunnerhof
428
Wochenendhäuser
Ransberg
Ransbrunnerhof
Frauenfels
412
Am Hohen
419
Bannstein
Chât. d'eau
Liederschiedt
385
Steinering
390
289
Kalmereck
386
ehem. Bur
Wochenendhäuser
Am Pfuhl
Lourdesgrotte
Kreuzeck
358
Waldmuseum
Eppenbrunn
Schullandheim
396
Krämereck
389
Haardt
326
Eulenfels
Deutsch-Franz. Touristikro
389
Obere Höhe
403
384
401
Klosterbrückel
Spießweiher
Studenbach
Rocher Diane
Altschloßfelsen
355
294
Forsthaus Stüdenbach
Roppeviller
407
Brechenberg
288
Vorderer Geißkopf
394
Hinterer Geißkopf
404
NSG
Hauersberg
402
Pfalzenberg
403
Piste Nord-Est d'Eppenbrunn
Hochhalde
438
405
Wüstung Kaleseyerhof
296
Sprungberg
387
Eich
first
409
Hinterfelsen
323
281
Staffelskopf
420
Schemmereck
429
Wüstung Erlenkopf
Erlenkopf
472
Fischerdell
Langenberg
347
327
305
Étang d'Hasselschiedt
Pfaffenweiher
Muechenberg
363
Prinzenhandweg
446
274
Weiherweg
Pfaffenbrunnbach
Eierschale
298
Katzenbruch
Camp militaire de Bitche
Hoher Warsberg
le Cim. Calvinis
0 500 m
Grand Eichenberg
Windhals
Mais. Forest.
Muhlenbach

Schlosstour 34

Altschlosspfad

Längstes Buntsandsteingebilde im Rheinland-Pfalz

DAUER	3h 15 min
LÄNGE	10,8 km
HÖHENMETER	330 hm
SCHWIERIGKEIT	MITTEL
MIT ÖPNV ERREICHBAR	ja

Das erwartet dich ...

Der Altschlosspfad führt durch eine grandiose Naturlandschaft durch den Pfälzerwald und gipfelt am Natur- und Kulturdenkmal Altschlossfelsen. Die mächtigen orange-roten Felstürme aus Buntsandstein begleiten uns ein Stück unseres Weges und begeistern mit ihren abwechslungsreichen Farbkompositionen. An einigen Stellen der schmalen Felspfade ist Vorsicht geboten. Gerade bei Nässe besteht hier erhöhte Rutschgefahr.

Schlosstour 34

Start & Ziel & Anreise

Los geht's in Eppenbrunn. Mit dem Auto fahren wir von Pirmasens auf der K4 und K5 über Erlenbrunn und Kettrichhof bis Eppenbrunn. Der Parkplatz befindet sich an der Ecke Himbaumstraße/Neudorfstraße. Von Pirmasens fährt der Bus Nr. 2563 nach Eppenbrunn-Ortsmitte.

Tourenbeschreibung

Der Altschlosspfad bei Eppenbrunn erhielt die Nominierung „Deutschlands schönster Wanderweg 2022". Der Weg führt 1,5 km entlang der steilen, roten Wand aus Buntsandstein, deren Felstürme an den höchsten Punkten bis zu 38 Meter hoch sind. Damit sind die Altschlossfelsen das größte Buntsandsteinmassiv der Pfalz und auch grenzüberschreitend ein Anziehungspunkt für Wanderer. Abgerundet wird das Bild durch die romantischen Wälder und idyllischen Woogen.

Wir wenden uns am Parkplatz in Eppenbrunn der Himbaumstraße zu. Sie führt hinauf zum Hotel Kupper, an dem wir rechts abbiegen und unterhalb zum Wald schlendern. Rechts unter uns rauscht der Eppenbrunner Bach in der Talsohle, 100 Meter weiter rechts sehen wir die Autostraße. Der breite Waldweg leitet uns zu einer Holzbrücke. Wir queren sie, dann geht's gleich nach links auf einen schmalen, ansteigenden Pfad. Bald erblicken wir die ersten Felsen. Einem breiten Waldweg folgen wir nach links zu einer Lichtung. Wir kreuzen ein Sträßchen und halten uns danach rechts auf einem Grasweg am Waldrand entlang. An einer feuchten Stelle helfen Bretterbohlen weiter. Am Ende der Lichtung führt der Pfad in den Wald hinauf. Rechts und links säumen große Steine den Weg. Holzbrücken leiten uns über kleinere Bäche, bis wir an der Abzweigung rechts beim Rocher de Diane (Dianabild) stehen.

Wir wenden uns hier jedoch nach links auf sandigem Waldweg weiter. Er steigt bald stärker an und führt uns deutlich felsiger zu einer scharfen Linkskehre. Oben an den Felsen machen wir einen Abstecher zu ein paar interessanten Aussichtspunkten. Die Wegmarkierung schickt uns rechts unterhalb der Felsen weiter, an gigantischen Wänden und felsigen Türmen entlang, unter riesigen Dächern hindurch und an großen Felshöhlen vorbei. Eine halbe Stunde genießen wir den herrlichen Weg an der gigantischen Felskulisse, dann schwenken wir in einer Links-Rechts-Kehre sanft empor und spazieren weiter am Waldhang entlang. Nach ein paar weiteren Felsen halten wir uns links durch ein großes Felsentor, dann wandern wir wieder an den mächtigen Felswänden und bizarren Felstürmen entlang.

Schließlich fällt die Route am Ende der Felsengalerie leicht ab und bringt uns zu einem Fahrweg. Wir folgen ihm nach links, passieren einen freien Platz mit Infotafel zum Altschlosspfad und eine Kreuzung und tauchen wieder in den Wald ein. Am breiten Forstfahrweg wenden wir uns nach rechts. Er bringt uns in einer Linkskehre hinab und weiter rechtshaltend zu einer Weggabelung. Wir wählen den linken, markierten Weg zum Hohlen Fels.

Die Route steigt an und bringt uns dann flach über einen bewachsenen Grat. Zu unserer Linken schimmert eine Wiesenlichtung durch die Bäume. Ein grasiger Weg bringt uns hinunter zum Ende des Waldes und an eine asphaltierte Straße samt Haus. Der Altschlosspfad knickt vor dem Haus scharf rechts ab und folgt einem Forstweg, den wir jedoch bald schon wieder nach links verlassen. Ein schmaler Pfad zieht sich im Wald hinab und trifft oberhalb eines kleinen Baches auf einen Forstweg. Wir schwenken scharf nach links zum Mühlweiher.

Oberhalb des Seeufers wandern wir zu einem Asphaltsträßchen. An der Vita Natura Klinik geht's noch vorbei, dann rechts zur Weiherstraße. Ein paar Schritte später schwenken wir links über ein paar Steinstufen zum Freizeitpark hinunter. Wir schlendern am Haus des Gastes vorbei und kehren zurück zum Parkplatz an der Himbaumstraße.

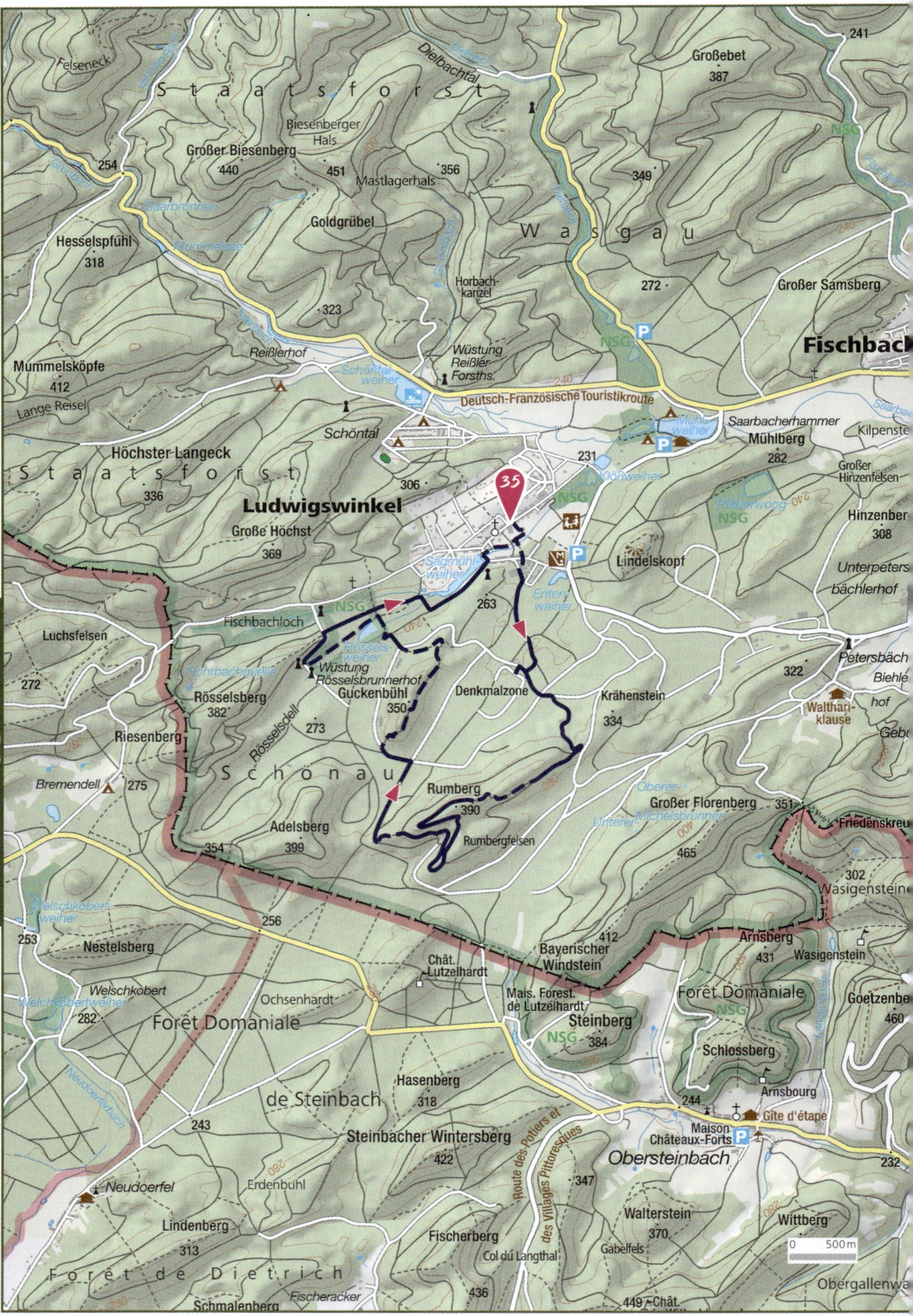

Staatsforst
Felseneck
Dielbachtal
Großebet
387
241
Biesenberger Hals
Großer Biesenberg
440
451
356
Mastlagerhals
254
Saarbrunnen
Hesselspfühl
318
Goldgrübel
Wasgau
349
Horbach-kanzel
272
Großer Samsberg
323
Reißlerhof
Wüstung Reißler Forsths.
Fischbach
Mummelsköpfe
412
Lange Reisel
Schöntalweiher
Deutsch-Französische Touristikroute
Saarbacherhammer
Mühlberg
282
Kilpenstein
Schöntal
Mühlweiher
231
Großer Hinzenfelsen
Höchster Langeck
Staatsforst
336
306
Klößweiher
Pfälzerwoog
Hinzenberg
308
Ludwigswinkel
Große Höchst
369
Lindelskopf
Unterpetersbächlerhof
Sägmühlweiher
Enten-weiher
263
NSG
P
Fischbachloch
Luchsfelsen
Rösselsweiher
Wüstung Rösselsbrunnerhof
Petersbächel
272
Fischbachquelle
Guckenbühl
Denkmalzone
Krähenstein
322
Biehlerhof
Rösselsberg
382
350
334
Walthari-klause
Riesenberg
273
Rösselsdell
Schönau
Bremendell
275
Rumberg
Oberer-Unterer Michelsbrunnen
Großer Florenberg
351
Friedenskreuz
390
Adelsberg
399
Rumbergfelsen
354
465
302
Wasigenstein
Welschkobertweiher
256
253
Nestelsberg
412
Bayerischer Windstein
Arnsberg
431
Wasigenstein
Chât. Lutzelhardt
Welschkobert
Ochsenhardt
Mais. Forest. de Lutzelhardt
Forêt Domaniale
Goetzenberg
282
Forêt Domaniale
Steinberg
384
460
Schlossberg
Hasenberg
318
de Steinbach
244
Arnsbourg
Gîte d'étape
243
Maison Châteaux-Forts
Steinbacher Wintersberg
422
Obersteinbach
232
Route des Potiers et des Villages Pittoresques
347
Neudoerfel
Erdenbühl
Walterstein
370
Lindenberg
313
Fischerberg
Wittberg
Gabelfels
Col du Langthal
0 500 m
Forêt de Dietrich
Fischeracker
436
449
Châtel.
Obergallenwald
Schmalenberg

Rumbergsteig

Zu den Rumbergfelsen und über den Guckenbühl

DAUER	4h
LÄNGE	11,8 km
HÖHENMETER	337 hm
SCHWIERIGKEIT	MITTEL
MIT ÖPNV ERREICHBAR	ja

Das erwartet dich ...

Der Rumbergsteig leitet uns hervorragend mit einem orange-farbenen Wegzeichen ausgeschildert an mächtigen Felstürmen vorbei und durch abwechslungsreiche Wälder. Gleich zu Beginn streifen wir das ehemalige Militärgelände der Area 1, auf dem wir die letzten Spuren des ehemaligen Sonderwaffendepots der US-Armee erkunden können. Im Bereich Rumbergfelsen und Guckenbühl müssen wir mit steileren Abschnitten rechnen.

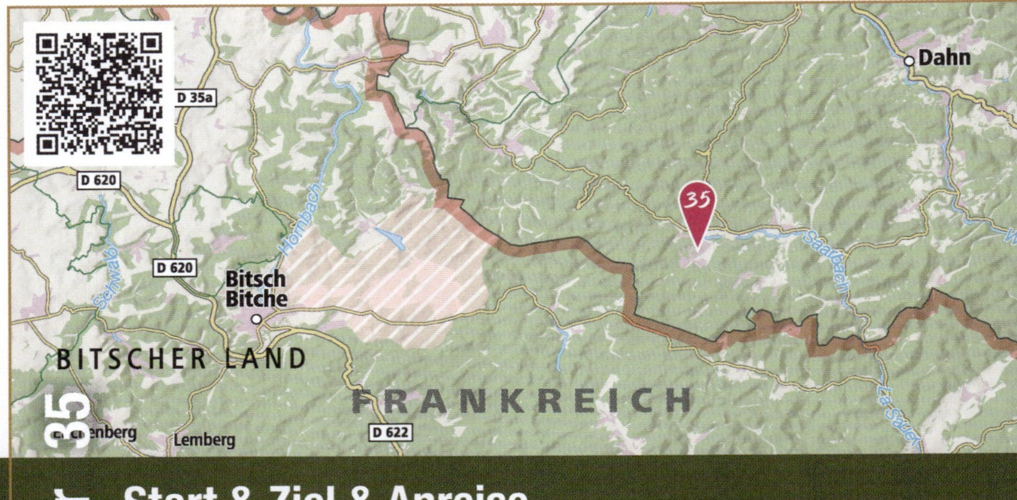

Felsentour 35

Start & Ziel & Anreise

Unser Ausgangspunkt liegt in Ludwigswinkel in der Landgrafenstraße. Mit dem Auto fahren wir von Pirmasens auf der L486 über Lemberg bis Salzwoog. Hier wechseln wir auf die L487 nach Süden bis Ludwigswinkel. Parkmöglichkeiten befinden sich am Dorfplatz. Von Pirmasens fahren wir mit dem Zug nach Hinterweidenthal. Hier steigen wir in den Bus Nr. 2551 nach Ludwigswinkel um.

Tourenbeschreibung

In Ludwigswinkel spazieren wir vom Brunnen mit Infotafel links in die Landgrafenstraße. Am Rathaus biegen wir rechts ab. Es beherbergte einst das ehemalige, alte Schulhaus. Am Ende des Asphalts wandern wir auf Kies über Wiesen, folgen rechts ein Stück dem Barfußpfad und halten uns beim geplättelten Brunnenweg links. Nach Querung der Straße geht's über einen schmalen Pfad an Hecken entlang zur Fabrikstraße. Nach den letzten Häusern treten wir in den Wald ein. Bei der folgenden Weggabelung halten wir uns geradeaus, dann spazieren wir auf einem flachen Forstweg zum Waldrand. Wir queren eine Kreuzung und stoßen auf die Gebäude der Area 1, einem ehemaligen, denkmalgeschütztem Atomwaffenlager. Heute dient es als Aussichtsgelände.

Nach einer Besichtigung – das Gelände ist gut mit Infotafeln beschildert – folgen wir rechts dem leicht ansteigenden Sträßchen. Kurz darauf schwenken wir rechts auf ein weiteres Asphaltsträßchen ein, das uns zu einer Lichtung hinaufführt. Kurz vor Ende des asphaltierten Weges biegen wir links auf einen Forstweg ab. Es geht an einer Tannenschonung entlang und zu einer Wegkreuzung auf einem Sattel. Wir nehmen rechtshaltend den unteren der beiden Wege. Gleich darauf verlassen wir ihn jedoch schon wieder nach rechts in steilen Kehren am Waldrand entlang hinauf. Nach einer langen, ansteigenden Hangtraverse geht's zum Ende hin in engen steilen Kehren weiter aufwärts zu einem Grat. Nach links gelangen wir zur Position Rumberg, einer schönen Freifläche mit Aussichtsbank.

Wir halten uns geradeaus, umrunden nach links ein paar Felsen und stoßen auf einen kreuzenden Forstweg. Er führt uns rechts weiter und steiler hinab. An einem Pfad schwenken wir nach links. Wenig später stehen wir an einem auffälligen Felsturm. Wir wandern an den fünf Rumbergfelsen vorbei. Vor dem letzten Turm wechseln wir auf die linke Seite und gehen einen Pfad in Kehren in eine Senke hinunter. Ein flacher Weg umrundet die Felsen am Waldhang entlang und bringt uns nach einer Linkskurve zum Spitzen Fels.

Die Markierung schickt uns über einen schmalen Waldpfad hinab zum breiten Forstweg. Wir wenden uns nach rechts und erreichen wenig später ein asphaltiertes Sträßchen. Hier geht's nach links weiter zur Position Guckenbühl-Süd. Wir wählen den rechten Weg und spazieren über einen schmalen Pfad in steilen Kehren durch den Wald hinauf zum Guckenbühlfelsen. Nach dem Abstieg zur Position Guckenbühl-Nord biegen wir links ab. Wir queren ein asphaltiertes Sträßchen und schlendern hinab zum Rösselsweiher.

Es geht im Linksbogen um den See herum, dann wandern wir am Waldrand entlang, bis wir nach links einen kurzen Abstecher zur markierten Rösselsquelle machen. Über eine Wiese geht's zu einem asphaltierten Sträßchen und der Position Ritterstein. Bald folgen wir dann rechts einem Feldweg durch den Wald. Wir stoßen auf ein eingezäuntes Waldstück. Hier halten wir uns rechts, überqueren einen Bach und eine Forststraße und schwenken dann nach links zum nahe gelegenen Sägmühlweiher hinunter. Wir passieren ihn und folgen der Autostraße kurz nach links. Dann überqueren wir die Straße und halten uns rechts, die Beschilderung Freizeitpark/Barfußpfad im Blick. Über eine Wiese gelangen wir zu unserm Hinweg. Wir schlendern zurück über den Barfußpfad nach Ludwigswinkel.

36

Hoher Kopf 467
Zigeunerfels
Eichertshals 339
365
Großes Dielbachtal
413
419
Kleinebet
Großebet 387
Wolfsäger Hütte
Großer Mückenkopf
Mückenspinne
Mückenberg 415
Hohle Felsen 343
Dahner Be
Wasgau
241
Stolzenberg
Großer Deckenbe 388
Staatsforst
Biesenberger Hals
451
Mastlagerhals 356
349
386
Goldgrübel
Wasgau
Breiter Kippenberg
Horbachkanzel
272
Großer Samsberg
229
Motorsportgelände
323
Fischbach bei Dahn
Reißlerhof
Schöntalweiher
Wüstung Reißler Forsths.
Deutsch-Französische Touristikroute
Mühlweiher
218
Biosphärenhaus Baumwipfelpfad
Schöntal
Saarbacherhammer
Mühlberg 282
Kilpenstein
Sankt Ulrich
231
Kloßweiher
Großer Hinzenfelsen
Staatsforst 306
Ludwigswinkel
Pfälzerwoog
NSG
Hinzenberg 308
409
Nestelberg
Große Höchst 369
Lindelskopf
Sägmühlweiher
Unterpetersbächlerhof
Fischbachloch
Enten-weiher
263
Staatsfors
Rösselsweiher
Wüstung Rösselsbrunnerhof
Petersbächel
322
Biehlerhof
Denkmalzone
Guckenbühl 350
Krähenstein 334
Walthariklause
Gebüg
362
273
Rösselsdell
Schönau
Dachsberg
Rumberg 390
Oberer-
Unterer-Michelsbrunnen
Großer Florenberg 351
Ruine Blumenstein
Wochener häuser
Adelsberg 399
Rumbergfelsen
465
Friedenskreuz
302
Wasigensteiner Wald
310
Maimont
Lindelsberg
256
412
Bayerischer Windstein
Arnsberg 431
Wasigenstein
264
Wengelsbach
Chât. Lutzelhardt
Ochsenhardt
Mais. Forest. de Lutzelhardt
Steinberg 384
Forêt Domaniale
Goetzenberg 460
Col de Hichtenbach
486
Forêt Domaniale de Steinbach
Hasenberg 318
Schlossberg
244
Arnsbourg
Bois de Steinbach
0 500 m

Wassertour 36

Wasgau-Seen-Tour

Wasser- und Erlebniswanderung zwischen Fischbach und Ludwigswinkel

DAUER	5h 15min
LÄNGE	16,8 km
HÖHENMETER	505 hm
SCHWIERIGKEIT	LEICHT
MIT ÖPNV ERREICHBAR	ja

Das erwartet dich ...

Diese Runde beschert uns attraktive Einblicke in die Wiesentäler und Wälder, entlang von Bächen, Quellen und Weihern. Im Bereich Lindelskopf erwartet uns ein schmaler und etwas felsiger Pfad. Vom Felsmassiv Lindelskopf erwarten uns großartige Ausblicke. Gerade dem Ende zu haben wir die Qual der Wahl, was die Einkehrmöglichkeiten betrifft. Die gelbe Beschilderung führt uns hervorragend durch das Naturschutzgebiet.

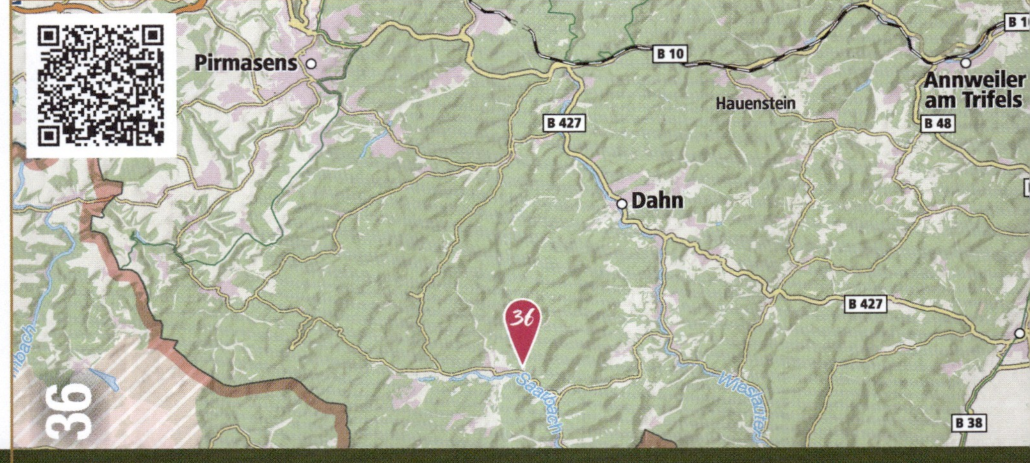

Wassertour 36

Start & Ziel & Anreise

Beginn der Rundwanderung ist in Fischbach bei Dahn. Mit dem Auto fahren wir von Dahn auf der B427 bis Reichenbach. Hier wechseln wir auf die Landstraße L489 bis Bundenthal. Von hier aus geht es weiter auf der L478 bis Fischbach bei Dahn. Parkplätze gibt es an der L478 beim Biosphärenhaus. Von Dahn fährt der Bus Nr. 251 Richtung Ludwigswinkel, Zollhaus. Haltestelle ist Fischbach/Dahn-Ortsmitte.

Tourenbeschreibung

Los geht's beim Biosphärenhaus in Fischbach. Wir gehen zur L478 hinunter und richten uns nach der Beschilderung Wasgau-Seen-Tour nach rechts. Am Wegpunkt Fischbach-Hauptstraße halten wir uns links. Nachdem wir den Saarbach überquert haben geht's mit dem Wassererlebnisweg und dem Saarbach in einem großen Rechtsbogen zum Waldrand. Wir tangieren ihn jedoch nur kurz und setzten unseren Weg über einen kleinen Bach fort. Nach der Straße treffen wir wieder auf den Saarbach. Auf Höhe einer Brücke biegen wir links ab und stoßen auf die Infotafel zur Weißen Madonna. Sie schimmert von einem bewaldeten Felsen zu uns herüber.

Nach rechts kommen wir zum Ende des Sträßchens. Im Wald folgen wir dem Wegschild zum Pfälzerwoog. Wir umrunden den See nach links und wandern über einen breiten Forstweg zu einem Waldweg, der uns sanft emporleitet. Wir verlassen ihn nach rechts und erreichen über einen kehrenreichen Pfad die Position „Abzweig Lindelskopf". Über eine Eisenleiter und Steinstufen besuchen wir kurz den Aussichtspunkt auf dem Lindelskopf.

Zurück am Abzweig gehen wir am Waldhang entlang und erreichen nach einem Rechts-Linksschwenk die Straße. Wir wandern geradeaus am Entenweiher vorbei und weiter auf der Petersbächler Straße zwischen den Häusern durch. Der Brunnenweg schickt uns nach links Richtung Rösselsweiher. Ein mit Buschhecken gesäumter Pfad begleitet uns zur Fabrikstraße. Nach Verlassen des Ortes überqueren wir eine Straße, gleich darauf geht's nach rechts, auf einen schmäleren Pfad bergan. Oben besuchen wir kurz nach rechts gewandt einen Aussichtsfelsen beim Guckenbühl-Nord.

Unsere Route leitet uns hinab Richtung Rösselsweiher. Wir überqueren abermals die Straße und folgen einem wurzeligen Pfad hinab zum Rösselsweiher. Am Seeende links erreichen wir dann die Rösselsquelle. Nach der Wiese zum Ritterstein spazieren wir auf einem asphaltierten Weg. Er geht in einen Forstweg über. Nach einem eingezäunten Waldstück halten wir uns rechts über den Rösselsbach und in einer Linkskehre zum Sägmühlweiher. Der Uferweg bringt uns zurück nach Ludwigswinkel. Beim Landgrafendenkmal halten wir uns links, dann queren wir die Petersbächler Straße. Nach rechts kommen wir zum Barfußweg. Er führt uns über Wiesengelände zum Eingang des Freizeitparks, in dem es auch eine Gaststätte und einen Kiosk gibt.

Wir überqueren die Straße und halten uns rechts auf den ausgeschilderten Skulpturen- und Erlebnisparcours. Wenig später steigt die Route durch den Wald an. Kurz vor der Position Mühlberg schickt uns die Markierung nach links sanft hinab zur Straße. Rechts entlang der Straße spazieren wir weiter. Es geht vorbei am Schild Sarbacherhammer und dem ehemaligen Landgasthof Zwickmühle. Dann wandern wir am Mühlenweiher entlang zur L478. Ein Rad- und Fußweg führt uns neben der Straße entlang Richtung Fischbach. Wir spazieren durch den Ort, gehen am Rathaus und am Tourismusbüro vorbei und erreichen so wieder unseren Hinweg. Er führt uns zurück zum Ausgangspukt beim Biosphärenhaus von Fischbach bei Dahn.

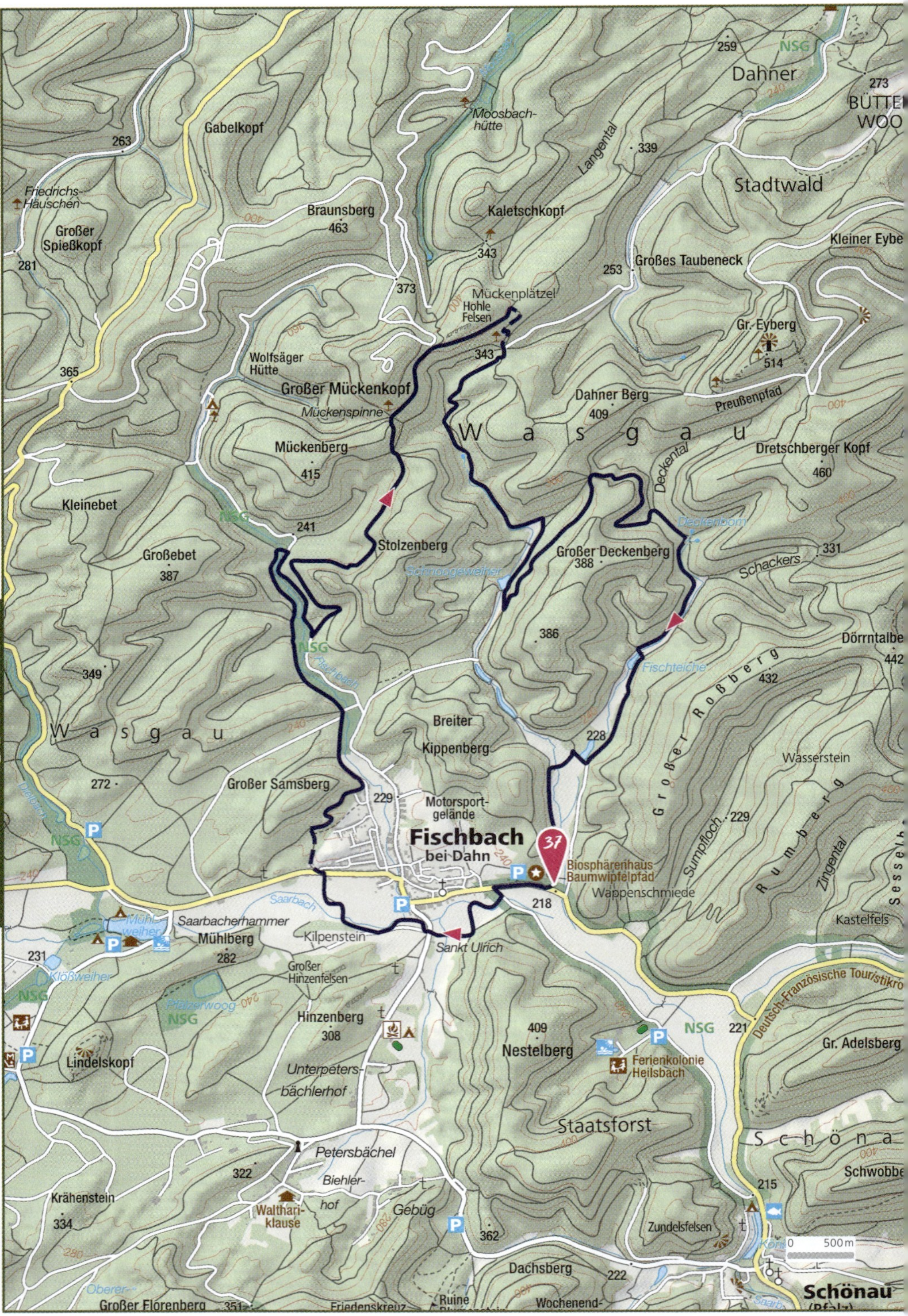

37

259
NSG
Dahner
273
BÜTTE
WOO
Moosbach-
hütte
Gabelkopf
263
Langental
339
Stadtwald
Friedrichs-
Häuschen
Braunsberg
463
Kaletschkopf
Großer
Spießkopf
281
343
Kleiner Eybe
253
Großes Taubeneck
373
Mückenplätzel
Hohle
Felsen
Gr. Eyberg
514
Wolfsäger
Hütte
343
365
Großer Mückenkopf
Dahner Berg
409
Preußenpfad
Mückenspinne
W a s g a u
Mückenberg
415
Deckental
Dretschberger Kopf
460
Kleinebet
NSG
241
Deckenborn
Stolzenberg
Großer Deckenberg
388
Schackers
331
Großebet
387
Schmoogsweiher
386
NSG
Fischbach
Dörrntalbe
442
349
Fischteiche
Großer Roßberg
432
Breiter
Kippenberg
228
W a s g a u
272
Großer Samsberg
Wasserstein
229
Motorsport-
gelände
Sumpfloch
229
Rumberg
NSG
Fischbach
bei Dahn
37
Biosphärenhaus
Baumwipfelpfad
Zingental
Sesselh
Wappenschmiede
Saarbach
218
Mühl-
weiher
Saarbacherhammer
Mühlberg
282
Kilpenstein
Sankt Ulrich
Kastelfels
231
Kloßweiher
Großer
Hinzenfelsen
Deutsch-Französische Touristikro
NSG
Pfälzerwoog
NSG
Hinzenberg
308
409
Nestelberg
NSG
221
Gr. Adelsberg
Lindelskopf
Ferienkolonie
Heilsbach
Unterpeters-
bächlerhof
Staatsforst
Schöna
Petersbächel
Schwobbe
322
Biehler-
hof
215
Krähenstein
334
Walthari-
klause
Gebüg
362
Zundelsfelsen
0 500 m
Dachsberg
222
Oberer
Großer Florenberg
351
Friedenskreuz
Ruine
Wochenend-
Schönau
(Pfalz)

Erlebnisweg 37

Brunnen- & Quellenweg

Erlebniswege und Naturdenkmäler um Fischbach bei Dahn

DAUER	6h 30min
LÄNGE	21,5 km
HÖHENMETER	553 hm
SCHWIERIGKEIT	MITTEL
MIT ÖPNV ERREICHBAR	ja

Das erwartet dich ...

Wasser ist das Leitmotiv auf dem Brunnen- und Quellenweg. In diesem Sinne passieren wir allerlei Fischteiche und Quellen im Deckental und Schlettenbacher Tal. Garniert wird die Runde wieder einmal mit spannenden Felsformationen und schönen Aussichten. Bei den Hohlen Felsen wandern wir teils auf abschüssigen Pfaden – hier ist ein wenig Trittsicherheit geboten. Ansonsten wechseln sich breite Waldwege und Wald- und Wiesenpfade ab.

Erlebnisweg 37

Start & Ziel & Anreise

Beginn der Rundwanderung ist in Fischbach bei Dahn. Mit dem Auto fahren wir von Dahn auf der B 427 bis Reichenbach. Hier wechseln wir auf die Landstraße L 489 bis Bundenthal. Von hier aus geht es weiter auf der L 478 bis Fischbach bei Dahn. Parkplätze gibt es an der L 478 beim Biosphärenhaus. Von Dahn fährt der Bus Nr. 251 Richtung Ludwigswinkel, Zollhaus. Haltestelle ist Fischbach/Dahn-Ortsmitte.

Tourenbeschreibung

Los geht's beim Biosphärenhaus in Fischbach. Unser Weg führt uns zunächst zur L 478 und auf dem straßenbegleitenden Gehweg nach rechts. An der Hauptstraße biegen wir links ab, überqueren den Saarbach und schlendern am Bachufer entlang nach rechts. In einem großen Rechtsbogen tangieren wir den Waldrand, dann kommen wir nach einem Bach zur Straße. Auf der gegenüberliegenden Seite erreichen wir wieder den Saarbach.

Auf Höhe einer Brücke biegen wir links ab und treffen auf ein Sträßchen samt Infotafel, die Wissenswertes über die Weiße Madonna bereithält. Man kann sie schon von Weitem auf einem bewaldeten Felsen erkennen. Nach rechtshaltend lassen wir schon bald den Asphalt hinter uns und spazieren über einen Wiesenweg zum Bach. Am kleinen Wehr gelangen wir auf die andere Seite, dann schlendern wir über offenes Gelände mit einer interessanten, hölzernen Mönchsskulptur. Nach rechts erreichen wir die Häuser von Dahn.

Wir schwenken auf der Straße nach links und am Brunnenweg biegen wir rechts ein. Kurz darauf verlassen wir das Sträßlein und treten in den Wald ein. Nach links geht's auf einen ansteigenden Pfad zu einem breiteren Waldweg. Unsere Route schickt uns nach rechts und bald in einem Linksbogen hinab und am Waldrand entlang. Im Talboden wandern wir dem Fischbach entlang an der Position Schweinedell vorbei und auf einen kleinen See zu. An der Position Wolfsägertal schwenken wir scharf nach rechts, dann stehen wir an einem Sträßchen. Auf der anderen Seite des Wolfsägertals spazieren wir zurück zum Beginn des Sees. Scharf nach links geht's zurück in den Wald. Kurvenreich führt unser Weg nun durch den malerischen Wald, durch dessen hochstämmige Bäume sich die Sonnenstrahlen ihren Weg suchen. Nach der Position Mückentaler Hals erreichen wir die Mückenspinne.

Vor der Hütte halten wir uns rechts und biegen gleich darauf auf einem schönen Pfad nach links ab. Achtung, er ist leicht zu übersehen. Die Route steigt an und an einem asphaltierten Sträßchen gehen wir ein paar Meter hinab, dann verlassen wir es in einer Linkskurve. Über einen schmalen Hangpfad erreichen wir schließlich den Hohlen Felsen. Wir schlendern an mächtigen Felsdächern vorbei und sanft hinab zur Position „Am Mückenplätzel". Hier geht's rechts auf dem schmalen Pfad weiter. Teils recht wurzelig und in Kehren steigen wir hinab zur Unterstandshütte „Am Hinterstell". Bei der nächsten Weggabelung halten wir uns rechts, passieren eine größere Lichtung und stehen schließlich am Rossbrunnen.

Ein flacher Forstweg bringt uns an der nächsten Lichtung vorbei zum Schnoggeweiher. Nur wenige Meter später, an der Wegkreuzung „Südlich des Schnoggeweihers" biegen wir scharf links ab und steigen sanft zur Kreuzung „Dahner Hals" an. Kurvenreich schlängelt sich der Weg durch den Wald hinab zu einer Forststraße, der wir nach rechts zur Kreuzung Iltisbrunnen folgen. Nach dem Schild Deckenborn wandern wir am eingezäunten Bachlauf entlang, passieren links ein paar Rodungsflächen und erreichen schließlich ein Gewässer. Hier macht die Route einen Linksknick zur Weggabelung „Großes Hausdell/Fischteiche". Wenig später folgen wir der markierten Abzweigung rechts zum Vogelsbrunnen und dem Klosterweiher. Wir passieren eine Holzbrücke nach rechts. Am Aussichtspavillon beim Tiergehege halten wir uns links auf den Biosphären-Erlebnisweg. Zu guter Letzt schlendern wir an Infotafeln und dem Baumwipfelpfad vorbei zurück zum Biosphärenhaus in Fischbach bei Dahn.

38

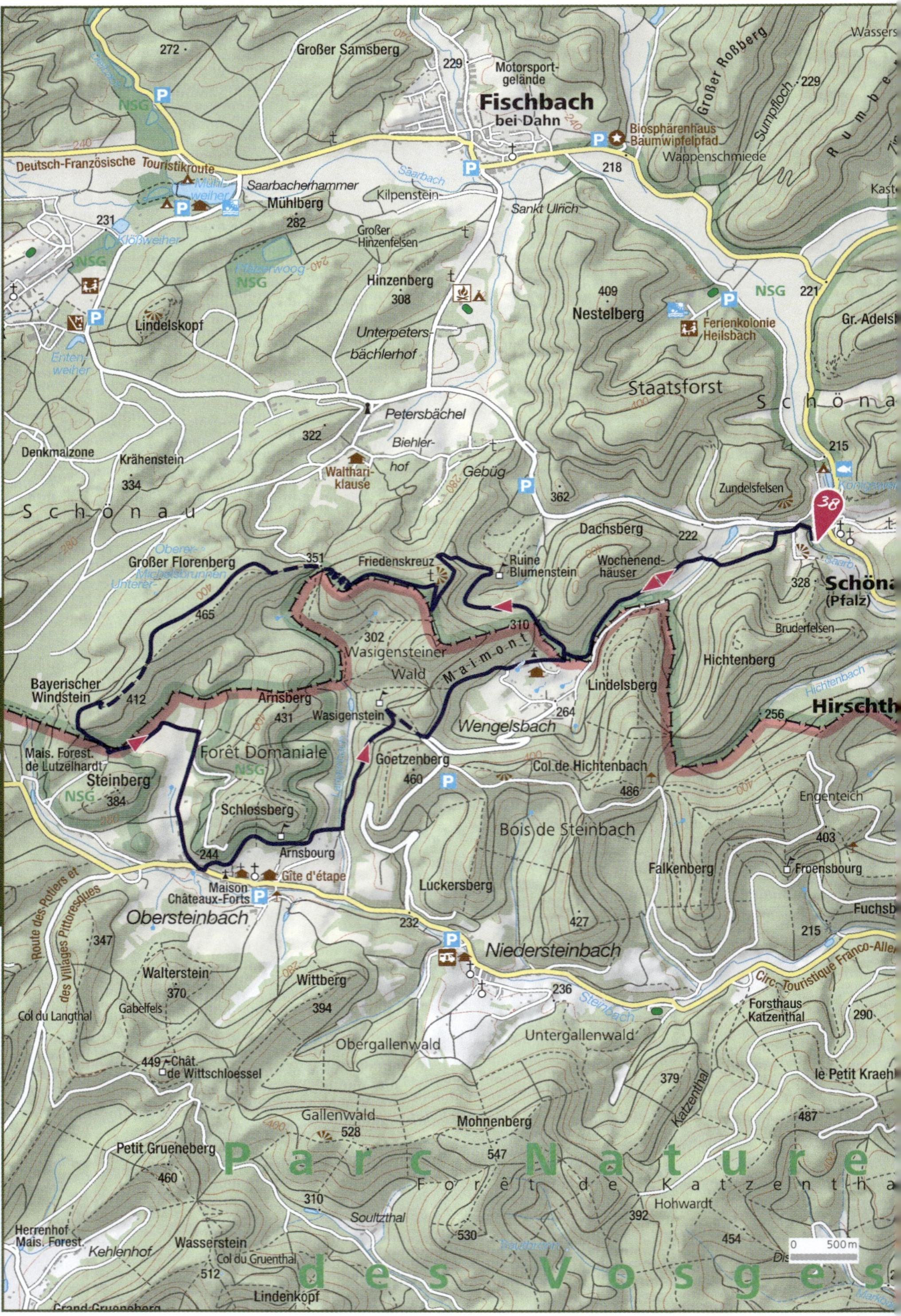

272
Großer Samsberg
229
Motorsport-gelände
Fischbach
bei Dahn
Großer Roßberg
Sumpfloch
229
Wassers
NSG
P
Biosphärenhaus Baumwipfelpfad
Wappenschmiede
Deutsch-Französische Touristikroute
Saarbach
218
Mühlweiher
Saarbacherhammer
Mühlberg
282
Kilpenstein
Sankt Ulrich
231
Klosweiher
Großer Hinzenfelsen
NSG
Pfälzerwoog
NSG
Hinzenberg
308
409
Nestelberg
NSG
221
Gr. Adels
Lindelskopf
Ferienkolonie Heilsbach
Unterpetersbächlerhof
Entenweiher
Staatsforst
S c h ö n a
Petersbächel
322
Biehlerhof
Denkmalzone
Krähenstein
Waltharisklause
Gebüg
215
334
362
Zundelsfelsen
S c h ö n a u
Dachsberg
222
38
Oberer Michelsbrunnen
Unterer
Großer Florenberg
351
Friedenskreuz
Ruine Blumenstein
Wochenendhäuser
328
Schöna (Pfalz)
465
302
310
Bruderfelsen
Wasigensteiner Wald
Maimont
Hichtenberg
Bayerischer Windstein
412
Arnsberg
431
Wasigenstein
Lindelsberg
Hichtenbach
264
Wengelsbach
256
Hirschth
Mais. Forest. de Lutzelhardt
Forêt Domaniale
NSG
Goetzenberg
460
Col de Hichtenbach
486
Steinberg
NSG
384
Schlossberg
Engenteich
Bois de Steinbach
403
244
Arnsbourg
Falkenberg
Froensbourg
Maison Châteaux-Forts
Gîte d'étape
Luckersberg
Obersteinbach
232
427
Fuchsb
Route des Potiers et des Villages Pittoresques
347
Niedersteinbach
215
Walterstein
370
Wittberg
236
Circ. Touristique Franco-Allem
Gabelfels
394
Steinbach
Forsthaus Katzenthal
290
Col du Langthal
Obergallenwald
Untergallenwald
449 Chât. de Wittschloessel
379
Katzenthal
le Petit Kraeh
Gallenwald
528
Mohnenberg
487
Petit Grueneberg
547
Parc Naturel
Forêt de Katzenthal
460
310
Hohwardt
Soultzthal
392
Herrenhof Mais. Forest.
Kehlenhof
530
454
Wasserstein
Col du Gruenthal
512
0 500 m
des Vosges
Lindenkopf
Grand Grueneberg

Maimont-Sattel

Der westliche Teil des deutsch-französischen Burgenweges

DAUER	6h 30min
LÄNGE	19 km
HÖHENMETER	835 hm
SCHWIERIGKEIT	MITTEL
MIT ÖPNV ERREICHBAR	ja

Das erwartet dich ...

Auf dieser Runde erwarten uns imposante Felsenburgen im Dahner Felsenland an der Grenze zu Frankreich. Hier treffen wir auf einige der berühmtesten Felsenburgen des Wasgenwaldes und der nördlichen Vogesen. Zu den stimmungsvollsten zählt sicherlich der schon aus dem mittelalterlichen Walthari-Epos bekannte Wasigenstein. Breite Wald- und Forstwege wechseln sich dabei auf schmalen, teils wurzeligen Pfaden ab.

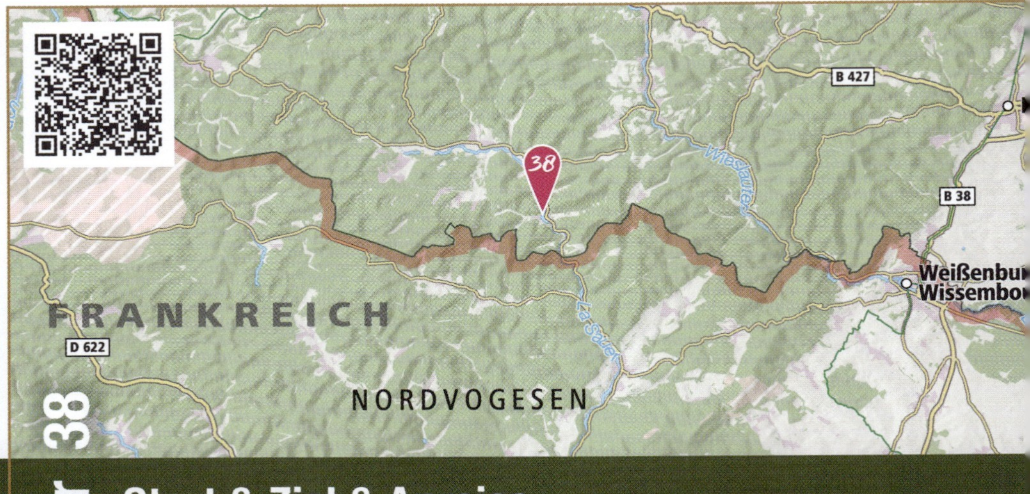

Burgentour 38

Start & Ziel & Anreise

Unser heutiger Ausgangspunkt ist Schönau. Mit dem Auto fahren wir von Dahn auf der B427 bis Reichenbach. Hier wechseln wir auf die Landstraße L489 bis Bundenthal. Wir fahren weiter auf der L478 bis Fischbach bei Dahn und durchs Saarbachtal nach Schönau. Von Dahn fährt der Bus Nr. 2551 Richtung Ludwigswinkel, Schöntal. Haltestelle ist Schönau in der Pfalz/Ort.

Tourenbeschreibung

Wir starten am großen Parkplatz gegenüber der Feuerwache in Schönau. Die Route führt uns zunächst links über die Gebürger Straße und die Wengelsbacher Straße in den Birkenweg. Nach dem letzten Haus wandern wir auf steilem und schmalem Waldweg zu einem breiteren Weg empor, den wir jedoch wenig später wieder nach rechts verlassen. Der schmälere Pfad steigt hinab in den Talgrund und zum Wanderparkplatz Wengelsbach.

Über ein asphaltiertes Sträßchen und einen Bach geht's weiter und links auf flachem Weg in den Wald. Wir passieren einen kleinen See, dann leitet die Route an der Weggabelung nach rechts auf einen schmalen, leicht ansteigenden Pfad. Er schlängelt sich in Kehren den Wald hinauf. Wir passieren die Wegspinne „Wengelsbacher Hals“ halb links und wandern noch steiler empor. Dann führt uns ein Forstweg flach direkt zur Ruine Blumenstein. Über steile Stufen gelangen wir auf den aussichtsreichen Turm, einem der wenigen erhaltenen Ruinenreste. Der Weg steigt weiter an. Wir schwenken links auf einen Pfad, beim Wegekreuz halten wir uns erneut links auf den Pfad Richtung Maimont. Knackig geht's jetzt bergan. An einer Weggabelung machen wir links einen Abstecher zur ausgeschilderten Opferschale auf dem Maimont. Dann kehren wir zur Abzweigung zurück und wenden uns im spitzen Winkel nach links. Der Weg traversiert ans Waldrandende hinauf und zu einem großen, hölzernen Friedenskreuz.

Flach geht's auf dem Gratrücken dahin, vorbei an Steinmännchen und bald recht steil in engen Kehren durch den Wald hinab. An der Kreuzung Zollstock steigen wir ein paar Stufen hinauf, an einer Bank vorbei und auf schmalem Pfad Richtung Bayerisch Windstein. An der Position „Großer Florensberg" fällt der Waldweg wieder ab und leitet uns an Felsen vorbei zum Aussichtspunkt am Bayerischer Windstein. Hier genießen wir erst einmal das tolle Panorama in die waldreichen Nordvogesen.

Die Route führt links weiter. Auf einem steilen Pfad wandern wir zu einem markanten Grenzturm hinab, dem Windsteinerfels. Wir wenden uns nach links und spazieren am Waldrand hinab Richtung Obersteinbach. Nach den ersten Wiesen halten wir uns rechts über eine große Lichtung und wandern teils am Waldrand, teils über freies Feld zu den Häusern von Obersteinbach. An der Straße biegen wir links ab, passieren das Restaurant „Au Wachtfels" und wenden uns dann links hinauf. Der Weg bringt uns direkt unter den markanten Wachtfels.

Sobald wir rechts über den Bäumen unser nächstes Ziel erblicken, verlassen wir den breiten Weg nach links. Stufen führen steil den Waldhang hinauf. Wir queren auf dem Burgenweg zur Burg Petit Arnsbourg. Am Waldhang entlang geht's zum Rocher du Wolfsfelsen. Die Route führt leicht bergab und überschreitet in einer Linkskehre den Langenbach. Dann steigt der Forstweg erneut an und verschmälert sich allmählich. Auf steinigem und wurzeligem Untergrund erreichen wir die Ruine Wasigenstein. Enorm steile Stufen führen auf den aussichtsreichen Turm. Jetzt halten wir Ausschau nach der Markierung Richtung Zigeunerfelsen. Sie schickt uns vor der Ruine links hinauf, am Waldhang entlang und zu einer breiten Forststraße. Wir überqueren sie und gelangen zum Klingelfelsen, der direkt vor einer Straßenkurve liegt. Vor der Kurve halten wir uns links und folgen der Markierung rotes Kreuz sanft bergab. Nach ein paar verstreuten Felsen gelangen wir zum Ortsrand von Wengelsbach. Wir wandern in einem Linksschwenk durch das Dorf und beim Friedhof und einer Kapelle vorbei. Dann führt ein Feldweg in die Talsohle hinab. Erneut schieben sich ein paar Felsen in unser Blickfeld. Wenig später kommen wir bei einer Weggabelung zu unserem Hinweg. Ihm folgen wir nun zurück nach Schönau.

39

229
Motorsport-
gelände
Fischbach
bei Dahn
Rumbac
Langent
229
Sumpfloch
Rumberg
Zingental
Sesselberg
446
An der St
Biosphärenhaus
Baumwipfelpfad
Wappenschmiede
218
Saarbach
Saarbacherhammer
Kilpenstein
Sankt Ulrich
Mühlberg
282
Großer
Hinzenfelsen
Pfälzerwoog
NSG
Kastelfels
Rumbachtal
245
Deutsch-Französische Touristikro
Teufelstisch
Hinzenberg
308
409
Nestelberg
NSG
221
Gr. Adelsberg
Ferienkolonie
Heilsbach
NSG
Unterpeters-
bächlerhof
Schlüsselfelsen
524
Staatsforst
Schönau
Petersbächel
Schwobberg
322
Biehler-
hof
Walthari-
klause
Gebüg
215
Königsweiher
362
Zundelsfelsen
247
39
Sindelsberg
Dachsberg
222
Ruine
Blumenstein
Wochenend-
häuser
Schönau
(Pfalz)
Saarb
328
351
Friedenskreuz
Bruderfelsen
Hirtsgrund
310
302
Wasigensteiner
Wald
Maimont
Hichtenberg
Hirschthalermühle
Hirtsfelsen
Hirschthal
Lindelsberg
Hichtenbach
Arnsberg
431
Wasigenstein
264
Wengelsbach
256
Mais. Forest.
du Fleckenstein
Forêt Domaniale
206
358
NSG
Goetzenberg
460
Col de Hichtenbach
Chât. du Fleckenstein
la Sauer
486
Engenteich
Schlossberg
Bois de Steinbach
Falkenberg
403
Arnsbourg
Gîte d'étape
Froensbourg
Luckersberg
Ferme
du Froensbourg
Fleckensteiner
Weiher
Fuchsberg
Obersteinbach
232
427
215
202
Niedersteinbach
Circ. Touristique Franco-Allemand
Fleckenstein
Wittberg
236
Steinbach
394
Forsthaus
Katzenthal
290
Boi
Obergallenwald
Untergallenwald
Tannenbruck
de Lemba
196
Route des Pot
et des Villa
Pittoresq
379
Katzenthal
le Petit Kraehberg
458
Gallenwald
528
Mohnenberg
487
Parc Naturel
547
Morchelbruck
Forêt de Katzenthal
310
195
Hohwardt
Soultzthal
392
530
454
402
le Grand Kraehberg
Disteldorf
289
0 500 m
Lindenkopf
Mittelkopf
des Vosges
Forêt

Tour 39

Ruine Frönsburg

Der östliche Teil des deutsch-französischen Burgenweges

DAUER	4h 45min
LÄNGE	14,5 km
HÖHENMETER	628 hm
SCHWIERIGKEIT	MITTEL
MIT ÖPNV ERREICHBAR	ja

Das erwartet dich ...

Diese Runde führt zu den Felsen und Burgen entlang der grünen Grenze auf dem östlichen Teil des deutsch-französischen Burgenweges. Und wir staunen nicht schlecht auf der mit bizarren und eindrucksvollen Felsen durchsetzten Wanderung. Wir sind fast ausschließlich auf breiten Waldwegen und schmäleren Pfaden unterwegs, die teils auch wurzelig und rutschig werden können.

Felsentour 39

Start & Ziel & Anreise

Unser heutiger Ausgangspunkt ist Schönau. Mit dem Auto fahren wir von Dahn auf der B427 bis Reichenbach. Hier wechseln wir auf die Landstraße L489 bis Bundenthal. Wir fahren weiter auf der L478 bis Fischbach bei Dahn und durchs Saarbachtal nach Schönau. Von Dahn fährt der Bus Nr. 2551 Richtung Ludwigswinkel, Schöntal. Haltestelle ist Schönau in der Pfalz/Ort.

Tourenbeschreibung

Wir starten am großen Parkplatz gegenüber der Feuerwache in Schönau. Die Route führt uns zunächst links über die Gebürger Straße und die Wengelsbacher Straße in den Birkenweg. Nach dem letzten Haus wandern wir auf steilem und schmalem Waldweg zu einem breiteren Weg empor, den wir jedoch wenig später wieder nach rechts verlassen. Der schmälere Pfad steigt hinab in den Talgrund und zum Wanderparkplatz Wengelsbach. Nach einem asphaltierten Sträßchen und einem Bach wandern wir nach links in den Wald. Links unten geht's an einem kleinen See vorbei, dann gehen wir an einer Weggabelung geradeaus hinauf nach Wengelsbach. Wir passieren eine Kapelle, Friedhof und die Wirtschaft „Au Wasigenstein", dann halten wir uns rechts und steigen auf schmalem Pfad durch den Wald hinauf zum Klingelfelsen. Er liegt direkt neben der scharfen Straßenkurve. Ein Weg rechts oberhalb der Straße bringt uns zuerst steil mit dem Burgenpfad-Logo bergan. Nach einem Linksschwenk überqueren wir die Straße und kreuzende Forstwege. Wenig später stehen wir am Zigeunerfelsen. Wir halten uns an der nächsten Kreuzung rechts und spazieren weiter auf breiterem Weg links Richtung Frönsburg. An der Unterstandshütte stoßen wir auf die Wegspinne am Col de Hichtenbach. Ein etwas höher verlaufender Weg führt uns nach rechts. Wenig später verlassen wir ihn nach links und folgen einem ansteigenden, schmalen Pfad. Vorsicht, an einigen Stellen ist er felsendurchsetzt und kann gefährlich rutschig werden. Nach einem breiteren Wegabschnitt kommen wir erneut auf einen teils ausgesetzten Hangpfad zur schon sichtbaren Ruine Frönsburg.

Wir folgen den Wegschildern nach Hirschthal. Nach einer Unterstandshütte wandern wir durch den Wald hinab bis zur breiten Forststraße. Zu unserer Rechten plätschert der Saarbach. Nach links geht's mit dem Felsland-Sagenweg-Logo zum Ortsrand von Hirschthal. Ein geplättelter Weg leitet uns am Zehntkeller mit einigen historischen Figuren vorbei. Nach einem ordentlichen Anstieg knickt der Weg an einem Sendemast scharf links ab. Hier queren wir den Hichtenbach, dann halten wir uns am Waldrand entlang zur Weggabelung Hichtenbach. Ein schmaler Pfad leitet uns recht steil durch den Wald hinauf und kurvenreich zu den Bruderfelsen. Nach links besuchen wir einen Aussichtsfelsen, bevor die Wanderung auf steinig-felsigem Pfad weitergeht. Der Pfad fällt zum Ende hin ab und bringt uns an den aussichtsreichen Pfaffenfelsen, an dem wir einen herrlichen Blick nach Schönau genießen. Steile Kehren führen teils über Steinstufen abwärts, noch immer in Begleitung des Sagenweg-Logos. An den ersten Häusern treffen wir auf die Pfaffenfelsstraße, der wir nach rechts folgen. Bei einem Schafstall leitet die Route nach links und über Holzstufen hinab. Mit dem Graf-Zeppelin-Zeichen spazieren wir über einen grasbewachsenen Pfad nach Schönau hinunter. Nach rechts geht's in wenigen Schritten zurück zum Ausgangspunkt.

Autoren Tipp

Die Frönsburg ist ein ehemaliges Raubritternest bei Niedersteinbach. Sie entstand im 13. Jahrhundert, wurde dann zerstört und im 15. Jahrhundert von den Herren von Fleckenstein wieder aufgebaut. Noch heute thronen ihre Ruinenreste auf einem Burgfelsen mit herrlicher Aussicht in das Steinbachtal. Die Burgruine ist wegen Sarnierungsbedarf seit März 2022 gesperrt und kann nur von außen besichtigt werden.

40

Großer Deckenberg
388
Schackers
331
266
Bärenbach
281
Dörrntalberg
442
Pfaffenberg
Fischteiche
Großer Roßberg
432
Aubühl
228
Schützenfelsen
215
Falkenberg
Rumbach
Falkenmühle
Bundenthal
Wasserstein
Rumberg
Sesselberg
Langenthal
Sumpfloch
229
Zingental
276
Wappenschmiede
446
An der Stirne
Kastelfels
Rumbachtal
285
245
Deutsch-Französische Touristikroute
Teufelstisch
278
Beißenberg
222
NSG
221
Mäuerle
Gr. Adelsberg
412
Ferienkolonie Heilsbach
NSG
Schlüsselfelsen
278
Staatsforst
Schönau
524
Kuhnenkopf
Nothweiler
33
Schwobberg
Mittele
215
Langer Felsen
NSG
Kappelstein
Zundelsfelsen
247
498
Königsweiher
Sindelsberg
Wegelnburg
222
Schönau (Pfalz)
Kaiser-Wilhelm-stein
Schaufelshald
Wochenend-häuser
Forêt Domaniale
Saarb.
Hohenbourg
328
551
Hohenbourg
Mais. Forest. du Litschhof
432
Hirtsgrund
334
Bruderfelsen
Chât. Lœwenstein
Col du Litschhof
Hirschthalermühle
Hirtsfelsen
Hichtenberg
Lindelsberg
Krappenfels
de Sickingen
Hirschthal
Weiherleswald
Hichtenbach
Mais. Forest. du Fleckenstein
475
Source du Heimbach
256
Gimbelhof
206
358
Chât. du Fleckenstein
la Sauer
449
303
Engenteich
403
Bois de Wingen
Thalenberg
Falkenberg
Froensbourg
Col du Riegelsberg
Ferme du Froensbourg
Fleckensteiner Weiher
Fuchsberg
375
471
215
202
Deitelbach
Col du Hohmarkstein
Stein
Steinbach
Circ. Touristique Franco-Allemand
Fleckenstein
Forsthaus Katzenthal
290
Bois de Lembach
438
Tannenbruck
Stoebelsberg
462
0 500 m
Riegelsberg
Wingen
Katzenthal
379
le Petit Kraehberg
196
Route des Potiers et des Villages
Grundb
Weißes Kreuz

Tour 40

Aussichtstour 40

Burgentour Schönau

Von der Wegelnburg zur Hohenburg an der deutsch-französischen Grenze

DAUER	4h 15min
LÄNGE	12 km
HÖHENMETER	635 hm
SCHWIERIGKEIT	MITTEL
MIT ÖPNV ERREICHBAR	ja

Das erwartet dich ...

Auch auf dieser Wanderung genießen wir die Felsen und das mittelalterliche Ambiente inmitten des Naturparadieses Pfälzerwald. An der Grenze zu Frankreich wandern wir teils auf dem deutsch-französischen Burgenweg über breite Wald- und Forstwege und schmale Pfade. Achtung, auch hier können steile und abschüssige Passagen das Wanderleben erschweren. Von den Ruinen erwarten uns tolle Aussichten und Fernblicke auf die riesigen Waldgebiete um die deutsch-französische Grenze.

Aussichtstour 40

Start & Ziel & Anreise

Unser heutiger Ausgangspunkt ist Schönau. Mit dem Auto fahren wir von Dahn auf der B427 bis Reichenbach. Hier wechseln wir auf die Landstraße L489 bis Bundenthal. Wir fahren weiter auf der L478 bis Fischbach bei Dahn und durchs Saarbachtal nach Schönau. Von Dahn fährt der Bus Nr. 2551 Richtung Ludwigswinkel, Schöntal. Haltestelle ist Schönau in der Pfalz/Ort.

Tourenbeschreibung

Die Hohenbourg ist ein Schmuckstück unter den Burgruinen. Sie wurde Anfang des 13. Jahrhunderts vom Geschlecht der Puller von Hohenburg erbaut. Besonders gut erhalten ist ein Tor zur Hauptburg mit aufwendigen Renaissanceskulpturen.

Wir wandern vom Parkplatz gegenüber der Feuerwache rechts auf die Gebürger Straße. Dann queren wir die Hauptstraße und folgen der Wegelnburger Straße geradeaus, bis uns das Zeichen des Burgenweges nach links schickt. Die Straße „Am Köpfl" führt uns aus dem Ort hinaus, dann biegen wir rechts ab und steigen in ziemlich steilen Kehren den Waldhang hinauf. Über einen Forstweg geht's hinüber und unser Pfad steigt nochmals steiler an, nun auch mit Felsen durchsetzt. Am nächsten Forstweg halten wir uns rechts, dann biegen wir links auf einen schmalen Pfad ab. Nach der Wegkreuzung Schwobberg erreichen wir über zwei

Kehren den flachen Gratrücken zum Schlüsselfelsen. Weiter unten kommen wir zur Wegposition Schlüsselfelsen. Die Route leitet nach rechts zur Unterstandshütte. Der Burgenweg schickt uns geradeaus und über ein paar sehr steile Kehren hinab zur Position Abzweig Kuhnenkopf. Hier halten wir uns links und nach einer 90-Grad-Kurve spazieren wir weiter abwärts. Nach mehreren Felsen stehen wir an der Wegposition „Langer Fels/Zeppelinhalde". Wir wandern mit der Markierung Richtung Wegelnburg, bis wir über ein paar Kehren zur Ruine hinaufsteigen können.

Vor der Burg folgen wir rechts einem breiten Forstweg hinab zu einer Schutzhütte und zum Kaiser-Wilhelm-Stein. Geradeaus haben wir die Möglichkeit auf einen Abstecher zur Ruine Hohenbourg. Nach der Quelle Maidenbrunnen erreichen wir die Ruine in zehn Minuten. Zurück an der Schutzhütte und am Kaiser-Wilhelm-Stein folgen wir dann dem breiten Weg nach links in den Wald hinab.

Bei der Position Sindelsberg verlassen wir den breiten Weg. Ein schmaler Pfad führt uns nun kehrenreich weiter bergab. Ein MTB-Schild dient uns zur Orientierung. Auf breitem Forstweg wandern wir nach links, immer noch abwärtswandernd. Schließlich stoßen wir auf einen asphaltierten Weg und nähern uns dem Waldrand. An einem Kreuz mit Bank geht's vorbei und auf Betonplatten zu den ersten Häusern hinab. An der Wegelnburger Straße treffen wir auf unseren Hinweg und folgen ihm zurück nach Schönau.

Großer Roßberg
432
Dörrntalberg
442
Pfaffenberg
Aubühl
Fladenstein
Schützenfelsen
215
Falkenberg
221
Wasserstein
Rumbach
Falkenmühle
Bundenthal
Sumpfloch
229
Rumberg
Zingental
Sesselberg
Langenthal
Johannesbr.
Staatsfor
Lauter
(Wieslauter)
Erzgrube
Sankt Anna-Kapelle
276
446
An der Stirne
300
Dennenhalde
190
Kastelfels
Rumbachtal
285
245
Deutsch-Französische Touristikroute
NSG
221
Teufelstisch
278
Beißenberg
222
Gr. Adelsberg
Mäuerle
412
NSG
Großer Humberg
Schlüsselfelsen
524
278
41
330
Schönau
Kuhnenkopf
Nothweiler
Schwobberg
Mitteleck
215
Langer Felsen
NSG
Kappelstein
498
247
Königsweiher
Sindelsberg
Bärenbühl
Wegelnburg
Kaiser-Wilhelm-stein
Schaufelshald
Schönau (Pfalz)
Forêt Domaniale
235
Saarb.
Hohenbourg
328
551
Hohenbourg
432
Hirtsgrund
Bruderfelsen
Hichtenberg
Mais. Forest. du Litschhof
334
Hirschthalermühle
Hirtsfelsen
Chât. Lœwenstein
Col du Litschhof
Hirschthal
Krappenfels
de Sickingen
Hichtenbach
Weiherleswald
Duerrenberg
Source du Heimbach
Mais. Forest. du Fleckenstein
Gimbelhof
475
206
358
447
Frauenwa
Dahner Kirchenwald
Chât. du Fleckenstein
la Sauer
449
Engenteich
303
Thalenberg
Bois de Wingen
403
Froensbourg
Col du Riegelsberg
Ferme du Froensbourg
Fleckensteiner Weiher
Fuchsberg
375
471
Col du Hohmarkstein
Stein
215
202
Deutfelsbach
309
Circ. Touristique Franco-Allemand
Fleckenstein
Petit Wingen ou Neudoerfel
Bois
438
290
Tannenbruck
Stoebelsberg
462
Riegelsberg
Wingen
de Lembach
Lochmuehl
196
Route des Potiers et des Villages Pittoresques
le Petit Kraehberg
Weißes Kreuz
Grundberg
303
458
Jungenwa
487
357
0 500 m
Schuhfels
328
Morchelbruck

4-Burgentour

Wegelnburg – Hohenbourg – Löwenstein – Fleckenstein

DAUER	3h 15min
LÄNGE	10,5 km
HÖHENMETER	540 hm
SCHWIERIGKEIT	MITTEL
MIT ÖPNV ERREICHBAR	ja

Das erwartet dich ...

Vier Burgruinen auf einer einzigen Tour – wenn das nicht ein spannender Anreiz ist! Bequeme Wald- und Forstwege und wurzelige, steile Pfade führen uns heute durch die abwechslungsreiche Felsenlandschaft und herrlichen Wälder. Der Felsenpfad ist für trittsichere Kinder durchaus machbar. An schönen Wochenenden herrscht auf der Strecke reger Betrieb.

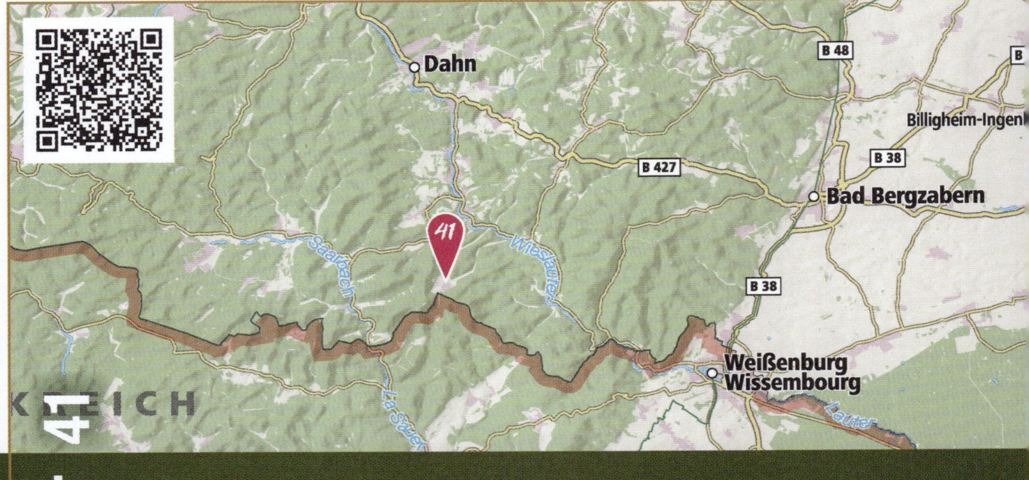

Burgentour 41

Start & Ziel & Anreise

Unser Ausgangspunkt ist Nothweiler. Mit dem Auto geht's auf der B427 bis Dahn. Bei Reichenbach wechseln wir auf die Landstraße und fahren Richtung Süden weiter über Bruchweiler-Bärenbach und Rumbach nach Nothweiler. Parkmöglichkeiten gibt es am Kirchplatz. Von Dahn fährt der Bus Nr. 2551 Richtung Ludwigswinkel, Schöntal, Haltestelle ist Nothweiler.

Tourenbeschreibung

Vom Örtchen Nothweiler starten wir unsere Tour in die Burgenlandschaft. So spazieren wir über die Graf-Zeppelin-Straße durch den Ort und auf den Wald zu. Kurz nach Waldeintritt biegen wir links ab. Ein wurzeliger Pfad leitet uns im Anstieg zur Weggabelung Zeppelinhalde. Wir halten uns rechts mit der rot-gelb-roten Markierung, passieren die Wegposition „Langer Fels" und erreichen die Abzweigung zur ersten Ruine. In Kehren führt der Pfad hinauf zur Ruine Wegelnburg.

Ein breiter Forstweg leitet uns an Felsen vorbei hinab zu einer Schutzhütte und dem Kaiser-Wilhelm-Stein. Wir wandern geradewegs vorbei an der Maidenbrunnen-Quelle zur Ruine Hohenbourg. Von dort stehen wir nur fünf Minuten später an der dritten Burgruine, den Resten von Löwenstein. Die Markierung schickt uns rechts hinunter, über einen schmalen Hangpfad und durch lichten Wald zum Col de Hohenbourg hinunter.

Kurz darauf verzweigt sich der Weg. Wir wählen die linke Route über den Felsenpfad. Das „Für Kinder nicht geeignet"-Schild gilt allerdings wirklich nur für unerfahrene oder unsichere Kinder. Felsig und wurzelig schlängelt sich der Pfad durch die Felsen hinab. An einem mächtigen Felsen endet er. Direkt daneben schauen wir auf die mächtigen Mauerreste der Ruine Fleckenstein. Wir folgen den schmalen Kehren und ein paar Stufen hinunter zu den Info- und Ausstellungsgebäuden unterhalb der Burg. Es gibt eine Kasse und ein Café. Nach einigen hölzernen Skulpturen und dem Köhlerplatz erreichen wir bald die viel besuchte Burg Fleckenstein.

Wir kehren zu den Infogebäuden zurück und folgen der Markierung Richtung Gimbelhof nach links. Der Waldweg führt uns oberhalb der Autostraße entlang. Als „Weg der Köhler" wird er von Infotafeln und Relikten des Köhlerbergbaus gesäumt. Am großen Parkplatz halten wir uns links und spazieren in einem Rechtsbogen bis zum Waldrand und geradewegs zum Gimbelhof. Wir halten uns links und steigen sanft an einem Ritterspielplatz vorbei wieder in den Wald hinauf. Am Col du Lischhof erreichen wir die Straße.

Die Route leitet nach links. Wir achten auf den mit einem blauen Punkt markierten Pfad. Gleich darauf halten wir uns erneut links auf einen breiten und asphaltierten Forstfahrweg. Er begleitet die Fahrstraße. Am Forsthaus Litschhof vorbei wandern wir weiter über Wiesengelände und wieder in den Wald. Der blaue Punkt leitet uns sanft hinab zu einem breiten Forstweg und Asphalt. Rechts passieren wir einen Parkplatz samt Infotafel zum Grenzgängerweg. Auch ein Hinweis auf das nahe gelegene Besucherbergwerk Eisenerzgrube Nothweiler ist dabei. Über die Lembacher Straße gehen wir in wenigen Minuten wieder zurück zu unserem Ausgangspunkt in Nothweiler.

Autoren Tipp

Das Besucherbergwerk Eisenerzgrube wurde 1977 mit dem St.-Anna-Stollen als technisches Kulturdenkmal für die Öffentlichkeit freigegeben. Es bietet die Möglichkeit, auf den unterirdischen Spuren der Erzgräber zu wandeln. Auf dem 420 Meter langen Rundgang erfährt der Besucher viel über alle wichtigen bergbaulichen Tätigkeiten, Abbauorte und Lebensbedingungen der damaligen Zeit.

42

Strackfelsen
347
Eckfelsen
249
Eichelberg
240
259
Busenberg
Puhlstein
253
229
Preußenschanze
428
Rödelstein
275
Trekking Camp
258
Vorderweidenthal
Wochenendhäuser
Tannenwald
Bethof
Ruine Drachenfels
Drachenfels
368
Drachenfelshütte (PWV)
Weißensteinerhof
Dt.-Franz. Touristikroute
427
Sankt Gertraut
Sägmühle
211
Erlenbach
343
Grüntal
233
Lauterschwan
Knurrenhalde
373
Buchkammer
Heidenberg
420
Erlenbach bei Dahn
Staatsforst Schönau
Jüngstberg
491
Bunker-
anlage
Grünberg
Burg Berwartstein
Frauenwoog
Hohe Ei
Ruine Klein Frankreich
201
Seehof-Weiher
Seehof
342
Fladenstein
Nestelberg
Heidenberg
Breitenberg
410
221
Bundenthal
Bremmelsberg
373
Jungfernwollust
Schüsseleck
426
Staats-
195
370
Bubenfelsen
Hirzeck
Krummer Ellenbogen
515
Staatsforst
Johannesbr.
Waldeslust
290
Reisdorf
Erzgrube
Hirzeckhaus
300
Dennenhalde
190
Sankt Anna-Kapelle
Finsterbachbr.
276
Wieslauter
Lauter
Pfälzerhütte
321
Dörrhalde
Hühnerf
Niederschlettenbach
Schönau
Schillerbr.
263
296
forst
222
Hubertusbr.
459
Teilberg
378
Biosphärenpark
182
Pfälzerwald
Großer Humberg
Eulenbachtal
Kernzone
224
330
Reisberg
Bobenthaler Knopf
534
Ritters
189
Bobenthaler Knopf
Mitteleck
455
Annweile
Bobenthal
Mittelberg
203
Bärenbühl
382
Eselsschleifhäuschen
235
324
180
Hoher Kop
418
215
Löffelkreuz
417
Hasenkopf
424
Probstberg
297
0 500 m

Tour 42

Burgentour 42

Burg Berwartstein

Zu einer der am höchsten gelegenen Ruinen des Pfälzerwaldes

DAUER	4h 30min
LÄNGE	13 km
HÖHENMETER	380 hm
SCHWIERIGKEIT	LEICHT
MIT ÖPNV ERREICHBAR	ja

Das erwartet dich ...

Mit Berwartstein besuchen wir eine sagenumwobene Raubritterburg. Das malerische Felsennest besticht durch seine exponierte Lage auf einem hohen Sandsteinfelsen. Breite Waldwege und schmale Pfade führen uns zur Burg hinauf. Auf der Burg gibt es einen Kiosk und ein Restaurant. Beim Hirzeckhaus erwartet uns eine angenehme Einkehr. Der Weg dorthin ist jedoch wurzelig und steinig.

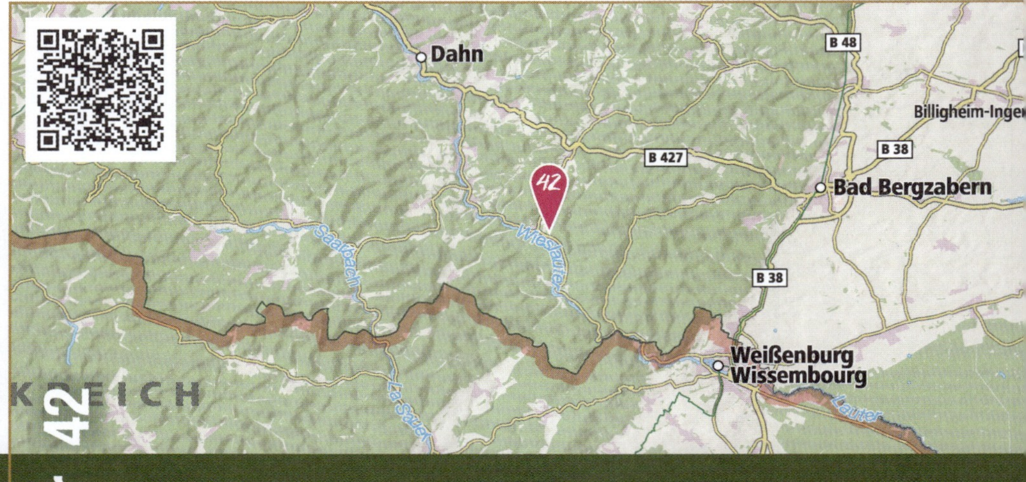

Burgentour 42

Start & Ziel & Anreise

Unser Ausgangspunkt liegt in Niederschlettenbach in der Weißenburger Straße. Auf der B427 fahren wir über Dahn nach Reichenbach. Hier zweigen wir auf die Landesstraße Richtung Süden ab. Über Bruchweiler-Bärenbach und Bundenthal erreichen wir unseren Ausgangsort. Parkmöglichkeiten gibt es am Ortsrand, direkt an der L478. Von Dahn fährt der Bus Nr. 252 Richtung St. Germanshof, Haltestelle ist Niederschlettenbach.

Tourenbeschreibung

Uneinnehmbar scheint die Felsenburg Berwartstein zu sein. Ein adäquater Sitz also für den berühmten Heerführer Trapp. Seine Raubzüge und Untaten sind ebenso legendär wie seine Burg, die bis auf den heutigen Tag erhalten ist. Die herrlichen, teils dunklen Waldgebiete des Pfäzerwaldes, die sich um die Burg herum erstrecken, machen den Ort noch mystischer.

Am Waldrand, kurz vor dem Ortseingang von Bobenthal kommend, lassen wir unser Auto stehen. Wir richten uns zunächst nach dem Pfälzerwaldpfad und der rot-gelben Markierung. Auf breitem Forstweg treten wir in den Wald ein und rechts hinauf bis an eine Weggabelung. Wir halten uns rechts und steigen weiter sanft bergan. Dann beschreibt der Weg flach am Waldhang entlang eine Linkskehre. Dann halten wir uns rechts, überqueren einen breiten Weg und stoßen über Steinstufen auf einen weiteren Forstweg. Auf diesem nach links, aber nur zwanzig Meter, dann biegen wir schon wieder rechts ab. Beim Hedwigsbrunnen queren wir auf einer Holzbrücke den Portzbach, dann steigen wir ein paar Meter hinauf zu einem Sträßchen.

Wir schwenken nach links und folgen dem roten Punkt Richtung Hirzeckhaus. Das Sträßchen steigt an, zu unserer Linken plätschert der Portzbach. An der Weggabelung halten wir uns rechts und folgen weiter dem roten Punkt am Glasbach entlang. Bei der Wegposition Glasbach queren wir den Bach und folgen weiterhin dem roten Punkt. Der Forstweg beschreibt bald eine deutliche Linkskehre. Beim Finsterbachbrunnen haben wir einen schönen, schattigen Rastplatz erreicht.

Wenig später erspähen wir die ersten kleineren Felsen. Nach einer Rechtskehre stehen wir an der Abzweigung zum Hirzeckhaus. Nach rechts knickt ein steiniger und wurzeliger Pfad ab. Er führt direkt zum Hirzeckhaus hinauf. Zurück an der Abzweigung überqueren wir den breiten Weg und folgen einem schmalen Pfad weiter hinab Richtung Berwartstein. An einer kreuzenden Forststraße geht's links hinab. Dann verlassen wir den breiten Weg nach rechts. Ein schmaler Waldpfad führt anfangs recht steil, dann moderat am Waldhang entlang. An einem Fahrweg halten wir uns rechts mit dem gelben Punkt Richtung Seehof Erlenbach. Bei der Wegposition „Am Bleiwerk" queren wir den Portzbach und halten uns gleich wieder rechts. Wenig später stehen wir am Seehofweiher mit Kiosk und großer Liegewiese.

Links geht's am Parkplatz vorbei und ein Asphaltweg führt uns hinauf. Nach einem Linksschwenk treffen wir auf den Parkplatz unterhalb der Burg. Wir gehen über die Wendeschleife und wandern auf einem Fußpfad kurz zur Straße, die zur Ruine hinaufführt. Nach einem Besuch der Burg Berwartstein folgen wir dem Sträßchen hinab. Wir halten uns links und verlassen die Straße bei der ersten Feldabzweigung nach links bei einem großen Baum mit Bank. Sanft hinab geht's an einem Wegkreuz vorbei mit schönem Blick nach rechts zum Erlenbach. Bald wandern wir auf einem asphaltierten Weg und folgen ihm am Waldrand entlang. Zu unserer Rechten fließt der Erlenbach dahin.

Wir erreichen einen Parkplatz, der sich als alternative Parkmöglichkeit anbieten würde. Ein Feldweg führt uns hier links sanft in den Wald hinauf. Nach einer Hütte gehen wir rechts weiter empor. Wir folgen einer Linkskehre, dann biegen wir scharf rechts ab. Der breite Forstweg fällt zu einem Asphaltsträßchen ab. Geradeaus erreichen wir beim Ortsschild von Niederschlettenbach die Straße. Wir schlendern an der Hauptstraße entlang. Nach der Kirche biegen wir links in die Weißenburger Straße ab. Am Gasthaus Altes Schulhaus vorbei queren wir den Erlenbach. Dann leitet uns die Weißenburger Straße zum Ortsende. Über einen Graspfad parallel zur Straße verlassen wir den Ort und stehen kurz darauf wieder am Ausgangspunkt.

43

Erlenbach
bei Dahn
Staatsforst Schönau
Grünberg
Burg Berwartstein
Frauenwoog
Hohe Eiche
437
Birkenhardter
Linde
279
Moosig
260
Ruine
Klein Frankreich
Seehof-Weiher
Seehof
342
336
Kahlenberg
406
Hohlstein
416
Mückental
268
Heidenberg
Breitenberg
410
Böllenborn
Großer Eichelberg
473
Schüsseleck
426
Jungfernwollust
S t a a t s -
Elßertal
Hirzeck
Krummer Ellenbogen
515
Waldeslust
290
Reisdorf
Stäffelsberg
481
Hirzeckhaus
Finsterbachel
Finsterbachbr.
276
Farrenberg
489
Pfälzer-
hütte
Hühnerfelsen
Hohe Derst
561
Schillerstr.
558
Schloßbr.
Rothenbr.
296
f o r s t
Hubertusbr.
Ruine Guttenberg
Schloßberg
503
Hohenb
Derstenhaus
Brückelweg
459
Biosphärenpark
Pfälzerwald
Kernzone
229
Steinbühl
402
224
517
281
Oberer Mundatwald
Reisberg
Bobenthaler Knopf
534
Ritterstein
Hoher Kopf
497
Bobenthaler
Knopf
455
A n n w e i l e r
242
Pitzberg
366
203
Eselsschleif-
häuschen
382
Langenberg
394
324
Oberer Abtskopf
420
Pfaffenwald
180
Hoher Kopf
417
223
Löffel-
kreuz
Hasenkopf
424
Kesselbachquelle
Probstberg
297
250
Unterer Abtskopf
413
Chât.
St. Paul
251
43
Langental
Kaestenwald
Hasselbach
Aischberg
430
St. Germanshof
Siebenteilbrück
le Stechbrünnel
Langenberg
Chât.
Langenberg
Villa
Alfred
le Vignoble
Siebenteil
403
211
409
Walkmühle
Mus. Westerca
Weiler
Vogelsberg
172
Obermuehle
WISSEMBOURG
Cas.
Hoche
295
Muehlenkopf
427
Fontaine des Païsans
Schliefental
Circ. Touristique
Franco-Allemand
507
Tour de Scherhol
167
Steinbachhohl
0 500 m
Cim.
Forsthaus
Scherhol
432
C.V.
Col du Pigeonnier
Route des Villages Pittoresques
H a u t e F o r ê t d u M u n d a t

Tour 43

Ruine Guttenberg

Zu einer der am höchsten gelegenen Ruinen des Pfälzerwaldes

DAUER	5h 45min
LÄNGE	19 km
HÖHENMETER	552 hm
SCHWIERIGKEIT	LEICHT
MIT ÖPNV ERREICHBAR	ja

Das erwartet dich ...

Die Ruine Guttenberg thront auf einem langen, schmalen Buntsandsteinfelsen, von dem aus wir bei klarer Sicht einen Blick bis hin zu den Vogesen genießen können. Sie liegt im idyllischen Oberen Mundatwald, nahe der Elsässischen Grenze. Durch den malerischen Wald führen uns bequeme Forst- und Waldwege. Auf den schmäleren Steigen ist aufgrund der vielen Wurzeln Trittsicherheit geboten.

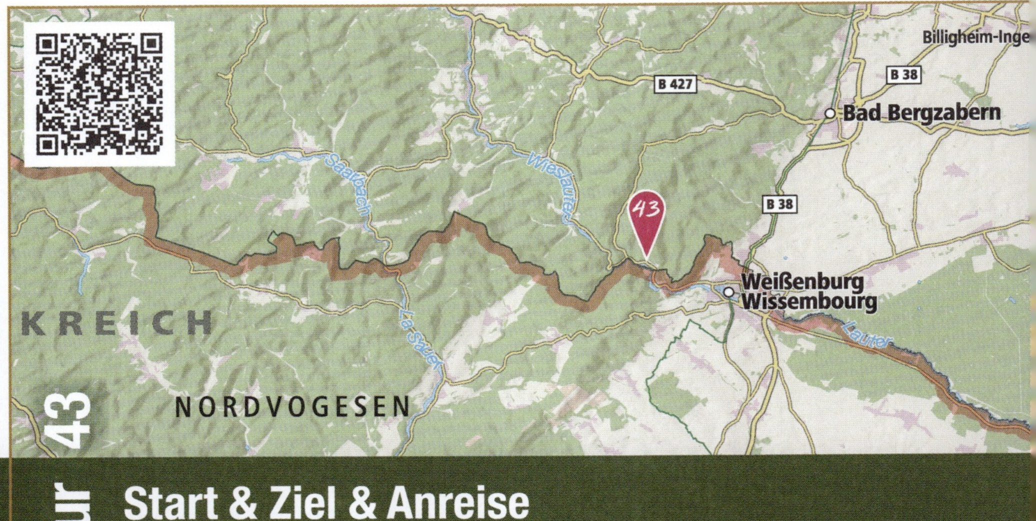

Ruinentour 43

Start & Ziel & Anreise

Unser Ausgangspunkt liegt in St. Germanshof. Auf der B 427 fahren wir bis Bad Bergzabern. Beim Hotel Pfälzerwald wechseln wir auf die Landesstraße L 492 über Böllenborn nach St. Germanshof. Der Parkplatz ist direkt an der Straße in der Ortsmitte. Von Hauenstein-Ortsmitte fährt der Bus Nr. 252 nach St. Germanshof.

Tourenbeschreibung

Los geht's in St. Germanshof beim Gasthaus. Ein schmaler Pfad führt uns zu einer Verzweigung. Nach rechts wandern wir auf einem Wiesenweg, vorbei an einem Mundat-Schild und über einen Wiesenpfad bis an eine Kreuzung. Wir richten uns nach der Markierung Nr. 1 und wenden uns nach links. Der breite Weg führt am Waldrand entlang in den Wald. Wir halten uns rechts auf einen Pfad und am Felsenbrünnle vorbei.

Bald kreuzen wir ein asphaltiertes Sträßchen und biegen links auf den Forstfahrweg ein. Er bringt uns mit einigen Richtungsänderungen moderat bergan zu einer Kuppe. Der Weg flacht ab und nach rechts können wir einen raschen Abstecher zu einer Hirschtränke unternehmen. Kurz darauf passieren wir eine Unterstandshütte. Der Weg steigt an, dann flacht er wieder ab. Rechter Hand erhaschen wir tolle Blicke auf die Rheinebene. Nach einem weiteren Mundat-Schild und dem Sendeturm erreichen wir die Wegposition Hohe Derst.

Geradeaus geht's auf einem Waldpfad zum Steinernen Tisch. Die Route verläuft auf dem Gratrücken sanft hinab, dann führt sie in steilen Kehren rechts den Waldhang hinunter. Am breiten Forstweg wenden wir uns nach rechts und in steilen Kehren hinab zum Dornröschenweg. Rechtshaltend nehmen wir einen schmalen Pfad bergwärts. Nach der Position Kanzelberg folgen wir der Markierung Richtung Guttenberg. An einem größeren Parkplatz führt uns ein steiniger Weg nach links hinauf zur Ruine Guttenberg. Wir erklimmen die gesicherte Aussichtsloge über ein paar Treppen und genießen den herrlichen Blick zum Stäffelsberg und in die Rheinebene.

Wieder an der Wegspinne folgen wir dem blauen Kreuz auf einem breiten Forstweg hinab. Nach der Wegposition Hoher Kopf-West stoßen wir auf einen weiteren Forstweg. Es geht weiter geradeaus und an der Wegposition Buchbach vorbei Richtung St. Germanshof. Wir verlassen den Weg nach rechts und folgen dem blauen Kreuz auf einen Pfad. Er leitet uns um eine scharfe Rechtskurve. Dann öffnet sich der Wald und wir spazieren über einen Wiesenweg auf ein paar Häuser zu. Beim Wegpunkt St. Germanshof-Nord treffen wir auf unseren Hinweg. Kurz darauf sind wir zurück am Parkplatz in St. Germanshof.

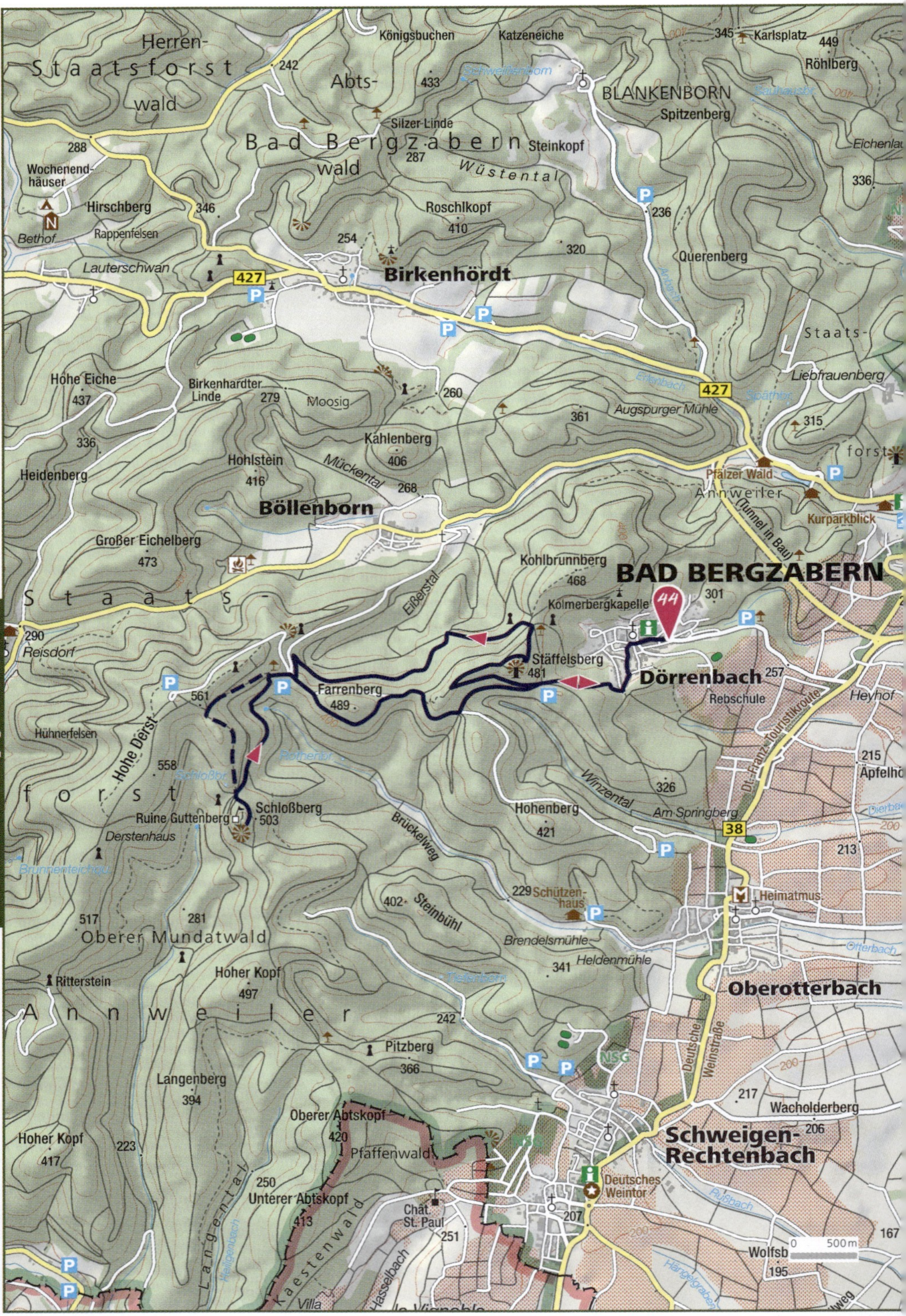

44

Herren-
Staatsforst
wald
242
Königsbuchen
Katzeneiche
Abts-
433
Blankenborn
345 Karlsplatz
449
Röhlberg
Spitzenberg
Silzer Linde
Bad Bergzabern
wald
287
Steinkopf
Wüstental
288
Wochenendhäuser
Hirschberg
Bethof
Rappenfelsen
346
Roschlkopf
410
236
336
254
320
Querenberg
Lauterschwan
427
Birkenhördt
Staats-
Hohe Eiche
437
Birkenhardter Linde
279
Moosig
260
Erlenbach
427
Liebfrauenberg
361
Augspurger Mühle
315
336
Kahlenberg
406
forst
Heidenberg
Hohlstein
416
Mückental
268
Pfälzer Wald
Annweiler
(Tunnel in Bau)
Böllenborn
Kurparkblick
Großer Eichelberg
473
Kohlbrunnberg
468
BAD BERGZABERN
301
Staats-
Kolmerbergkapelle
44
290
Reisdorf
Stäffelsberg
481
Dörrenbach
257
561
Farrenberg
489
Rebschule
Heyhof
Hühnerfelsen
Hohe Derst
558
215
Äpfelho
forst
326
Winzental
Am Springberg
Dr.-Franz-Touristikroute
Ruine Guttenberg
Schloßberg
503
Hohenberg
421
38
213
Derstenhaus
Brückelweg
Brunnenteichgr.
229 Schützenhaus
Heimatmus.
517
281
Oberer Mundatwald
402
Steinbühl
Brendelsmühle
Heldenmühle
Otterbach
Ritterstein
Hoher Kopf
497
341
Oberotterbach
Annweiler
242
Pitzberg
366
NSG
Deutsche Weinstraße
Langenberg
394
217
Wacholderberg
206
Oberer Abtskopf
420
Hoher Kopf
417
223
Pfaffenwald
Schweigen-Rechtenbach
250
Unterer Abtskopf
413
Deutsches Weintor
Chât. St. Paul
251
207
Rußbach
Langental
Kaestenwald
Hasselbach
Villa
167
Wolfsb
195
0 500 m

Tour 44

Stäffelsberg

Märchenfiguren und Westwall-Relikte

DAUER	4h 15min
LÄNGE	13 km
HÖHENMETER	552 hm
SCHWIERIGKEIT	MITTEL
MIT ÖPNV ERREICHBAR	ja

Das erwartet dich ...

Auf dem Stäffelsberg erwartet uns ein herrlicher Aussichtspunkt. 120 Stufen führen auf den dort befindlichen Aussichtsturm hinauf. Von oben genießen wir einen der schönsten Ausblicke in die Südpfalz. Zum Stäffelsberg führen breite Wege und schmale Wiesenpfade durch herrlichen Wald. Der Kegelrücken des Stäffelsbergs ist vornehmlich mit Kiefern und Edelkastanien bewaldet

Dahn
B 48
B 38
Billigheim-Ingenheim
B 427
B 38
A 65
44
Bad Bergzabern
B 427
B 38
Weißenburg
Wissembourg
Lauter

Märchentour 44

Start & Ziel & Anreise

Los geht's heute in Dörrenbach. Mit dem Auto fahren wir auf der B427 aus westlicher oder östlicher Richtung nach Bad Bergzabern. Hier wechseln wir auf die B38 Richtung Süden. Nach ca. 3 km biegen wir rechts auf die Landstraße nach Dörrenbach ab. Am Ortseingang befindet sich ein Wanderparkplatz. Öffentlich fahren wir vom Marktplatz Bad Bergzabern mit dem Bus Nr. 543 Richtung Wissembourg, Haltestelle ist Dörrenbach-Ort.

Tourenbeschreibung

Das romantische Ferien- und Winzerdorf Dörrenbach, „Dornröschen der Pfalz" genannt, wurde schon 1975 als schönstes Dorf an der Weinstraße ausgezeichnet. Märchenhaft gelegen und von tiefgrünen, erholsamen Wäldern umgeben ist der Ort mit dem malerischen Dorfkern ein beliebtes Urlaubsziel. Die Esskastanien- und Mischwälder bieten gerade im Herbst atemberaubende Stimmungsbilder.

Unsere schöne Runde beginnt am Ortseingang von Dörrenbach. Wir schlendern durch den Ort, vorbei an Kirche und Rathaus und gehen über die Weetburggasse und die Guttenbergstraße zum Wanderparkplatz „Altes Bild". Er liegt am Einstieg zum Dornröschenweg. Eine Schneewittchenfigur begrüßt rechts des Weges die märchenbegeisterten Besucher. Ein breiter Forstweg führt uns halb rechts durch eine Schranke. Sanft wandern wir in den Wald hinauf Richtung Stäffelsberg. Der Dornröschenweg leitet uns nach zehn Minuten nach rechts auf einen schmalen

Waldweg hinauf. Bei der Märchenstation Rapunzel münden wir in den Turmweg. Kurz darauf finden wir uns auf einem freien Platz mit Sitzbänken wieder. Vor uns erhebt sich der imposante Stäffelsbergturm. Wir besteigen ihn in jedem Fall, denn von oben haben wir eine grandiose Aussicht.

Wir passieren die Schutzhütte, die sich ebenfalls auf dem Bergrücken befindet, und steigen hinab zu einer Weggabelung. Der Dornröschenweg schickt uns nach links. Wir steigen durch den Wald hinab, an einem Holzgeländer und an einer Felswand entlang. Wir passieren die Märchenpunkte Tischlein-deck-Dich, Hänsel und Gretel und Sterntaler. Beim Wegekreuz am Rödelstal treffen wir auf einen breiten Weg. Er führt uns links leicht hinab zur Position Eulenplatz. Wir halten uns links und biegen gleich darauf auf einen schmalen Pfad in den Wald hinauf ab. Nach einer Linkskehre stehen wir am Drei-Eichen-Platz. Hier befinden sich ein paar Infotafeln zur Westwall-Geschichte und eine Unterstandshütte.

Wir schlendern links an der Hütte vorbei und folgen dem Dornröschenweg rechts auf einen wunderschönen Waldpfad hinauf. Nachdem wir einige Forstwege gequert haben erreichen wir die Wegposition Kanzelberg. Rechts geht's zum Steinernen Tisch und zur Hohen Derst. Wir halten uns jedoch links Richtung Ruine Guttenberg und hinab zur Wegspinne Schlossberg-Nord mit Sitzbank. Die Route leitet uns links über einen steinigen Weg hinauf. Wenige Minuten später haben wir die Ruine Guttenberg erreicht. Vom mit einem Geländer gesicherten Burgturm genießen wir die fantastische Aussicht über die Rheinebene und zum Stäffelsbergturm.

Wieder an der Verzweigung halten wir uns beim Schild Oberotterbach rechts. Der Dornröschenweg führt uns auf einem kurvenreichen Waldweg bergab zur Position Grünloch. Wir halten uns links und steigen am Waldhang entlang hinauf. Der Weg wird flacher, dann stehen wir an der Verzweigung Farrenberg-West. Zu unserer Linken befindet sich der Parkplatz Drei-Eichen und eine Unterstandshütte. Ein breiter Forstfahrweg bringt uns geradewegs Richtung „Vordere Drei-Eichen". Wir befinden uns nun auf dem Westwallweg und passieren einige Infotafeln zu den Minen und der Westwall-Propaganda.

Nach einem Ein-Mann-Bunker und einem gesprengten Bunker schickt uns der Dornröschenweg rechts auf einen schmäleren Weg. Wir wandern an weiteren zerstörten Bunkern vorbei zur Wegposition „Vordere Drei-Eichen". Hier halten wir uns links und spazieren in zehn Minuten zurück zum Wanderparkplatz „Altes Bild". Auf bekanntem Weg geht's hinab nach Dörrenbach und durch die malerischen schmalen Gassen zurück zum Ausgangspunkt.

GUT
ZU WISSEN

Unsere Wander-Hacks

Es geht auch einfacher

HACKS

SAISONSTART

1.000 Höhenmeter und 20 Kilometer sind etwas viel für die erste Tour, fange mit einigen gemütlichen Wanderungen an und steigere dich langsam. Je nach Fitness-level können das über 200-300 Höhenmeter am Anfang sein oder auch nur 100. Dein Körper signalisiert dir schon, wenn es ihm zu viel wird. Also hör auf ihn!

AUFWÄRMEN

Das Herz pumpt schon nach den ersten fünf Minuten wie verrückt und ein erstes Ziehen macht sich in den Walden breit? Dann bist du wohl zu schnell los! Wie bei jeder Sportart solltest du dich auch beim Wandern aufwärmen. Deshalb lieber die erste halbe Stunde etwas gemütlicher spazieren. Das bringt den Kreislauf in Schwung, das Blut zirkuliert schneller und die Muskulatur wird optimal mit Sauerstoff versorgt. Dein Bewegungsapparat wird geschmeidiger und belastbarer.

ERLEICHTERUNG FÜR DIE FÜSSE

Das richtige Schuhwerk erspart dir sehr viel körperliches Leid – angefangen von Blasen und Druckstellen bis hin zu gefährlichen Stürzen durch Umknicken. Gleiches gilt für Wandersocken; sie sollten gut passen (lieber etwas zu klein kaufen) und Verstärkungen an der Ferse und Fußsohle haben, damit du hier keine schmerzhaften Blasen bekommst.

Endlich was Neues ausprobieren

Lust was Neues auszuprobieren?

WENN JA HABEN WIR EIN PAAR VORSCHLÄGE FÜR DICH.

- **WALDBADEN:** Gerade in stressigen Zeiten zieht es uns oft in die Natur. Ein Waldbad hält Körper und Seele gesund. Mit tiefen Atemzügen nehmen wir die Waldatmosphäre auf. Der Kontakt zur Natur steht im Fokus.
- **MITTELALTERLICHER PAUSENPLATZ:** Auf vielen unserer Touren besuchen wir mal besser, mal schlechter erhaltene Ruinen. Unter den ehrwürdigen Mauerresten lässt es sich in mittelalterlichem Ambiente vorzüglich Brotzeiten. Bitte im Anschluss den Müll wieder mitnehmen!
- **BARFUSS LAUFEN:** Eine Massage für die Füße, eine Explosion für die Sinne, wenn es mal kalt, mal stachelig oder samtweich an den Fußsohlen kribbelt. Natürlich nicht auf der ganzen Wanderung.
- **KNEIPPEN AM BACH:** Viele Bäche und kleinere Flüsse begleiten unsere Touren. Gerade an heißen Tagen, wenn der Körper überhitzt ist und die Glieder schwer werden, bietet sich ein Kneippstopp am Bächlein an. Langsam und kurz mit den nackten Füßen mal bis zu den Wadeln ins kühle Nass eintauchen.

Neues

Nachhaltigkeit

BEIM WANDERN

Wandern ist eine recht schonende Sportart für die Natur und unsere Umwelt, wenn wir einige wenige Dinge beachten. Denn das Gleichgewicht ist hier extrem sensibel: Jedes zurückgelassene Papierchen in schönster Umgebung, jede Plastikwasserflasche oder auch noch so tolle Outdoorjacke, dafür voll von chemischen Inhaltsstoffen, fallen ins Gewicht. Folgende fünf Punkte geben euch einen kurzen Überblick, was ihr für euch und die Natur tun könnt. Denn Umweltschutz betrifft uns alle, schließlich haben wir nur eine Erde und mit dieser sollten wir behutsam und respektvoll umgehen.

Green-Guide

Und das kannst du machen …

01 Nachhaltigkeit beginnt schon bei der Anreise: Je mehr Menschen mit dem Auto fahren, desto mehr CO2 Ausstoß und desto mehr umweltschädlichen Gummiabrieb der Reifen gibt es. Doch viele Ausgangspunkte sind auch gut mit den öffentlichen Verkehrsmitteln zu erreichen. Also einfach mal das Auto stehen lassen. Oder Fahrgemeinschaften bilden.

02 Keine Plastiktrinkflaschen: Gerade das Trinken ist auf Wanderungen wichtig. Doch sollte man auf das für die Natur und sich selbst schädliche Plastik verzichten. Glas ist etwas schwerer, dafür aber umweltfreundlich und gesund.

03 Kein Verpackungsmüll: Die Verpflegung für den Hunger zwischendurch ist mindestens genauso wichtig wie das Trinken. Sie kann in Brotdosen oder Glasdosen mitgenommen werden. Oder einfach in Butterbrotpapier eingewickelt. Apfel oder Birne kann man einfach so einpacken.

04 Nachhaltige Wanderausrüstung: Gerade beim Ausprobieren einer neuen Sportart muss man nicht gleich alles kaufen, was dann vielleicht im Keller landet. Manche Ausrüstungsgegenstände können auch erst einmal ausgeliehen werden. Auch ist es nicht notwendig, jedes Jahr ein neues Outfit zu kaufen. Achtet man schon beim ersten Kauf auf Qualität, macht sich das bemerkbar, denn qualitativ hochwertigere Produkte begleiten uns oft jahrelang.

05 Weniger ist mehr: Oft findet sich die schönste Natur in unmittelbarer Nähe. Der Reiz liegt im Erleben und oft auch an der eigenen Sichtweise. So muss es nicht immer die 200 km entfernte Gebirgskette sein. Auch Ziele, die aufgrund ihrer Bekanntheit an Wochenenden und in den Ferien überlaufen sind, freuen sich über ein paar Besucher weniger. Weniger bekannte Ziele haben auch ihren Reiz.

Endlich
Waldluft

Karl-Kapferer-Straße 5, A-6020 Innsbruck

1. Auflage 2024 (24.01)
Verlagsnummer 3546
ISBN 978-3-99154-102-8

Konzept und Bildnachweis

Konzept & Gestaltung: © KOMPASS-Karten GmbH

Projektleitung: Jeff Reding

Text: KOMPASS-Karten AutorInnen (s. Klappe)

Grafische & Kartografische Herstellung:
© KOMPASS-Karten GmbH

Kartengrundlage: © KOMPASS-Karten GmbH unter Verwendung von OpenStreetMap Contributers (www.openstreetmap.org)

Titelbild: Herrlicher Ausblick von der Sandsteinklippe
© JoergSteber - stock.adobe.com

Cover Rückseite: Die Milchstraße vom Luitpoldturm;
© David Hajnal - stock-adobe.com

Weiterer Bildnachweis:
Bilder (sofern nicht anders angegeben): Walter Theil
s. 2/3, 15, 18, 24/25, 204, 210: Jürgen Humbert - stock.adobe.com
s. 4/5: Andreas - stock.adobe.com
s. 8-11: Vaceslav Romanov - stock.adobe.com
s. 22, 212/213: U. J. Alexander - stock.adobe.com
s. 81: Christoph Burgstedt - stock.adobe.com
s. 147: guschdi - stock.adobe.com
s. 199: Fotolyse - stock.adobe.com
s. 201: Hans-Martin Goede - stock.adobe.com
s. 206: JoergSteber - stock.adobe.com
s. 209: David Hajnal - stock.adobe.com
s. 214/215: Andreas - stock.adobe.com

IMPRESSUM

Alle Angaben und Routenbeschreibungen wurden nach bestem Wissen gemäß unserer derzeitigen Informationslage gemacht. Die Wanderungen wurden sehr sorgfältig ausgewählt und beschrieben, Schwierigkeiten werden im Text kurz angegeben. Es können jedoch Änderungen an Wegen und im aktuellen Naturzustand eintreten. Wanderer und alle Kartenbenützer müssen darauf achten, dass aufgrund ständiger Veränderungen die Wegzustände bezüglich Begehbarkeit sich nicht mit den Angaben in der Karte decken müssen. Bei der großen Fülle des bearbeiteten Materials sind daher vereinzelte Fehler und Unstimmigkeiten nicht vermeidbar. Die Verwendung dieses Führers erfolgt ausschließlich auf eigenes Risiko und auf eigene Gefahr, somit eigenverantwortlich. Eine Haftung für etwaige Unfälle oder Schäden jeder Art wird daher nicht übernommen. Für Berichtigungen und Verbesserungsvorschläge ist die Redaktion stets dankbar. Korrekturhinweise bitte an folgende Anschrift:

KOMPASS KARTEN GMBH
Karl-Kapferer-Straße 5, A-6020 Innsbruck
www.kompass.de/service/kontakt

MIX
Papier | Fördert gute Waldnutzung
FSC® C147178

Deine Orientierung

Hallo!
Ich bin deine Anleitung, wie du zu den GPX-Tracks aus deinem neuen Buch kommst. Damit kannst du dir die Route in Outdoor-Apps und Navigationsgeräte laden. Scann den QR-Code oder gehe auf folgende Webseite:

www.kompass.de/gpx

Für Navigationsgeräte und Apps haben wir auf unserer Webseite alle Touren im GPX-Format zum Download bereitgestellt:
Hier findet man alle weiteren Informationen. Einfach das richtige Produkt auf der Seite auswählen, die Daten herunterladen und auf das Zielgerät oder in die gewünschte App importieren.

Was ist ein GPX-Track? GPX ist ein Datenformat für Geodaten. Das Wort GPS steht für Global Positioning System (Globales Positionsbestimmungssystem). Mit einem GPX-Track bekommt man die rote Linie, also den Wegverlauf, als geografische Koordinaten.